Natürlich der Gärtner!

LEPORELLO
K R I M I

© 2010 LEPORELLO Verlag
Richard-Wagner-Straße 15, D-47799 Krefeld
leporellobuch@aol.com
www.leporello-verlag.de
Alle Rechte vorbehalten.
Gestaltung: WerbeAtelier Coelen
Druck und Bindearbeiten: Bercker, Kevelaer
ISBN 978-3-936783-38-4

Herausgegeben von
Ina Coelen & Rebecca Gablé

Natürlich
der Gärtner!

Niederrheinische
Krimi-Route der Gartenkunst
zur Criminale 2011

Kriminalgeschichten u. a. von
**Nessa Altura, Sabine Deitmer, Horst Eckert,
Carsten Sebastian Henn, Arnold Küsters,
Judith Merchant, Jutta Profijt,
Niklaus Schmid**

Leporello Verlag · Krefeld

»Natürlich der Gärtner!« –
ein Projekt zur Criminale 2011
am Niederrhein

Idee und Realisation:

KULTURBÜRO
MÖNCHENGLADBACH

unterstützt von:

Der Ministerpräsident
des Landes Nordrhein-Westfalen

*und den beteiligten Parks
und Gärten.*

INHALT

EIN WARNENDES (VOR-) WORT
VON REBECCA GABLÉ

Das Grauen kommt an den Niederrhein: Am 4. Mai 2011 werden rund 200 deutschsprachige Kriminalschriftstellerinnen und -schriftsteller in Mönchengladbach, Krefeld, Viersen, Nettetal und vielen weiteren Orten der Umgebung einfallen, um dort ein blutiges Ritual abzuhalten, welches in Ermittlerkreisen als »Die Criminale« bekannt ist. Und wenn sie am 8. Mai wieder verschwinden, wird in den heimgesuchten Städten und Städtchen nichts mehr so sein, wie es vorher war. Nicht dass diese literarischen Mörderinnen und Mörder etwa eine Schneise der Verwüstung hinterließen – im Gegenteil. Sie hinterlassen keinerlei kriminaltechnisch nachweisbare Spuren. Aber dennoch sind sie brandgefährlich, denn sie machen süchtig.

Mit rund 100 Lesungsveranstaltungen und der grandiosen Abschlussgala, dem TANGO CRIMINALE, wo Literaturpreisgelder in kleinen, gebrauchten und nicht durchnummerierten Scheinen vergeben werden, fixen sie ihre ahnungslosen Gastgeber an, die fortan nur noch die eine Frage bewegen wird: »Welchen Sinn hatte mein Leben, bevor ich dem Krimi verfallen bin?«

Zweck der hier nachfolgenden Kurzgeschichtensammlung soll es sein, auf dieses gefährliche Suchtpotenzial hinzuweisen und auf dem Wege der Abschreckung eindrücklich davor zu warnen. Denn hier haben sich elf der besten deutschsprachigen Krimiautorinnen und -autoren zusammengefunden – von denen viele schon einen der vorgenannten Preise in nicht durchnummerierten Scheinen abgeräumt haben – um in elf niederrheinischen Gärten und Parks zu meucheln. Sie tun dies raffiniert und auf höchst unterschiedliche Weise. Mal ist die fragliche Grün-

anlage nur unschuldiger Schauplatz des Verbrechens, mal wird sie zum Komplizen. Mal liefert sie das Gift, mal das Motiv oder ein verschwiegenes Grab. Mal verhüllt sie, mal entlarvt sie. Hier im Gebüsch stoßen wir auf die bizarr-komische Seite des Verbrechens, dort im Baumschatten auf seine Tragik. Manche Täter haben einen Grünen Daumen, anderen verdorrt alles unter den Händen.

Gemein ist diesen elf Kurzkrimis nur, dass sie ihren Ausgangspunkt in elf der schönsten Landschaftsparks und -gärten unserer Heimat nahmen, und am Ende der Lektüre dieses Bandes wird es niemanden mehr verwundern, dass der Sündenfall – mithin das Urverbrechen der Menschheit – ausgerechnet in einem Garten stattfand ...

Ausgeheckt und geplant wurde das Projekt dieser mörderischen Gartenschau vom Kulturbüro der Stadt Mönchengladbach, wofür die Herausgeberinnen sich herzlich bedanken, wie auch für die großzügige finanzielle Unterstützung bei den Partnern vor Ort, beim Ministerpräsidenten des Landes NRW (Regionale Kulturpolitik) und dem Landschaftsverband Rheinland.

Nebel über Krickenbeck

»Wussten Sie, dass an diesem Datum eine Tagung der Westbank stattfinden würde?«, fragt die Vorsitzende Richterin.

Ein interessantes Gesicht, denkt Max. Er würde es gern einmal fotografieren. So viele Spuren darin, die Lebenserfahrung ausstrahlen. Max zweifelt nicht daran, dass die Richterin ihm glauben wird.

»Wussten Sie, dass auch Ihre Frau daran teilnehmen würde, Herr Gärtner?«, fragt sie weiter. »Haben Sie vielleicht deshalb den Job auf dieses Datum gelegt?«

Max verneint und ignoriert das Räuspern des Verteidigers. Dr. Brake hat ihm geraten, die Aussage zu verweigern. Aber er findet, dass ihn ein Schweigen nur um so verdächtiger erscheinen lassen würde.

Deshalb erklärt er, dass er den Tag wegen des Wetters gewählt hat. Alles andere sei reiner Zufall gewesen. Und weil ihn die Richterin darum bittet, berichtet Max von jenem Maimorgen im Park.

Es war zunächst empfindlich kühl. Die Farben noch blass, die Konturen gewannen gerade an Gestalt, als er zu arbeiten begann. Der Nebel stieg aus den Wassergräben rings um die Vorburg, die steinernen Brücken schienen zu schweben.

Mit steigender Sonne änderte sich die Stimmung. Der Dunst verschwand, das Geträller der Singvögel beruhigte sich etwas. Stattdessen spielte das Licht im frischen Grün von Haselnuss und Erle. Die Ruhe faszinierte Max. Und die Vielzahl der Motive, die ihm jetzt erst bewusst wurden.

Ein paar Tage zuvor hatte ihn der Leiter der Tagungsstätte durch den Park geführt und den geplanten Look der
neuen Broschüre erklärt. Gediegen, hochwertig – immerhin schickten die Führungskräfte aus Wirtschaft und Hoch-
finanz nicht nur ihre Mitarbeiter zur Fortbildung nach
Krickenbeck, sondern trafen sich ab und zu auch selbst
hier.

Max hatte versucht, den Park mit den Augen seines Auftraggebers wahrzunehmen. Klar, vor allem das Schloss
würde nicht fehlen dürfen. Erbaut im Stil der Neoren-
naissance mit wuchtigem Rundturm, Giebeln, Erkern und
Zierbalkonen, umrahmt von Trauerweide und Mammutbaum, gespiegelt im ruhigen Wasser.

Jetzt, mit dem Blick durch das Objektiv seiner Nikon,
fielen Max immer neue Details auf, auch die Fauna: Ein
Hecht lauerte unter der Brücke auf Beute, darüber flirr-
ten Libellen. Ein Eisvogel schoss vorbei. Faszinierendes
Hellblau – Max lauerte auf ein zweites Mal, um das Gefieder besser einzufangen. Leider vergeblich.

Ein Schlurfen auf dem Kiesweg, Seminarteilnehmer auf
dem Weg zur Wiese, um ihren Kurs im Freien abzuhalten.
Da war es bereits zehn Uhr. Max packte seine Ausrüstung
und zog weiter, dem geänderten Stand der Sonne folgend.
Menschen sollten auf den Bildern der Broschüre nicht zu
sehen sein, so der Auftrag. Nur das Schloss, die Vorburg,
die umgebende Natur.

Max spielte mit der Idee, der Akademie ein weiteres Projekt vorzuschlagen: einen Kalender als Präsent für Kunden,
als Souvenir für die Tagungsteilnehmer, damit sie die Akademie bald wieder buchten. Auch die Tourismuswerbung
des Landkreises könnte ihm vielleicht ein paar Fotos ab-
kaufen, überlegte Max. Jeder Euro war ihm recht – er
brauchte dringend ein paar Möbel für das Studio, in dem
er seit fünf Monaten hauste.

Mit langer Brennweite fotografierte Max die Bronze-
skulptur am Ende eines Wegs. Sie bewegte sich: Fahne und

Pendel schwangen im Wind, wodurch sie auf jeder Aufnahme anders wirkte.

»Aber Sie haben ja nicht nur Fotos gemacht«, sagt die Richterin.

Max weiß, worauf sie hinaus will, aber er schildert noch die zwei Nutrias, die auf einer Lichtung grasten. Putzige Tiere, nicht zu verwechseln mit den deutlich kleineren Bisamratten. Vorsichtig schlich er näher. Schade, dass sie im Schatten verharrten, und als ferne Stimmen ertönten, huschten sie sofort ins nächste Gebüsch.

Max hob die Kamera auf der Suche nach den Störenfrieden, und fand ein Pärchen am Ende des Parks, wo hinter dem Zaun bereits der angrenzende See durch die Sträucher schimmerte. Ein Mann und eine Frau, die sich vom Seminarbetrieb entfernt hatten und innig umklammert hielten.

Ein romantisches Bild. Als sei der Park nur für diese Szene erschaffen. Max konnte nicht anders: Er löste ein paar Mal aus.

Für einen Moment wandte die Frau ihr Gesicht in seine Richtung. Unwillkürlich trat Max hinter einen Baum. Er glaubte, sie erkannt zu haben, war sich aber wegen der großen Distanz zunächst nicht sicher. Die Frau riss sich von ihrem Begleiter los und schritt hastig weiter.

Max war neugierig geworden und drehte am Zoom. Bevor der Mann ihr folgte, blickte auch er sich kurz um.

Max fotografierte, dann nahm ihm eine Zypresse die Sicht auf die beiden. Er lief ein paar Schritte über die Wiese und erhaschte einen erneuten Blick.

Das Paar von hinten, die Frau redete heftig gestikulierend auf den Mann ein. Die Szene wirkte nun alles andere als romantisch. Schließlich waren die beiden hinter einer Hecke verschwunden.

Der Schnitt ihres brünetten Haares, die Art ihrer zornigen Gesten – Max hätte schwören können, dass es Lene gewesen war.

Die Frau, mit der er verheiratet war.

Max besah sich die letzten Aufnahmen auf dem Display. Er konnte Details vergrößern und probierte es mit Lenes Gesicht, Stufe um Stufe, bis es das Format ganz ausfüllte. Er trug die Kamera in den Schatten und schirmte zusätzlich das Display mit der Hand ab, um besser zu erkennen, wen er da aufgenommen hatte.

Grobe Pixel – die Vergrößerung hatte das Gesicht unscharf werden lassen.

Doch Max glaubte, einen Ausdruck von Angst darin zu erkennen.

Er beschloss, die Verfolgung aufzunehmen.

Auf dem Pult lag eine große, in Leder gebundene Bibel. Sicher uralt, der Schinken. Dominik Marquard las eine Überschrift: Prophet Maleachi.

»Schau mich an, wenn ich mit dir rede«, fauchte Lene ihn an.

Was mochte ein solches Buch wert sein? Dominik hatte schon in alles Mögliche investiert, aber nicht in Bücher.

»Was hat Heike, was ich nicht habe? Diese dämliche, langweilige Kuh – deine Worte! – diese Kuh ist doch mindestens so alt wie du!« Lene stand mit verschränkten Armen vor dem grünen Kachelofen der Schlossbibliothek. Rote Flecken blühten auf in ihrem Hals.

Dominik unterdrückte den Impuls, genau dort zuzudrücken. In letzter Zeit nervte diese Frau nur noch.

»Du kannst mich nicht länger hinhalten, jetzt, wo ich mich deinetwegen von Max getrennt habe!«

»Doch nicht meinetwegen.« Dominik sprach leise und blickte sich nach der Tür um, die nur angelehnt war. Er wollte sie schließen, doch die junge Bankerin hielt ihn fest.

Sie zog eine Grimasse. »Das Rating für die Derivate, in die du neulich eingestiegen bist, soll übrigens revidiert werden.«

»Und?« Ihm war klar: Ein Wissensvorsprung von nur

einem oder zwei Tagen konnte ihm einige Hunderttausend einbringen. Einfach so. Und wegen seiner notorisch glücklichen Hand vertrauten ihm unzählige Anleger aus dem gesamten Rheinland ihr Vermögen an.

Die junge Frau von der WestBank verschränkte die Arme und schwieg.

»Sag schon«, bohrte er nach. »Rauf oder runter?«

Lene schlug ihm hart vor die Brust. »Du hast dich nur an mich rangemacht, damit ich dir Insiderinformationen besorge, stimmt's?«

»Nicht so laut, Lene . . .«

»Ich zeig dich an!«

»Dann wanderst du auch in den Knast.«

»Mir egal.«

Dominik traute ihr zu, ernst zu machen. Diese Frau war so zielstrebig und impulsiv wie er. Deshalb war er anfangs auf sie abgefahren. Als sie noch nützlich war und nicht sein Leben dirigieren wollte.

Bleib cool, ermahnte sich Dominik. Nicht aus der Haut fahren. Nicht hier.

»Hör zu, da gibt es komplizierte Eheverträge mit Heike. Ich muss erst mit meinem Anwalt reden. Eine Strategie entwickeln.«

»Hinhaltetaktik. Ich hab's satt!«

Draußen knarrten Bodendielen. Schritte und Stimmen zogen vorbei. Gleich würde auch das Meeting beginnen, zu dem die WestBank einige Premiumkunden geladen hatte, um neue Produkte anzupreisen. Bei einer dieser Veranstaltungen hatte er Lene kennengelernt und rasch erkannt, dass sie mehr drauf hatte als das übliche Verkäufer-Blabla. Doch jetzt ging sie nur noch auf die Nerven.

»Wo können wir ungestört reden?«, fragte Dominik.

»Draußen im Park. Aber nicht lange. Ich darf beim Meeting nicht fehlen.«

Lenes langer Hals und ihre Wangen glühten.

Dominik folgte ihr.

»Die Untreue Ihrer Frau hat Sie wütend gemacht«, sagt die Vorsitzende Richterin der Großen Strafkammer, als Frage gemeint.

Klar, dass sie das in Betracht zieht. Max blickt seinen Anwalt an. Dr. Brake studiert die Maserung des Holztisches. Er ist sauer, weil ich seinen Rat missachte, denkt Max. Aber ich will das jetzt durchziehen. Die Richterin wird mich verstehen.

»Wütend ist der falsche Ausdruck«, antwortet er vorsichtig. »Verletzt, vielleicht, traurig, ja. Zwölf Jahre Partnerschaft, und plötzlich war alles . . . na ja, aufgelöst wie der Morgennebel.«

»Wie haben Sie reagiert?«

»Zuerst wollte ich es nicht wahrhaben. Dann dachte ich, wir könnten das wieder hinbiegen, weil Lene behauptete, die Affäre sei nur ein einmaliger Ausrutscher gewesen. Ein dummer Fehltritt nach zu viel Alkohol bei irgendeiner Fortbildungsveranstaltung. Ich hätte ihr so gern geglaubt.«

Doch glauben bedeutet, nicht zu wissen, und weil die Sonntagnachmittage nicht weniger wurden, die sie angeblich an ihrem Arbeitsplatz verbringen musste, wünschte sich Max Gewissheit. Das war im letzten Dezember.

Er stellte den Wagen im selben Parkhaus ab, das er immer benutzte, wenn er in Düsseldorfs Innenstadt zu tun hatte. Von der Frau, die er treffen würde, kannte er nichts als eine kühl und selbstbewusst wirkende Telefonstimme. Schneeregen peitschte in sein Gesicht, als er die Straße überquerte, der Gehsteig war mit Matsch bedeckt. Max war nicht passend für den plötzlichen Wintereinbruch gekleidet und froh, als er endlich das warme Café betrat. Die Blonde, die allein am Ecktisch saß, fiel ihm sofort auf.

»Frau Marquard?«, sprach er sie an.

»Sie Ärmster sind ja völlig durchgefroren. Haben Sie keinen anständigen Mantel, Herr Gärtner?«

Die Frau gab ihm die Hand, ohne aufzustehen. Gut zehn Jahre älter als er, schätzte Max. Mit ihren Perlen und dem

Make-up ein wenig zu aufgedonnert für einen Werktag-Nachmittag, aber durchaus attraktiv. Instinktiv suchte Max nach einer Spur der Verbitterung in ihrem Gesicht. Immerhin war sie ebenso betrogen worden wie er.

»Was starren Sie mich so an?«, fragte sie.

»Ich würde Sie gern fotografieren. Ich sehe einen starken Charakter.«

»Ist das Ihr Beruf?«

»Ja, ich bin seit meinem Studium auf Porträts spezialisiert. Aber ich mache alles Mögliche, je nach Auftrag.«

»Wie kommt man denn über die Runden, als Fotograf in Viersen?«

»Bei uns sind die Mieten nicht so hoch wie hier. Und Kreativität ist nicht von der Größe einer Stadt abhängig. Was machen Sie, wenn ich fragen darf?«

»Das dürfen Sie. Aber eigentlich haben wir uns doch wegen unserer lieben Partner getroffen.«

Die Bedienung brachte den Cappuccino, den Max bestellte hatte. Er bedankte sich und wartete, bis das Mädel mit der langen Schürze wieder außer Hörweite war.

Dann sagte er: »Lene behauptet, es sei nur ein einmaliger Ausrutscher gewesen.«

Frau Marquard spielte mit ihrer Perlenkette und schwieg.

»Nur ein dummer Fehltritt nach einem feuchtfröhlichen Abend auf Schloss Krickenbeck.«

»Aber Sie zweifeln daran.«

»Lene sagt, letzten Sonntag habe sie einen Kundentermin gehabt.«

Max' Gegenüber deutete ein Kopfschütteln an. »Da war sie mit Dominik zusammen, meinem Mann. Der einmalige Ausrutscher dauert schon fast ein Jahr. Alle zwei, drei Wochen treffen sie sich in einem Hotel in der Eifel oder in Belgien. Manchmal fliegen sie auch nach Nizza oder Westerland.«

»Woher . . .«

».. . ich das weiß? Ein Peilsender im Koffer des Partners informiert diskreter und zuverlässiger als jeder Detektiv.«

Max atmete tief durch. Was fand Lene an diesem Dominik Marquard? War es die Aura des Erfolgs? Eine Ausstrahlung, die auf dem Besitz dicker Autos und schicker Häuser beruhte? Lene hatte sich mit den Jahren verändert. Max fragte sich, ob es an ihrem Beruf lag. Oder hatte er als Partner versagt?

»Danke für die Information.«

»Wie werden Sie reagieren?«

»Mir eine Wohnung suchen. Versuchen, über Lene hinwegzukommen.«

»Kein anständiger Mantel, dafür besitzen Sie Unabhängigkeit. Irgendwie beneide ich Sie, Herr Gärtner.«

»Nennen Sie mich Max.« Er berührte ihre Hand. »Sie sollten sich ebenfalls von Ihrem Partner trennen. Auch wenn er noch so viel Schotter ranschafft als Börsenspekulant.«

»Financial Consultant.«

»Eine Frau wie Sie verdient Respekt.“

»Ich heiße Heike.« Sie griff nach ihrem Espresso, hob die Tasse, als wolle sie ihm zuprosten, und da war er, der bittere Zug um ihren Mund. »Wie kommen Sie eigentlich darauf, ich hätte einen starken Charakter?«

Dominik schlenderte durch die Gänge des Schlosses. Er war sich zu neunundneunzig Prozent sicher, dass ihn bislang keiner gesehen hatte. Auch nicht, als er gekommen war. Heike hatte ihn gegen neun an der Einfahrt zur Tagungsstätte abgesetzt, und auf seinem Weg zum Rendezvous mit Lene war er niemandem begegnet. Aber hatte er in der Bibliothek Fingerabdrücke hinterlassen?

Noch mehr beunruhigte Dominik, dass Lene im Park gemeint hatte, jemand habe sie beobachtet. Sein Plan: Mit der Polizei reden, den Naiven spielen, erfahren, was der

Stand der Ermittlungen ist. Er war Spitzenklasse, wenn es darum ging, Leute zu bequatschen. Es war das A und O seines Berufs. Diese Gabe durfte ihn jetzt nicht verlassen.

Cool down, sagte er sich. Erst einmal zurück zur Bibliothek und mögliche Fingerspuren beseitigen.

Vor der Tür des Rittersaals standen zwei Angestellte und schienen auf etwas zu warten.

»Suchen Sie was Bestimmtes?«, fuhr ihn der Kleinere der beiden an.

Dominik räusperte sich. »Ich habe gehört, die Kripo will mit den Gästen reden.«

»Warten Sie im Biedermeierzimmer. Die Gäste sind noch nicht dran.«

Aus dem Rittersaal waren Stimmen zu vernehmen, die Dominik jedoch nicht verstand.

»Die Kripo ist noch gar nicht da«, mischte sich der Größere ein. »Nur die Beamten der Dienststelle in Kaldenkirchen. Im Moment vernehmen sie den Täter.«

»Den Täter?«

»Der Typ saß vor der Leiche und hat geheult wie ein Hund. Kann einem fast leid tun. Sie war seine Frau. Er selbst hat uns alarmiert. Klassische Beziehungstat.«

»Hat er gestanden?«

Der Securitymann zuckte mit den Schultern und blickte seinen Kollegen an.

»Warten Sie im Biedermeierzimmer«, wiederholte der Kleinere barsch.

Dominik betrat den Raum, auf der der Kerl wies. Kein anderer wartete hier. Dominik fragte sich, was Lenes Mann im Park getrieben hatte. Er spähte aus dem Fenster: Uniformierte, rot-weißes Flatterband, das sich quer über die Wiese spannte. Die Stelle, an der er seiner Freundin den Hals abgequetscht hatte, lag weiter hinten.

Dominik beobachtete, wie ein Typ mit einer großen Tasche eintraf, einen weißen Overall überstreifte und mit den Polizisten quatschte. Rechtsmedizin oder Spurensicherung, tippte Dominik. Er staunte, dass sich sein Puls bereits beruhigt hatte. Vermutlich, weil er Risiko gewohnt war. Hoch zu zocken – und zu gewinnen.

Stimmen auf dem Gang. Die beiden Angestellten wurden offenbar in den Rittersaal gerufen. Dann war es wieder still.

An der Inschrift des alten Sandsteinkamins erprobte Dominik sein Latein: *Conturbare cave, non est placare suarve* – streite nicht, denn es ist nicht leicht zu schlichten.

Hätte Lene sich daran gehalten, lebte sie noch.

Dominiks Blick fiel auf einen Fotoapparat, der auf einem Sideboard lag.

Was hatte Lene gesagt? Mir war, als wäre uns jemand gefolgt.

Lenes Mann – ein Fotograf. Ein Loser, der nie an die richtig guten Jobs kam, weil er seinen Hintern nicht aus dem Heimatkaff am Niederrhein wegbewegen wollte.

Dominik griff nach der Kamera und fand den Knopf, um sie einzuschalten. Der Rest war komplizierter. Dominik hatte sich zwar auch eine digitale Spiegelreflexkamera besorgt, das Teuerste, was es auf dem Markt gab, aber er war nicht dazu gekommen, sich näher damit zu beschäftigen.

Die Worte des Securitymanns: Der Typ saß vor der Leiche und hat geheult wie ein Hund.

Endlich zeigte das Display die letzte Aufnahme. Tatsächlich: Er mit Lene von hinten und in weiter Distanz. Beim besten Willen nicht zu erkennen, fand Dominik.

Trotzdem löschte er das Bild.

Auf dem davor sah man sein Gesicht. Dominik drückte erneut die Löschtaste. Er tat es wieder und wieder, weil er glaubte, dass es weniger verdächtig wirkte, wenn der Bildspeicher komplett leer wäre und nicht nur zwei, drei Fotos fehlten.

Vögel, Bäume, Schloss und Wassergräben. Die Frage

auf dem Display: *Löschen?*

Dominik drückte jedes Mal den winzigen Knopf: *Ja.*

Er gelangte zu älteren Schnappschüssen. Eine Blondine, die sich im Bett räkelte.

Ein leichtes Zittern in Dominiks Fingern. Sein Puls hatte sich doch wieder beschleunigt.

Die Nackte im Bett war Heike, seine Frau. Meist verbarg sie ihre Blöße kokett mit einem Laken, doch einmal zeigte sie so gut wie alles.

Rasch löschte Dominik auch diese Aufnahmen, bevor er die Kamera sorgfältig abwischte und zurücklegte.

Er spürte, dass ihn Heikes Verrat nicht kalt ließ, obwohl er sie ständig betrog. Du wirst das büßen, dachte er und wusste nur noch nicht, wie.

»Wann haben Sie Ihren Mann vor der Tagungsstätte abgesetzt?«, fragt Dr. Brake, der dem Gericht suggerieren will, dass es noch einen anderen Verdächtigen geben könne als seinen Mandanten.

»Punkt elf Uhr«, erklärt die aufgedonnerte Blonde.

»Woher wollen Sie das so genau wissen, Frau Marquard?«

»Als mein Mann ausstieg, begannen gerade die Nachrichten im Autoradio.«

Elf Uhr – Max rechnet: Zu diesem Zeitpunkt hatte er bereits die leblose Lene entdeckt und per Handy die Security-Leute von der Rezeption alarmiert.

Trotzdem vermutet Max, dass es Dominik Marquard gewesen ist, den er gemeinsam mit Lene im Park gesehen hat.

Heike zeigt ein süßliches Lächeln, und Max beobachtet, wie es zumindest die vier Robenträger rechts und links der Vorsitzenden Richterin erwidern. Max fühlt sich zurückgesetzt.

Das ist nicht die Heike, die ich damals in dem Düsseldorfer Café kennengelernt habe, denkt er. Nicht die heimliche Verbündete, die ihm mehrfach versichert hat, sie wäre längst von ihrem fiesen Gatten geschieden, wenn der Ehevertrag sie dann nicht mittellos dastehen ließe. Sie sind sich im Lauf der Zeit so nahe gekommen, er und Heike, bis hin zum höchst intimen Fotoshooting wenige Tage vor Krickenbeck. Kurzzeitig hat er sich sogar vorgestellt, sie könnten vielleicht ein Paar abgeben, trotz des Altersunterschieds.

Stattdessen gibt sie diesem Mistkerl sogar ein Alibi.

»Es war wirklich nicht neun oder zehn Uhr?«, fragt Dr. Brake nach.

»Nein.«

Max springt auf. »Du lügst!«

Sein Verteidiger drückt ihn auf den Stuhl zurück. Die Zuschauer tuscheln. Die Robenträger auf der Richterbank mustern ihn feindselig.

Max fragt sich fassungslos, was Heike so verändert hat.

Sie tuschte ihre Wimpern und trug Lidschatten auf, während Dominik noch unter der Dusche stand. Es piepste, Heike kannte den Ton. Auf dem Hocker lagen Dominiks Klamotten. Sie wühlte sein Handy hervor. Das Display meldete den Eingang zweier SMS-Botschaften.

Aus dem Badezimmer war nach wie vor das Prasseln zu hören.

Heike las die erste Meldung. Darin ging es um einen neuen Privatjet, den Dominik sich anschaffen wollte.

In der zweiten Nachricht kündigte jemand irgendwelche Anlagetipps an und bat um Rückruf. Bis dahin ganz unverfänglich. Doch dann kam die letzte Zeile.

Servus, Bärli, deine Silvia.

Du Mistkerl kannst es also nicht lassen, dachte Heike und ließ das Handy wieder in Dominiks Hosentasche verschwinden. Im gleichen Moment hörte sie, wie die Dusche abgestellt wurde.

»Beeil dich!«, rief sie.

»Wieso? Der Gerichtstermin ist doch erst in zwei Stunden.«

»Erstens will ich nicht unpünktlich sein, wenn ich heute in den Zeugenstand gerufen werde. Und zweitens wollen wir zuvor noch zum Notar. Oder hast du das vergessen?«

Dominik trat in die Tür, sich das Haar trocken rubbelnd. »Nein, mein Schatz, wie könnte ich?«

Heike wusste, dass sein freundlicher Ton nur geheuchelt war. Das hast du nun davon, dachte sie. Wenn ich deinen Hals retten soll, musst du dafür bezahlen.

Warum ließ ihn der Kommissar so lange warten? Max saß auf dem harten Besucherstuhl in Wieners Dienstzimmer, links ein verstaubter Ficus in Hydrokultur, rechts ein Aktenschrank, der noch aus den Fünfzigern zu stammen schien.

Seine zweite Vernehmung, dieses Mal bei der zuständigen Kripo in Mönchengladbach – Max war sich sicher, den entscheidenden Hinweis auf Lenes Mörder liefern zu können.

Endlich ging die Tür auf, Kommissar Wiener umrundete Max und den Schreibtisch, nahm gegenüber Platz und hustete in seine Armbeuge. Er hatte einen großen, braunen Umschlag mitgebracht, den er öffnete.

Wiener zog ein Blatt Papier heraus und studierte es. Sein Stirnrunzeln signalisierte Max, dass etwas nicht stimmte.

»Und?«, fragte Max.

»Nichts.«

»Wie – nichts?«

»Nichts drauf. Entweder Sie haben gar nichts fotografiert . . .«

»Unsinn!«

». . . oder jemand hat die Aufnahmen gelöscht.«

»Das darf doch nicht wahr sein! Warum haben Ihre Leute nicht besser auf die Kamera aufgepasst?«

»Kann es sein, dass Sie vielleicht selbst Ihre Bilder gelöscht haben?«

»Warum sollte ich das?«

»Aus Versehen den falschen Knopf gedrückt. Kann doch mal passieren.«

»Ich bitte Sie. Ich bin Profi!«

»Beruhigen Sie sich, Herr Gärtner.«

Max war entsetzt. Diese Unfähigkeit! Wozu gab es Gesetze, Strafgerichte und Gefängnisse, wenn die Polizei ihre eigenen Ermittlungen verdarb?

»Hören Sie«, sagte Wiener. »Wir können das reparieren. Beim Landeskriminalamt gibt es Spezialisten. Was einmal digital gespeichert war, ist nicht so schnell futsch. Zumindest, so lange die Daten nicht durch neue überschrieben werden. Das ist bei so einer Kamera nicht anders als bei einem Computer.«

»Glauben Sie?«

Wiener zwinkerte fröhlich. »Wäre ja schade um Ihre schönen Aufnahmen vom Krickenbecker Park.«

»Darum geht es mir nicht.«

»Ich weiß.«

»Die Fotos überführen den Mörder.«

»Ich weiß«, wiederholte der Beamte und deutete ein Lächeln an. »Die Kamera werde ich selbst nach Düsseldorf bringen. Noch heute. Okay?«

Max versuchte, sich zu beruhigen. Immerhin schien auf den Kommissar Verlass zu sein. Doch Max wusste auch, dass Wiener seinen Verdacht auf den Nächstbesten konzentrieren würde, wenn es nicht klappen sollte, die Daten zurückzuholen.

Er, Gärtner, als Mörder. Witzig wäre das nicht.

»Wie oft haben Sie sich getroffen?«, fragt der Staatsanwalt.

»Vier oder fünf Mal«, antwortet Heike mit einem Schulterzucken. »Wir wollten die Angaben unserer Ehepartner abgleichen, um beurteilen zu können, ob sie uns belogen.«

»Wie war Ihr Eindruck von dem Angeklagten?«

»Ich fand ihn höflich, ja, durchaus freundlich, doch ich spürte auch, wie es unter der Oberfläche brodelte. Da war jede Menge Hass gegen seine Frau und auch gegen meinen Mann, jede Menge Neid und verletzte Eitelkeit, würde ich sagen.« Sie streicht ihre Locken aus dem Gesicht.

Dr. Brake legt vorsichtshalber seine Hand auf Max' Schulter. Doch Max braucht diese Geste nicht. Er wird nicht noch einmal aufspringen. Stattdessen ringt er sich ein Lächeln ab, um Heike Lügen zu strafen.

»Würden Sie sagen, er hatte diesen Hass unter Kontrolle?«

Als Max sie ansieht, senkt die Blonde den Blick.

»In meinem Beisein ja, aber . . .«

»Etwas lauter bitte, Frau Marquard, damit das Gericht Sie versteht.«

»Ja, aber nur mit Mühe.«

Es ist alles nur ein böser Traum, redet Max sich ein. Er blickt zu den Zuschauerbänken hinüber. Da kommt ihm eine Idee für ein Fotobuch: Porträts frisch Geschiedener, großformatig und in Schwarzweiß. Er würde sie in einen Park stellen. Sie sollten sich ihren Lieblingsbaum aussuchen und neben ihm posieren.

»Halten Sie den Angeklagten für fähig, einen Mord zu begehen und Ihrem Mann die Schuld in die Schuhe schieben zu wollen?«

»Einspruch«, ruft Dr. Brake rasch.

»Stattgegeben«, erwidert die Richterin.

Der Staatsanwalt strahlt dennoch Zufriedenheit aus. Er bedankt sich bei Heike, und die Vorsitzende Richterin will wissen, ob der Strafverteidiger noch Fragen an die Zeugin hat.

Dr. Brake steht auf. »Wenn Herr Gärtner tatsächlich so unbeherrscht und jähzornig ist, wie Sie ihn schildern, warum haben Sie ihn dann zu sich nach Hause eingeladen und ihm als Aktmodel posiert?«

Ein Raunen geht durch den Saal. Wieder schlägt Heike die Augen nieder.

Sie zögert. »Muss ich darauf antworten?«

»Ja, Frau Marquard«, antwortet die Vorsitzende.

Das Navi seines Bentley hatte ihn zuverlässig auf den Parkplatz eines Gewerbegebiets im Mönchengladbacher Westen gelotst, das der Kommissar ihm genannt hatte. Dominik stellte den Motor ab und stieg aus.

Wiener trat aus dem Schatten einer verlassenen Baracke und schleuderte seinen glimmenden Zigarettenstummel zur Seite.

»Sie sind ganz schön teuer«, bemerkte Dominik, als er dem Beamten im Tausch für Gärtners Nikon den Umschlag mit dem Geld übergab.

»Dem Risiko entsprechend.« Wiener zählte nach, musste husten und begann noch einmal mit dem Zählen.

»Wenn Sie übrigens einen Anlagetipp benötigen . . .«

»Nein, danke.«

»Fünfzehn Prozent Rendite. Die Zertifikate sind gegen Kurseinbrüche abgesichert. Verbriefte Kredite aus Reedereiübernahmen. Da kann man nichts falsch machen. Der Containerschifffahrt gehört die Zukunft. Oder wollen Sie, dass all die schönen Chancen an ihnen vorbeirauschen und die anderen den Reibach machen?«

»Fünfzehn Prozent?«

»Minimum.«

»Garantiert?«

»Was ist im Leben schon garantiert? Wer nicht wagt, gewinnt auch nicht.«

»Nein, das kann ich mir nicht leisten.«

Der Kommissar wandte sich um und stiefelte zu seinem Auto.

Ein Corsa, stellte Dominik fest. Das ist alles, was du dir jemals leisten kannst, Herr Kommissar. Keine Phantasie, keine Kreativität, kein Risiko – das bedeutete: kein schicker Wagen, kein guter Sex, keine Freiheit zu tun, was du willst.

»Muss das sein?«, fragte Heike, als Dominik sie ins Schlafzimmer bugsierte, die Kamera in der anderen Hand.

Morgen würde er auch an den Tatort zurückkehren. Er würde Gärtners sämtliche Fotos noch einmal schießen, natürlich ohne sich und Lene, und damit die Aussage dieses Losers wertlos machen. Mit den neuen Bildern würden die ursprünglichen Dateien überschrieben und ein für allemal getilgt sein.

»Ja, Heike, es muss sein«, antwortete Dominik. Kein Mensch würde Max Gärtner glauben, wenn dieser beteuerte, jemand habe die Kamera manipuliert und diese Bilder seien nicht von ihm. Heike würde unter Eid bezeugen, dass Lenes Mann sie ins Bett gequatscht und diese Aktaufnahmen mit ihr gemacht hatte.

Obendrein machte es Dominik Spaß, seine Frau zu erniedrigen. Seine Art von Rache dafür, dass auch sie ihn betrogen hatte.

»Den BH ausziehen«, befahl er.

Sie zögerte.

»Den Slip auch.«

»Nur unter einer Bedingung.«

Dominik ahnte, was jetzt kommen würde. Heike verstand es, sich teuer zu verkaufen.

»Du überschreibst mir auch das Haus auf Malle und den Bentley.«

Dominik dachte an die Wertpapiere, die er auf Lenes letzten Rat hin erworben hatte. Eine irre Rendite, eine Wahnsinns-Performance bis jetzt. Selbst wenn Heike ihn mit allem, was er besaß, verlassen würde, könnte er sich alles wieder neu kaufen. Womöglich noch größer und prächtiger.

Heike machte sich nackig. Dominik stellte sich vor, ein

junges Model vor der Linse zu haben, und spürte, wie ihn das Knipsen anmachte.

Max starrt auf all die Ausdrucke der angeblich reparierten Dateien und ist erschüttert: Dilettantenkram, geschmackloses Zeug. Das Schloss von allen Seiten, ohne das geringste Gefühl für Licht und Komposition, für den Rausch der unterschiedlichen Grüntöne. Einfach draufgehalten. Der Nebel fehlt über den Gräben. Kein Eisvogel, keine Nutrias. Nicht einmal die Spiegelungen im Wasser, die dieser Park eigentlich auch dem blutigsten Laien aufdrängen sollte.

Vor allem vermisst Max seine Frau und ihren wahren Mörder.

Nichts davon ist erhalten.

Selbst die Nacktfotos von Heike sind nur ein Abklatsch seiner Erinnerung an das Shooting mit der reifen Blondine.

Max sieht den letzten Rettungsring davontreiben. Er ist reingelegt worden. Von Marquard, dem Spekulanten, und dessen Frau. Aber wie könnte er das beweisen?

»Haben Sie mich verstanden oder muss ich meine Frage noch einmal stellen?«

Max erkennt, dass ihm auch die Vorsitzende Richterin nicht mehr gewogen ist. Der Anwalt hat ihm vor der Sitzung erklärt, dass er auf Körperverletzung mit Todesfolge plädieren würde. Doch selbst wenn das Gericht ihm folgen würde, müsse sich Max auf eine Freiheitsstrafe von mindestens drei Jahren einstellen.

»Nein«, sagt er trotzig. »Diese Aufnahmen stammen nicht von mir.«

Ein Murren geht durch den Saal. Die Richterin seufzt.

Dominik fragt sich, an wen ihn die Stimme der Vorsitzenden Richterin erinnert. Und wie diese Frau wohl ohne ihre Robe aussieht. Sie verkündet das Urteil.

Schuldig. Totschlag. Zehn Jahre Knast.

Der Verteidiger kündigt an, möglicherweise in Revision zu gehen. Max Gärtner lässt den Kopf hängen, als er abgeführt wird. Der Loser hat sich aufgegeben.

Dominik drückt Heikes Hand, sie verlassen den Saal. Es ist geschafft. Dominiks Hochgefühl ähnelt dem, das er hatte, als er einmal seinen Anlegern achtundzwanzig Prozent Gewinn ausschütten konnte – und eine noch größere Summe als Provision einstrich.

Draußen schaltet er sein Handy ein. Es grüßt mit einem Piepsen, offenbar ist unterdessen eine Nachricht auf die Mailbox gesprochen worden.

»Silvia?«, fragt Heike schnippisch.

Woher kennt sie diesen Namen?

Sie gehen an den Reportern vorbei, aber das Handy am Ohr schützt Dominik davor, angesprochen zu werden.

Es ist tatsächlich die junge Bankerin der Zürcher Kreditanstalt, die er seit ein paar Wochen regelmäßig bespaßt und dafür aushorcht.

»Lehman ist pleite«, meldet ihre aufgeregte Stimme. »Ich hoffe, du hast nicht mehr allzu viel von diesen Lehman-Papieren im Portfolio.«

Doch, habe ich, denkt Dominik und lässt das Handy sinken. Er spürt, wie sich seine Eingeweide verkrampfen.

Heike hat auf dem Fahrersitz Platz genommen und lässt den Motor an. Dominik geht zur anderen Seite, aber die Tür ist verriegelt. Er schlägt gegen die Scheibe.

Seine Frau ignoriert ihn, der Bentley rollt los. Dominik stellt sich vor die Haube und lässt die Fäuste aufs Blech krachen. Was ist bloß in Heike gefahren?

Sie lässt das Seitenfenster heruntergleiten. »Gib dir keine Mühe, Bärli.«

»Was soll das?«

»Zu Hause brauchst du es auch nicht zu versuchen. Ich habe sämtliche Schlösser austauschen lassen. Adieu, Dominik.«

Er tritt an ihre Seite und hebt sein Handy. »Lehman-Brothers.«

»Ja, und?«

»Die Zertifikate und Bankanleihen. Alles wertlos. Das ganze Vermögen pulverisiert. Wir sind vernichtet.«

»Du bist vernichtet.« Sie fährt los, Dominik muss zur Seite springen, doch weil weiter vorn ein Golf umständlich rangiert, kommt Heike nicht weit.

Mit raschen Schritten ist Dominik auf ihrer Höhe. Nur sie kann ihm noch helfen.

»Hör zu, vielleicht kann ich meine Kunden dazu kriegen, Ruhe zu bewahren. Lass uns reden, Heike. Wenn wir die Häuser beleihen und die Yacht verkaufen, das Flugzeug und vielleicht auch den Bentley, kann ich die Firma eine zeitlang über Wasser halten. Vielleicht renkt sich alles bald wieder ein.«

»Verschon mich mit deinen elenden Tricksereien.«

»Heike!«

»Verstehst du nicht, Dominik? Es ist vorbei. Ein für allemal.«

Dominik wird schwindlig vor Zorn. Diese geschminkte, alte Kuh. Er will Heike bei den blonden Locken packen, ihren Hals würgen, doch die Fensterscheibe ist schneller und seine Hände treffen nur das Glas.

Der große Schlitten fährt davon.

Dominik hält sich an einem Laternenmast fest und kotzt auf den Asphalt.

Fast ein Palast, denkt Wiener und klingelt. Nach einer halben Ewigkeit dringt ein Krächzen aus der Gegensprechanlage. Er setzt ein Lächeln auf und hält den Dienstausweis hoch.

»Frau Marquard?«

»Was gibt's?«

»Kriminaloberkommissar Wiener, Kripo Mönchengladbach. Öffnen Sie bitte die Tür.«

Wieder dauert es. Ein Schaben wie von einem schweren Querriegel, der beiseite geschoben wird, dann ein Knarren – die Türangeln brauchen Öl.

Die Gattin von Dominik Marquard steht vor ihm. Selbst im Jogginganzug macht sie eine passable Figur, denkt Wiener.

Die Frau zögert, dann fragt sie: »Ist etwas mit meinem Mann? Hat er etwas angestellt?«

Das auch. Wiener hustet und verschränkt die Arme. Es ist kühl, der erste richtige Herbsttag.

»Haben Sie keinen richtigen Mantel? Wollen Sie hereinkommen?«

Wiener verneint.

Am Morgen im Park, da hat er tatsächlich gefroren. Nebel hat über den Obstwiesen links und rechts der Zufahrt geschwebt. Kalt und still, bis auf das Schnattern der Wildgänse vom nahen See.

Zwei Angestellte der Tagungsstätte begrüßten ihn an der Rezeption. Ein Großer und ein Kleiner, Wiener erkannte sie wieder. Sie führten ihn weg vom Schloss, an alten Bäumen vorbei, die mit Schildern versehen waren: *Fagus Sylvatica Pendula*, *Cedrus Atlantica Glauca*, wie ein botanischer Garten.

Als sie jedoch ein Karree aus Eibenhecken betraten, kam es Wiener wie ein alter Friedhof vor.

Dominik Marquard, der angesagteste Finanzhai der Region, lag unter einer Zeder, die vermutlich schon die Napoleonischen Kriege überlebt hatte. Zwei Uniformierte bewachten die Leiche, Kollegen der Dienststelle Kaldenkirchen. Der eine beschwerte sich über die Kälte, als er Wiener die Hand gab. Der andere deutete auf einen starken, fast waagrechten Ast. »Hier hat er gehangen.«

Der Notarzt war längst da gewesen. Auf der vorläufigen Todesbescheinigung hatte er ‚*nicht-natürlicher Tod*' angekreuzt. Darauf wäre ich auch ohne Medizinstudium gekommen, dachte Wiener.

»Und dieser Brief steckte in der Außentasche seiner Jacke«, sagte der Kollege aus Kaldenkirchen.

Wiener nahm einen eng bekritzelten Zettel entgegen und überflog ihn.

In seinem letzten Bekenntnis klagte Marquard die mangelnde Bankenaufsicht an, die Gier seiner Kunden und die Verschlagenheit seiner Frau. Erst im vorletzten Satz gestand er, seine Geliebte, Helene Gärtner, im Affekt erwürgt zu haben.

Kein Wort über ihn und die Kamera – Wiener fiel ein Stein vom Herzen.

»Reden Sie schon, Herr Kommissar«, sagt die blonde Witwe, der es im Jogginganzug nun ebenfalls fröstelt. »Was ist los?«

»Ich muss Sie leider festnehmen. Beihilfe zum Mord sowie Meineid vor Gericht.« Er klärt die Frau über ihre Rechte auf.

Heike Marquard mustert ihn. »Sie heißen Wiener?«

»Richtig.«

»Mein Mann hat Ihren Namen erwähnt. Sie waren . . . irgendwie geschäftlich verbunden?«

»Nein, das muss ein Irrtum sein.«

»Aber ich bin unschuldig, Herr Kommissar! Von Beihilfe kann keine Rede sein. Dominik hat mich zu alldem gezwungen!«

»Ja, sicher«, sagt Wiener und lacht.

Als sie endlich in den Dienstwagen steigt, hat sie sich umgezogen und eine Perlenkette angelegt.

Max legt fünf langstielige Rosen nieder und zündet das Grablicht an.

»Du wirst es nicht glauben, aber mein Buch ist ein Erfolg«, sagt er, obwohl Lene ihn nicht hören kann. Max fragt sich, wie stark ein Mensch wohl verwest ist, ein Jahr nach dem Tod?

Er räuspert sich und fügt hinzu: »In Berlin wird es eine Ausstellung mit meinen Aufnahmen geben.«

Trennungen, by Max Gärtner – seine Porträts von frisch Geschiedenen oder Verlassenen sind Thema in allen wichtigen Feuilletons. Sicher ist das nicht die Sorte von Erfolg, die einem zu Villen und Privatjets verhilft. Kein Triumph, der ihm unter Bankern und Wirtschaftsbossen Anerkennung bringen würde. Aber darum ist es Max noch nie gegangen.

Er ist seiner Frau nicht mehr böse. Vermutlich hätten sie sich ohnehin getrennt, selbst wenn sie nichts mit diesem unseligen Financial Consultant angefangen hätte – Lene und er hatten sich im Lauf der Jahre auseinandergelebt. Für sie ist er nur ein Verlierer gewesen, und das Schlimme daran ist, dass Max es zeitweise selbst geglaubt hat.

Es scheint ihm, als habe ihn erst der Schock im Park von Krickenbeck wachgerüttelt und seine Energien freigesetzt.

Heute morgen hat er bereits den Vertrag für sein nächstes Projekt unterschrieben. *Urteile, by Max Gärtner* – Fotostudien von Inhaftierten in deutschen Gefängnissen, die sich für unschuldig halten oder hartnäckig so bezeichnen. Er will erforschen, welche Spuren die unterschiedlichen Arten von Verbitterung in den Gesichtern hinterlassen. Und wie bei den Trennungen wird es zu jedem Porträtierten einen kurzen Text geben, einen Satz nur, der den Menschen zu einem Individuum macht.

Aber davon erzählt er Lene nichts, denn vermutlich würde sie ihn nicht verstehen, selbst wenn sie ihn noch hören könnte.

Blaue Schafe

Man sollte nicht im Mai heiraten. Wo die Natur mit aller Macht explodiert, Knospen sich zu üppigen Blüten entfalten, Vögel mit Grasbüscheln im Schnabel durch die Büsche fliegen, Rhododendronbüsche in rosa, weiß und violett wogen und Fliederduft durch die Luft zieht.

Der Mai benebelt die Sinne wie in einem Rausch. Der Mai ist kein Monat, in dem sich klar denken lässt.

Wenn ich an den Tag zurückdenke, an dem ich in meinem weißen Hochzeitskleid mit den neuen Schuhen und den viel zu hohen Absätzen über das holprigen Pflaster auf das Schloss zugelaufen bin, dann habe ich kein klares Bild vor Augen. Nur ein helles Flirren, als ob die Sonne schon morgens um elf die Kraft gehabt hätte, so stark zu blenden.

Manchmal spüre ich noch einen leichten Schmerz in den Füßen. Als ob ich zu enge Schuhe tragen würde, so wie damals. Aber ich sehe nichts als dieses helle Flimmern, und ich habe den Duft von Flieder in der Nase.

Dabei hat im Schlosshof nie ein Fliederbaum gestanden. Ich habe es nachgeprüft. Es gibt keinen einzigen Baum. Einzig ein Beet mit runden Kreisen aus Buchsbäumen im italienischen Stil. Und dazwischen Rosen, die damals geblüht haben müssen. Aber an Rosen erinnere ich mich nicht. Nicht an ihre Farbe, nicht an ihren Duft. Das zeigt, wie wenig ich mich auf meine Erinnerung verlassen kann.

Im Nachhinein, wo ich jeden Schritt, den ich damals gegangen bin, etliche Male wieder gelaufen bin in flachen Schuhen und mit Hose und Windjacke, wundere ich mich nicht mehr darüber, was nach der Hochzeit geschehen ist.

Heute weiß ich, dass viele Warnschilder auf meinem Weg gestanden hatten. Warnungen, die ich an diesem Tag nicht wahrgenommen habe. Zu sehr war ich in mir selbst und in dem, was ich damals für das Wunder der Liebe hielt, gefangen.

Und doch hatte es sie gegeben, die Warnungen.

Warum habe ich nicht die Gauklerstatue angeguckt? Sie hätte mich warnen können, dass nichts und niemand, den wir von einer Seite sehen, der gleiche bleibt, wenn wir ihn von der gegenüberliegenden Seite aus betrachten. Ja, dass er oder sie sich völlig geändert haben können. Hätte mich das nicht auch misstrauisch werden lassen müssen bezüglich des Menschen, mit dem ich mich für ein Leben verbinden wollte, obwohl ich ihn kaum kannte? Wie oft bin ich später um die Gauklerfigur herumgegangen, habe ihre zwei Seiten bewundert, die zwei unterschiedlichen Menschen, den Mann und die Frau.

Heute sehe ich auch im Schlosspark Vorboten von dem, was nach der Hochzeit kam. Die blauen Schafe zum Beispiel. Sie stehen da auf der Schlossinsel, grasen friedlich. Schafe in tintenblau. Natürlich sind das keine echten Schafe, es sind Schafe von einem Menschen geschaffen. Das Phantasieprodukt eines Künstlers. So, wie der, der mich an einem Mittwoch im Mai zum Trauzimmer im Schloss geführt hat, mein Phantasieprodukt gewesen ist. Erstanden aus meinen Wünschen und Sehnsüchten. Und der in Wirklichkeit ein ganz anderer war.

In meiner Erinnerung steige ich die hölzerne Treppe zum Trauzimmer hoch, vorbei an den Porträts der Menschen, die Generationen vor meiner das Schloss bevölkert haben. Warme braune Töne habe ich in Erinnerung, ein Gefühl von Geborgenheit, das mich umspült und der Fliederduft, der mich weiterhin begleitet, obwohl es drinnen im Schloss nach Staub und abgestandener Luft gerochen haben muss. An meiner Seite mein Traummann. An den ich mich fest geklammert habe, um auf den steilen Holz-stufen nicht zu stolpern und hinzufallen. Wie sehr ich ihm vertraut habe. Schon nach unserem ersten Treffen wäre ich ihm ohne eine Sekunde zu zögern an jeden Ort der Welt gefolgt.

Wie konnte das nur passieren, frage ich mich heute. Wie konnte das mir passieren? Einer erwachsenen fünfund-dreißigjährigen Frau mit ordentlichem Beruf, schöner Wohnung, nettem Freundeskreis. Wie konnte ich mir vor-stellen, das alles, mir nichts Dir nichts aufgeben. Für ei-nen Mann, den ich erst vierzehn Tagen vor der Hochzeit kennengelernt hatte.

Reicht als Erklärung die Biologie? Die Rührung, mit der ich in diesem Frühling die Vögel bei ihrem Nestbau beob-achtet hatte? Die Angst, dass die biologische Uhr tickt und es bald für all das zu spät sein wird? Sein Profil im Internet war eindeutig gewesen. Er wünschte sich eine Frau zur Gründung einer Familie, schrieb er, wie leid er die ‚one-night-stands' sei, die am Morgen danach nur einen scha-len Geschmack auf der Zunge hinterließen. Es war, als hätte dieser Mann, der auf dem Foto sportlich und schlank und seriös wirkte in seinem Anzug, mir aus der Seele gespro-chen. Er schrieb, dass der Job ihm keine Zeit ließe, Frauen kennenzulernen, die es wirklich wert wären. Ich hatte mir das Gesicht auf dem Bildschirm näher angesehen. Blonde kurzgeschnittene Haare, blaue Augen, ein offenes Lachen. Er gefiel mir auf Anhieb. Ich hatte auf den Button gedrückt und ihm auf der Stelle geantwortet.

Wir trafen uns zum ersten Mal in Krefeld auf dem Bahn-hof. Als der Zug hielt und ich die Stufen des Zugs hinunter-kletterte, erkannte ich ihn sofort. Ein großer, blonder, sportlich gekleideter Mann, der mich mit offenem Lächeln begrüßte.

»Hallo«, sagte ich unsicher und drückte ihm ein Küss-chen auf die Wange.

Er umfing mich mit seinen Armen und hielt mich fest.

»Hallo Traumfrau«, flüsterte er in mein Ohr. »Jetzt hab ich dich und lasse dich nie wieder los.«

Er fuhr einen alten offenen Sportwagen. Auf dem Rücksitz stand ein Picknickkorb. Ich erkannte Gläser und eine Sektflasche.

»Ist meine Traumfrau wetterfest?« Er deutete auf den Himmel, wo sich die Wolkenberge jagten.

»Kennst du das Motto der Pfadfinder?«, antwortete ich. »Gut vorbereitet sein ist alles.« Ich zog einen Schal aus der Tasche und wickelte ihn um meinen Hals.

»Und du denkst, du bist gut vorbereitet, Traumfrau?«

Hätte ich damals gerufen: »Halt. Stop. Ich will auf der Stelle aussteigen«, wenn ich gewusst hätte, was später kam? Nein, zu diesem Zeitpunkt war ich schon verloren.

Ich saß neben ihm, ließ den Blick über die grünen Felder und Wälder schweifen, die Hecken mit ihren Kopfweiden aus denen lange dürre Zweige in die Luft ragten. Den weiten Horizont, auf dem sich minütlich andere Wolkenformationen abmalten. Ich saß neben ihm, wie betäubt vom Glück. Hätte ewig so weiter fahren können mit ihm. Den Fahrtwind im Gesicht, alle paar Minuten den Knoten meines Schals fester anziehend, damit ich ihn nicht an den Wind verlor.

Er entführte mich in den Park eines Schlosses. »Komm«, sagte er und zog mich an einer Hand über eine kleine Brücke in einen Schlosshof, an einem Wassergraben entlang in einen Park. Ich sah grüne Wiesen, Baumgruppen, einen Teich mit Enten.

Er breitete die Decke auf dem Rasen aus. Mit einer einladenden Bewegung wies er auf die Decke. »Darf ich bitten?«

Etwas steif saßen wir da nebeneinander zuerst. Bis er mir ein Glas in die Hand drückte und den Korken der Sektflasche knallen ließ. Ich sah einen Vogel auffliegen, vermutlich auf dem Weg an einen ruhigeren Ort. So saßen wir da. Ich mit dem Glas in der Hand. Er mit dem Glas in der Hand. In der Ferne sahen wir Radfahrer ihre Räder über die Wege des Schlossparks schieben. Familien mit Kindern zogen vorüber. Eine Entenfamilie kam neugierig zu uns heran gewatschelt. Er nahm den Arm von meiner Schulter, zog ein Baguette aus dem Korb und warf den Enten Brothappen hin, die sie begierig schnatternd fraßen.

Wenn ich die Zeit hätte anhalten können, an diesem Nachmittag im Schlosspark hätte ich es liebend gern getan. Ausgestreckt auf der Picknickdecke mit ihm an meiner Seite. Dem Schnattern der Enten von weiter weg, dem Rufen der spielenden Kinder und dem Licht, das durch die frisch grünen Baumkronen über uns fiel.

Heute noch spüre ich die Wärme dieses Nachmittags auf meiner Haut. So angenehm nach der Kälte eines viel zu langen Winters.

Nach diesem ersten Treffen war für mich klar, dass er der Mann meines Lebens war. Warum? Wieso? Weshalb? Weil er der erste Mann war, der ein halbes Baguette an eine Entenfamilie verfüttert hatte? Weil er mir das Gefühl gab, er hätte sein Leben lang nur auf mich gewartet? Weil die Natur mich verzaubert hatte? Der Lärm spielender Kinder? Der Himmel mit seinen Wolkenbergen? Der Schlosspark?

Im Nachhinein war es klug, dass ich erst einmal einen langen Urlaub genommen hatte, meine Arbeit noch nicht gleich gekündigt, meine Wohnung nicht aufgelöst.

Dass der, den ich für meinen Traummann hielt, ein ganz anderer war, als der, für den ich ihn hielt, sollte ich schon ein paar Tage nach der Hochzeit erfahren.

Noch etwas hätte mich misstrauisch werden lassen müssen, und ich hatte es nicht beachtet: Sein Wunsch, in aller Stille zu heiraten. Ohne Verwandte, ohne Freunde, nur für uns. Romantisch und ganz in weiß. In unserem Schloss. Ein paar Meter entfernt von dem Park, wo wir auf der Picknickdecke gelegen hatten.

Ich habe ihm geglaubt, dass wir die Hochzeit später in der Kirche mit meiner und seiner Familie, sämtlichen Freunden und Freundinnen nachholen würden.

Mein Hochzeitskleid, das ich in einem Plastiksack im Schrank verstaute, würde bald noch einmal zum Einsatz kommen, in einer Kirche. Davon war ich damals fest überzeugt.

Die Tage nach der Hochzeit verbrachten wir bei ihm in Krefeld. Seine Wohnung lag in einer alten Tuchfabrik. Einem roten Backsteinbau, der zu großzügigen Eigentumswohnungen umgebaut worden war. Ich mochte die Weite der Räume, die hohen Decken. Es gab einen großen Raum mit einer Küchenzeile und großem Esstisch, das Schlafzimmer, ein Besuchszimmer, das ich mit meinen Koffern zustellte und ein weiteres Zimmer, in dem sein Büro lag. Er sei Architekt, hatte er mir gesagt, zur Zeit ohne feste Anstellung und freiberuflich arbeitend. Von Zeit zu Zeit müsse er in sein Büro und arbeiten. Ich versicherte ihm, dass ich dafür selbstverständlich Verständnis hätte.

Wenn er sich in sein Büro zurückzog, um zu arbeiten, vertiefte ich mich in Kochbücher, die ich mir in der örtlichen Bücherei in Willich auslieh. Sie lag in einer alten Kapelle in der Nähe eines Schulzentrums. Ich liebte die bunten Kirchenfenster aus Glas und die beiden Bibliothekarinnen, die freundlich zu der neuen Leserin waren, die sich zu ihnen verirrte.

Wir machten kleine Ausflüge in die Umgebung. Ich genoss den freien weiten Himmel, auf dem Wolkenberge sich balgten, die Weite der Landschaft, das Grün der Wiesen, auf denen Pferde weideten. Einmal führte er mich auf eine Vogelstation mitten auf einer Insel in einem See. Atemlos sah ich zum ersten Mal in meinem Leben einen Eisvogel mit blau schillerndem Gefieder. Und einen Reiher, der sich mit weit ausladenden Schwingen in den Himmel hob.

Zum ersten Mal in meinem Leben experimentierte ich

mit selbstgemachten Nudeln, ließ Zucker heiß werden, bis er karamellisierte und schlug Eier mit dem Schaumbesen zu luftigen Omeletts. Abends saßen wir bei einem lauen Lüftchen auf der Terrasse und genossen das neue Leben. Das heißt, im Nachhinein muss ich einschränkend sagen, ich genoss es und war der Meinung, er täte es auch.

Nach ein paar Tagen, die wir so in seiner Wohnung lebten, kam es mir plötzlich eigenartig vor, dass niemand anrief, dass keine Briefe im Briefkasten lagen. Ich begann mir Sorgen zu machen, was seine Aufträge anging, fragte mich, ob sein Geschäft überhaupt noch lief. Schämte er sich etwa, mir zu sagen, wie es beruflich wirklich um ihn stand?

Als er nachmittags wie üblich mit der Sporttasche in Richtung Fitnesscenter verschwand, ging ich in sein Büro und sah mich um. Ich hatte erwartet, Bauzeichnungen zu finden. Pläne, Korrespondenz, Fotos oder Ähnliches. Eigenartig, sein Büro sah aus wie aus dem Schaufenster eines Einrichtungshauses. Alles aufgeräumt, leere Oberflächen. In den Schränken gähnende Leere. Als ob niemand hier wohnen und arbeiten würde.

Wo Schränke und Schubladen mir nichts verrieten, blieb einzig der Laptop, auf diesem Wege hatten wir kommuniziert. Bestimmt würde ich im PC mehr über seine Arbeit erfahren. Ich stellte ihn an. Das Passwort. Natürlich. Woher sollte ich das Passwort kennen? Und was tat ich hier überhaupt? Durfte ich das? In den PC meines frisch angetrauten Mannes einbrechen? War das nicht ein schlimmer Vertrauensbruch? Sollte ich ihn nicht lieber direkt fragen?

Nein, entschied ich. Wenn er mir bisher nichts erzählt hatte von seinen fehlenden beruflichen Aufträgen oder Sorgen, würde er dies auch in Zukunft nicht tun. Aus falsch verstandenem männlichen Stolz. Vielleicht auch, weil ich einen gutbezahlten Job hatte und er nicht. Aber wenn ich ihm helfen wollte, musste ich wissen, wie die Wirklichkeit aussah.

Ich überlegte, was für ein Passwort konnte er gewählt haben? Stefan, sein Vorname, nichts. Der Name seiner Mutter? Er hatte mir erzählt, dass sie Elke hieß und ihn allein großgezogen hatte. E_L_K_E. Nein, auch Elke war es nicht.

Ich zerbrach mir den Kopf. Er war mein Mann, aber ich kannte ihn kaum. Das wurde mir hier vor dem Computer erst richtig bewusst. Wie wär's mit Neersen, dem Schloss, wo wir geheiratet hatten, dem Ort, an den er mich zu unserem ersten Treffen führte. Ich gab die Buchstaben ein. Nichts. Was könnte es sonst wohl sein? Ich probierte meinen Vornamen Saskia. Ebenfalls nichts. Wie wär's mit ,Traumfrau' dachte ich und probierte es. Hallo, da tat sich was. Tatsächlich. Der Bildschirm baute sich auf, ich hatte es geschafft.

Ich weiß nicht, was ich mir vorgestellt hatte. Wie sein Desktop aussehen könnte. Auf jeden Fall war ich nicht vorbereitet auf das, was ich zu sehen bekam. Es kam mir vor, als wäre ich betrunken und würde doppelt, dreifach, vierfach, achtfach sehen. Neben den üblichen Icons für den Zugang zum Netz oder für Software gab es neun Ordner, die alle den gleichen Namen trugen ,Traumfrau'. Traumfrau 1, 2, 3, 4, 5, 6, 7, 8. Und 9.

Ich atmete tief durch und klickte den ersten Ordner an. Sabrina, 22, Programmiererin mit Kinderwunsch lächelte mich an. ,Ich bin die Männer leid, die sich nicht binden wollen. Habe die Nase voll von ,one-night-stands', die nichts als einen schalen Geschmack auf der Zunge hinterlassen.' Der Text kam mir irgendwie bekannt vor. Die Mailkontakte zwischen ihm und ihr waren ordentlich nach Datum gespeichert. Er hatte vor zwei Jahren mit dem Sammeln der Traumfrauen begonnen.

Der Geschmack, den ich jetzt auf meiner Zunge spürte, war mit fad nur unzureichend umschrieben. Ich sparte mir den größten Teil der Korrespondenz und klickte nur die letzten Kontakte an. Es war unglaublich, er drohte damit, intime Aufnahmen von ihr ins Internet zu stellen, wenn sie ihm nicht 10.000 Euro auf ein Konto in Lichtenstein überwies. Mir wurde übel, und ich lief zur Toilette. Ich würgte, vergebens. Ich füllte ein Glas mit Wasser und kehrte an den Computer zurück. Ich schaffte noch Traumfrau zwei und drei. Bevor ich die Sitzung am Computer beendete. Gleich würde er zurück kommen.

Mir war weiterhin speiübel, ich zitterte. In diesem Zustand konnte ich ihm nicht gegenüber treten. So tun, als ob nichts wäre. Ich brauchte Zeit. Ich zog mich aus, warf mir den Bademantel über und verkroch mich in das Zimmer mit meinen Koffern. Ich warf mich ins Gästebett. Sollte er glauben, was er wollte. Mit der Bettdecke über dem Kopf versuchte ich zu sortieren, was ich bei Traumfrau zwei und drei gelesen hatte.

Wieder ging es um Geld. Geld, das sie ihm zahlen sollten, damit er sie nicht bloßstellte. Traumfrau zwei war tablettenabhängig und Traumfrau drei bisexuell. Die Summen, die er von ihnen forderte, waren beträchtlich höher als im ersten Fall. Die Kontoverbindung in Liechtenstein war die gleiche.

Die Wohnungstür schlug zu. Er war zurück. Ich hörte seine Schritte. Er kam an mein Bett, setzte sich auf die Kante. »Hey Traumfrau«. Er fuhr mit der Hand über die Bettdecke. »Du wirst mir doch nicht krank?«

Ich schlug die Bettdecke ein wenig zurück und grummelte mit geschlossenen Augen etwas von Fisch und Magenkolik.

»Ja, dann lass ich dich mal. Das wird schon wieder.«

Ich war erleichtert, als er von meiner Bettdecke verschwunden war. Bei meinem Körper war die Entwarnung nicht angekommen, er begann so stark zu zittern, dass meine Zähne aufeinanderschlugen. Ich konzentrierte mich auf die Frau, die ich vor der Begegnung mit meinem Traummann gewesen war. Sah mich lachen und mit Freunden den Ball über das Tennisnetz schlagen. Sah mich an meinem Schreibtisch sitzen und mit Kunden telefonieren. Sah meine Mutter an meinem letzten Geburtstag, wie sie mir eine Mokkatorte übergab. »Du schaffst das ja nicht bei all deiner Arbeit.«

Es wirkte. Ich hörte auf zu zittern. Was hatte ich für ein gutes Leben geführt. Mit Menschen, die geradlinig und ehrlich zu mir waren. Und wo war ich gelandet. Bei einem Traummann, der wer weiß was mit mir im Schilde führte.

Warum hatte er mich geheiratet? Hatte er bei mir keine Anhaltspunkte für eine Erpressung gefunden? Oder war ich vielleicht die einzige Frau, die er wirklich liebte? Ich schob den Gedanken schnell beiseite. Du bist nichts als Traumfrau Nummer neun oder zehn, vergiss das nicht, ermahnte ich mich.

Wie sollte es für mich weitergehen? Wie konnte es für mich weitergehen? Was hatte er mit mir vor? Was sollte ich tun?

Ich hörte Schritte. Er zog die Tür auf und machte das Licht an. »Du warst an meinem Computer.« Seine Stimme klang schrill von unterdrücktem Zorn. »Warum spionierst du hinter mir her?«

»Ich habe mir Sorgen gemacht«, antwortete ich. »Ob alles rund läuft mit deinem Job.«

Meine Antwort beruhigte ihn nicht. Im Gegenteil.

»Sorgen? Warum macht ihr Weiber euch nicht um euch selbst Sorgen? Ich kann gut allein auf mich aufpassen.«

»Das glaube ich nicht«, sagte ich mit fester Stimme. »Du lügst und du betrügst und du hast Frauen erpresst. Frauen, die Vertrauen zu dir hatten.«

»Was weißt du denn?«, regte er sich auf. »Du verwöhntes Töchterchen mit dem goldenen Löffel im Mund. Für dich haben deine Eltern alles getan. Die beste Schule, ein Studium im In- und Ausland. Was verdammt noch mal will mir ein höheres Töchterchen wie du über das Leben erzählen?«

»Ich habe jedenfalls nie jemanden erpresst. Das hat nichts mit höherem Töchterchen zutun. Das ist eine Charakterfrage.«

»Weißt du eigentlich, wovon du redest?« Er nahm die linke Hand in die rechte und begann die Finger lang zu ziehen, dass sie knackten. »Weißt du, wie weh das tut, wenn einem Finger lang gezogen und geknickt werden? Keine Ahnung hast du?«

»Wer hat das mit dir gemacht und warum?«

»Weißt du, was das schöne Schloss war, in dem wir geheiratet haben?« Er seufzte. »Ein verdammtes Kinderheim, in dem die mildtätigen Frauen mit den Kinderlein machen konnten, was sie wollten.«

Ich versuchte mich an die Geschichte des Schlosses zu erinnern. Anfang der siebziger Jahre war es an die Stadt verkauft worden. Und das Kinderheim war aufgelöst worden.

»Du warst nie in dem Kinderheim«, sagte ich. »Dafür bist du zu jung.«

»Oh doch«, sagte er. »Ich war da. Jeden verdammten Feiertag, wenn meine Mutter zur Ruhe kam. Da hat sie mir erzählt, was sie da mitgemacht hat. Für alles kann man Kinder bestrafen. Fürs laut husten, fürs weinen und für ins Bett machen sowieso.«

»Verstehe ich dich richtig?«, fragte ich. »Startest du jetzt einen Rachefeldzug an allen Frauen, die es besser haben als deine Mutter?«

»So sehe ich das nicht.« Er dachte nach. »Es ist vielleicht ein Rachefeldzug gegen das scheinheilige Getue. Menschenwürde, Liebe, Romantik und so. Damit kommst du nicht von hier bis zur nächsten Ecke. Was wirklich zählt, ist Geld.«

»Und die dummen Frauen, die das anders sehen, sich nach Liebe und Romantik sehnen, sind es selbst schuld.«

»Hey, soviel Grips hätte ich dir gar nicht zugetraut.«

»Warum hast du mich geheiratet?«, fragte ich.

Er schwieg und starrte auf den Boden.

»Du wirst es nicht aus Liebe gemacht haben.« Ich dachte nach. Es gab nur eine Erklärung. Mein Magen verkrampfte sich. »Ein Ehemann erbt, wenn seine Frau stirbt, habe ich recht?«

Sein Blick klebte weiter am Boden, als stünde dort, wie es für uns weitergehen würde.

»Ich habe reiche Eltern und bin das einzige Kind. Aber ich muss dich warnen, meine Eltern sind noch topfit.«

Sobald mir der Satz über die Lippen gekommen war, wusste ich, dass es nicht nur um mich ging. Dass ich mit meiner Träumerei von der großen Liebe auch meine Eltern in Gefahr gebracht hatte. In meinem Kopf rasten die Gedanken wie Bälle in einem Spielautomat, knallten vor Wände, sprangen zurück. Gab es überhaupt noch eine Lösung?

Oder würde er gleich einen Baseballschläger holen und ihn mir über den Kopf hauen, so wie die Vandalen, die einen alten Mann im Schlosspark krankenhausreif verprügelt hatten.

»Wir könnten ein schönes Leben führen«, sagte ich leise. »Alle beide. Mit dem Geld meiner Eltern . . .«

Wie elektrisiert löste er den Blick vom Boden. »Ist es dir ernst mit dem, was du da sagst?« Er sah mich neugierig an.

Ich versuchte, mich in ihn hinein zu versetzen. »Meinst du, ich würde dich gern verlassen? Um von acht bis fünf täglich in einem Büro zu arbeiten und dich nie wiederzusehen? Du bist mein Traummann. Daran ändern die anderen Frauen nichts. Jetzt ist jetzt.«

Er setzte sich an die Kante meines Betts und strahlte mich an. »Gemeinsam können wir alles schaffen. Stimmt's? Wir brauchen nie mehr zu arbeiten. Du bist meine einzige Traumfrau, ich habe das gewusst.«

Er war sehr leidenschaftlich, verkrallte sich in mir, als wollte er nie mehr von mir lassen. Ich habe bedauert, dass alles, was ich für ihn empfand, nur gespielt war.

Er ist auf mir gleich nach dem Akt eingeschlafen.

Natürlich hat er sich gewundert, dass er gefesselt war, als er aufgewacht ist. Ich habe ihm die Haare gestreichelt.

»Ich töte dich nicht gerne«, habe ich zu ihm gesagt. »Das weißt du. Ich habe dich geliebt. Oder den, für den ich dich gehalten habe. Aber meine Liebe ist nicht grenzenlos.«

Er sah mich verständnislos an, reden konnte er nicht mehr, denn ich hatte ihm ein Taschentuch in den Mund gesteckt.

»Das wirst du nachvollziehen können, Du weißt, wie romantisch Frauen sind. Von großen Gefühlen geleitet. Und wozu sie fähig sind, wenn sie enttäuscht werden.«

Seine Augen verdunkelten sich.

»Ich werde dir nicht unnötig weh tun«, versicherte ich ihm und zeigte ihm mein Küchenmesser. »Es ist frisch geschliffen, praktisch neu. Das weißt du ja. Du warst dabei, als ich es gekauft habe.«

Er schüttelte den Kopf wild hin und her. Das sollte wohl nein bedeuten.

»Entspann dich«, wies ich ihn an. »Ein, zwei, drei Stiche ins Herz sollten schnell wirken.«

Er zappelte wild mit dem Oberkörper hin und her.

»Wenn du so weiter machst, kann ich nicht ordentlich treffen«, warnte ich.

Was soll ich sagen. Er war vernünftigen Argumenten nicht zugänglich. Ich möchte lieber nicht erzählen, wie oft ich zustechen musste, ehe er endgültig Ruhe gab.

Der Rest war nichts als Arbeit. Der Whirlpool war groß genug, um meinen Traummann in seine Einzelteile zu zerlegen, ohne dass das Badezimmer gelitten hätte. Ich habe mir alle Zeit der Welt gelassen. Es war ja ein endgültiger Abschied für mich. Von meinem Traummann und allem, woran ich einmal geglaubt hatte.

Die Einzelteile werde ich heute Nacht auf die Vogelinsel des Niersees bringen. Er hatte mir ja gezeigt, wie man da ohne den Führer hinkommt.

Dort im Naturschutzgebiet wird er seine Ruhe finden. Nur die Eisvögel und Reiher werden ihn in Augenschein nehmen. Gegen die hat er nichts. Es sind die Menschen, die ihn durcheinander gebracht haben. Mit denen und mit sich ist er nicht klar gekommen.

Es ist nicht so, als ob ich ihn nicht verstehen könnte. Zumindest ein kleines bisschen. Und dankbar bin ich ihm auch. Ich werde nicht mehr nach dem Traummann suchen. Mein Hochzeitskleid werde ich gleich morgen im Internet anbieten.

Von der Polizei befürchte ich nichts. Mit dem, was er auf seinem Laptop hat, sind sie gut beschäftigt. Vermisst melden werde ich ihn ja wohl müssen. Und sollten sie je etwas finden, was von ihm übrig geblieben ist – was ich nicht glaube – und mich ins Visier nehmen, dann erzähle ich ihnen von der Mama im Kinderheim. Und wie fixiert er hier auf die Gegend war. Das dürfte erklären, wieso er jede seiner Traumfrauen hierher gelockt hat. Egal, ob das wirklich so war oder nicht.

Bevor ich wieder nach Köln gehe in meine alte Wohnung, in mein altes Leben, werde ich noch einmal picknicken im Schlosspark, im Juni blühen jetzt die Pfingstrosen, das ist ein Spektakel, das will ich nicht verpassen und dann will ich mich natürlich von den Enten verabschieden und von den blauen Schafen. Ich werde sie so schnell nicht vergessen.

Ich werde deine Leiche im Stadtgarten verscharren

Die Frage kam von ihrem Vermieter, dem alten Herrn Richter, einem reichen Erben, dem das halbe Viertel gehörte, und mancher hätte sie für harmlos gehalten. Erst hatte er einen guten Morgen gewünscht, und sie hatte hastig genickt und dann ihren Schritt beschleunigt, denn nachbarschaftliche Konversation war das Letzte, wonach ihr der Sinn stand.

Er ließ sie nicht ziehen. Unbarmherzig schoss er ihr seine Frage hinterher. »Wo haben Sie denn Ihren Mann gelassen, Frau Gerlach? Den habe ich ja schon länger nicht gesehen.«

In der Frage schwang eine ungeheure Bandbreite an Interpretationsmöglichkeiten mit, nur war sich Nora nicht sicher, worauf genau ihr Nachbar abzielte.

»Versteckt Ihr Mann sich etwa vor mir, weil er nicht grüßen will?«, mochte gemeint sein oder »Wohnt er nicht mehr bei Ihnen?« oder gar »Haben Sie ihm vielleicht etwas angetan?«

Frage Nummer zwei kam der Wahrheit am nächsten, obwohl Nora sich brennend wünschte, es wäre Frage Nummer drei.

»Er ist verreist«, sagte sie und wich Richters Blick aus, um ihn nicht zum Weitersprechen zu ermuntern. Leider ohne Erfolg, denn der Mann hatte ein Anliegen.

»Er hatte mir ja Birnholz versprochen, Ihr Mann. Weil Sie doch den alten Baum gefällt haben und keine Verwendung dafür. Er sagte, er will es mir vorbeibringen.«

»Ich werde ihn daran erinnern«, sagte sie und drängte

sich an ihm vorbei. »Und jetzt entschuldigen Sie mich bitte, ich muss zur Arbeit.«

Sie rannte fast, um ihm zu entkommen, um dem Gespräch zu entkommen, einem Gespräch, dass ihr wieder einmal vor Augen führte, was geschehen war. Dass Markus ausgezogen war.

Es war noch kein halbes Jahr her, da hatten sie in der ,Villa Medici' zu Abend gegessen, bei Kerzenschein, und da hatte er ihre Ehe endlich mit dem Geschenk gekrönt, auf das sie so lange hatte warten müssen: Markus' Familienschmuck. Die Granatkette, ein Erbstück seiner Urgroßmutter. Es war ein Collier aus 43 geschliffenen Granattropfen. Trotz ihres beträchtlichen Alters funkelten und strahlten die Steine, wenn sich blutrot das Licht in ihnen brach. Wie es sich für Familienschmuck gehörte, hing eine tragische Geschichte daran. Markus' Urgroßmutter hatte die Kette von ihrer Schwiegermutter bekommen, nachdem sein Urgroßvater auf See verschollen war. Die Kette sollte ein Trost sein dafür, dass sie kein Grab für ihn hatte und niemals neben ihm ruhen würde. Sie hatte die Kette niemals abgenommen, und erst in ihrer Sterbestunde hatte sie diese der Frau ihres ältesten Sohnes gegeben. So war die Kette von Generation zu Generation gewandert.

»Ist es nicht wunderschön, dieses Blutrot?«, hatte Markus gefragt und versonnen in das Gefunkel der Steine geschaut. »Mich erinnert es immer daran, dass ich so mit meinen Vorfahren verbunden bin. Durch Blut, meine ich.«

Nora hatte genickt, obwohl die selbst beim Anblick der Steine eher an das Rubinrot des Cabernet Sauvignons dachte, dem sie an diesem Abend eifrig zusprachen, aber sie hatte geschwiegen, während er ihr die Kette umlegte und sich mit ihrem alten Verschluss abmühte.

Sie wusste, warum er so pathetisch sprach und warum Wehmut seinen Blick verdunkelte. Markus würde sein Blut nicht an die kommmende Generation weitergeben. Ihre Ehe war kinderlos geblieben und würde es bleiben, und das war wohl auch der Grund, warum die Kette so lange unberührt in seiner Schreibtischschublade geruht hatte. In den vier Ehejahren hatte Nora sich so manches Mal gefragt, worauf er wartete, ob er ihr jemals die Kette umlegen würde. Markus war melancholisch veranlagt und schätzte Familientraditionen hoch ein, und so wusste sie, was es bedeutete, als er die Granatkette an jenem Abend aus seiner Tasche zog.

Jetzt war er verschwunden, und die Kette hatte er mitgenommen. Und vielleicht war es das, was sie ihm am wenigsten verzeihen konnte, denn immerhin hatte er sie ihr geschenkt.

Geschenkt ist geschenkt, und wiederholen ist gestohlen, dachte sie. Etwas geschah mit ihr. Ein unbekanntes Gefühl machte sich in ihr breit. Es war Wut, Wut, die langsam in ihr aufstieg, dann anschwoll und schließlich als gewaltiger Strom durch ihren Körper rauschte. Sie hörte es in ihren Ohren brausen, als vor ihr der Stadtgarten auftauchte, dieser verdammte Ort, Tatort von Markus' Betrug.

Sie hielt das Bild der Granatkette fest, eine Kette, die jetzt wahrscheinlich am Hals einer anderen hing, und dann, in genau dem Augenblick, als die Fußgängerampel auf Grün schaltete, entschied sie es.

Ganz genau dieser Moment war es, in dem sie den Entschluss fasste. Sie würde ihn büßen lassen für das, was er ihr angetan hatte.

Ermorden. Eine gute Idee. Sie würde ihn erschießen, erdrosseln, ersticken, vergiften, aufschlitzen, vierteilen, seine Zähne würde sie einzeln in das Mosaikpflaster hämmern, das den Eingangsbereich des ‚Non Olet' zierte, und seinen Körper würde sie würfeln, in winzige Quader zerteilen und diese dann im Stadtgarten an die Vögel verfüttern, die er so gern beobachtet hatte. Ihr würde eine Menge einfallen, um seine Einzelteile zu verstreuen, bis nichts mehr von ihm übrig war, bis er ein Nichts war, für sie und die ganze Welt.

Sie musste ihn nur finden. Das war schwierig, denn er war verschwunden, ohne seine neue Anschrift zu hinterlassen.

Sie warf einen Blick auf ihre Armbanduhr. Neun Minuten vor neun.

Sie klappte ihr Handy auf und rief im Institut an, um zu sagen, dass es heute etwas später werden würde. Arzttermin. Dringend.

Sie hatte kein schlechtes Gewissen wegen dieser Lüge. Sie brauchte ein wenig Ruhe und Zeit, um nachzudenken, wie sie ihn aufspüren konnte. Ihn und diese sportliche Brünette, zu der er vermutlich gezogen war. Ein, zwei Mal war sie ihm morgens gefolgt, weil sie seinen plötzlichen mysteriösen Terminen misstraut hatte, und bei der Gelegenheit hatte sie die beiden gesehen.

Hier.

Im Stadtgarten.

Sie musste genau überlegen, wie sie vorgehen wollte. Ich brauche einen Plan, dachte sie, als sie die Sankt-Anton-Straße überquerte. Auf dem Spielplatz herrschte Gedränge. Für einen Moment sah sie den Müttern zu, die ihre schaukelnden, rutschenden Zöglinge liebevoll im Blick hielten, während sie darauf hofften, dass das ‚Non Olet' öffnete. Die Mütter würden wahrscheinlich Latte Macchiato oder Apfelschorle trinken und mit leisem Lächeln darüber klagen, wie kurz doch die letzte Nacht gewesen war, und dann würden sie ihre Hannas, Lisas und Jonasse auf den Arm nehmen, mit ihnen in geheizte, mit fröhlichen Kritzeleien dekorierte Wohnungen und Häuser gehen und dort Kartoffeln, Möhren und Dinkelnudeln kochen. Wenn die Kinder Mittagsschläfchen hielten, würden sie ihre Waschmaschinen anschmeißen und dann mit einem Aufseufzen nach der Frauenzeitschrift greifen. Diese Frauen hatten es gut, und sie wussten es nicht. Sie besaßen Familie.

Niemanden, dachte Nora, während sie die frühlingshafte Luft einsog. Ich habe niemanden. Kein Kind, keinen Mann. Ich bin ganz allein. Sie legte den Kopf in den Nacken, betrachtete das lichtgrüne Blätterdach der Lindenallee. Linden. Herzförmige Blätter, die an Liebe denken ließen, nicht an Tod. Sie schüttelte den Kopf, als sei ihr Wasser in die Ohren gelangt, und ging schnell weiter.

Noch nie zuvor waren ihr die Eiben aufgefallen, die hier wuchsen, stattliche, sattgrüne Exemplare. Die Nadeln waren giftig, die Beeren auch, aber nur, wenn man das fleischige Rote außer Acht ließ und den schwarzen Kern zerteilte. Wie viele würde sie benötigen? Und war ein Tod durch Eiben schmerzhaft genug für ihn?

Erst einmal musste sie ihn finden. Vor einer Woche noch war er mit dieser Brünetten hier herum spaziert. Vielleicht würde er es wieder tun? Sie reckte den Kopf, aber sie sah nichts, nur einen gebeugten Herrn mit Rauhaardackel. Der Dackel wackelte geschäftig auf einen Baum zu und pinkelte konzentriert an dessen Stamm, dann schüttelte er sich zufrieden und trabte weiter. Noras Blick blieb an der Baumkrone haften. Es war ein seltsamer Baum mit eigenartig geformten weißen Blüten, die an Papiertaschentücher erinnerten, Hunderte gezückte Taschentücher, bereit, ihre Tränen zu trocknen. Nein, dachte sie und schluckte. Sie brauchte kein Taschentuch. Sie brauchte einen Plan, der dazu führte, dass ER ein Taschentuch für seine Tränen brauchte, alle Taschentücher des Baumes sollten nicht ausreichen für die Flut seiner Tränen, und nachher würde er kein Taschentuch mehr brauchen, weil er nämlich gar nichts mehr brauchen würde. Dafür durften die hundert Taschentücher ihm dann zum Abschied winken.

Bye-bye, Markus!

Der Springbrunnen hatte erst im letzten Jahr wieder seinen Betrieb aufgenommen. Das war, bevor ihr Mann sein Interesse für den Stadtgarten entdeckt hatte. Sie lehnte am Geländer, folgte mit dem Blick dem steigenden und fallenden Wasser, dachte nach.

Sie hatte keinerlei Anhaltspunkte, wo er sich aufhielt. Er war plötzlich fort gewesen und hatte ihre Kette mitgenommen. Ansonsten hatte er erstaunlich wenig mitgenommen, woraus man schließen konnte, dass er bald kommen und den Rest holen würde. Vielleicht würde er ihr bei der Gelegenheit erklären, was sich in ihm abgespielt hatte. Vielleicht war er aber auch so feige, wie sein plötzlicher Auszug vermuten ließ, und holte seine Sachen, während sie im Büro war. Er hatte Zeit. Er war ein freier Journalist und konnte es sich erlauben, tagsüber in der Gegend herum zu fahren und Klamotten aus der Wohnung seiner Exfrau zu holen oder aber im Stadtpark zu flanieren mit der Brünetten oder mit wem auch immer er wollte. Vielleicht sollte sie sich krank schreiben lassen und ihm zu Hause auflauern? Mit einer Pistole? Mit Schalldämpfer, vielleicht? Oder gleich mit einem Beil?

Sie lauschte auf das Plätschern des Wassers. Wahrscheinlich hatte er oft hier gesessen, während sie im Büro ihre Stunden absaß, die Brünette an der Hand, und das tanzende Wasser beobachtet, so wie jetzt sie.

Ich werde dich töten, dachte sie. Ich werde dich klitzeklein schneiden und dann deine Einzelteile in den Springbrunnen werfen wie Brühwürfel in eine Suppentasse.

Der Springbrunnen war umgeben von dichten Stauden, fein gemusterte Funkienblätter, lila Storchschnabel, gelbe Blüten, die sie nicht kannte, und ein Fuß.

Sie stutzte. Da war ein Fuß zwischen den Funkienblättern, eindeutig. Ein alter Schuh vielleicht? Vorsichtig sah sie sich um, dann schwang sie sich über die Absperrung, versank in grünweißen Funkienblättern, reckte sich, um etwas zu erkennen. Zwei Schritte durch das Funkienmeer, dann stieß sie mit dem Fuß gegen etwas Weiches. Ihr Mund öffnete sich, um zu schreien, als eine Stimme hinter ihr sie zusammenzucken ließ.

»Was machen Sie da?«

Sie fuhr herum. Es war der Gärtner, der eine Harke hielt

und sie mit einem Ausdruck des Misstrauens beobachtete.

»Nichts«, sagte sie. »Ich bewundere die Funkien. Schönes Laub, wirklich.«

Er sah sie an, ließ den Blick schweifen und heftete ihn
auf ihre Hand. Auf den Schuh, den sie darin hielt. Sie
musste ihn aufgehoben haben, ohne es zu merken.

»Eine Leiche«, sagte sie. »Ich habe eine Leiche gefunden.
Wir müssen die Polizei rufen.« Sie ließ den Schuh fallen,
gelangte mit zwei möglichst großen Schritten zurück zum
Gitter und zog ihr Handy aus der Tasche.

Während sie die 110 wählte, spürte sie den Blick des
Gärtners auf sich ruhen. Sie wandte sich ab. »Nora Gerlach ist mein Name«, sagte sie. »Ich habe eine Leiche gefunden, hier im Stadtgarten. Nicht Stadtpark, StadtGAR-
TEN, gegenüber vom Amtsgericht, am Nordwall. Nein, ich
habe nichts berührt, nur . . .« Sie dachte an den Schuh und
verstummte.

»Ich warte«, sagte sie dann, klappte ihr Handy zusammen und trat zu dem Gärtner.

Er sah blass aus. »Gerlach?«, fragte er. »Sind Sie Frau
Gerlach? Ist Ihr Mann auch hier?«

Er sah sich um, vergeblich.

»Warum?«, fragte sie.

»Ich kenne ihn. Der spaziert hier doch sonst in jeder
freien Minute herum, ich meine . . .«

Sie dachte wieder an den Schuh. Es war ein brauner
Schuh, der zu einem Paar gehörte, das sie schon oft gesehen hatte, wenn auch seit einigen Tagen nicht mehr. Sie
war dabei gewesen, als Markus die Schuhe gekauft hatte.

»Was haben Sie gesagt?«, fragte sie.

»Dass Ihr Mann hier doch immer spazieren geht.«

»Jetzt nicht mehr«, sagte sie. Dann musste sie plötzlich
lachen, und das war gut. Es war zumindest besser als die
Tränen von vorhin.

Oder?

»Wann haben Sie Ihren Mann das letzte Mal gesehen?«, fragte der Kommissar. Er rauchte unablässig, während er sie beobachtete.

»Gerade eben«, antwortete sie. Wieder stieg das Bild in ihr auf, sein verkrümmter Körper unter grüngemustertem Funkienlaub, das Loch in seiner Brust, und sie zuckte zusammen.

»Lebend gesehen, Frau Gerlach.«

»Am Freitag. Freitagnachmittag.«

»Erschien er Ihnen anders als sonst?«

»Nein.«

»Warum haben Sie ihn nicht schon am folgenden Tag vermisst gemeldet?«

Während sie die Fragen der Beamten auf sie niederprasselten, dachte Nora nach. Zuerst war sie froh gewesen, dass jemand ihr die Drecksarbeit abgenommen hatte. Jemand anders hatte sich schuldig gemacht. Die Polizei würde diesen Jemand jagen und nicht sie selbst. Sie selbst konnte mit blütenreinem Gewissen und der Aussicht auf eine nette Lebensversicherung – zahlte die Lebensversicherung auch bei Mord? – nach Hause gehen. Nach Hause, dachte sie. In die leere kalte Wohnung. Und tagsüber ins Büro. Was für ein armseliges Leben, ein Leben ohne Liebe. Sie dachte an das warme, funkensprühende Weinrot der Granatkette, das ihr Trost und Wärme gespendet hätte, so wie damals der Urgroßmutter, als diese ihren Mann verloren hatte, und plötzlich kamen ihr doch wieder die Tränen. Sie wischte sie nicht weg.

Rotwein. Anstelle der Kette würde der Rotwein sie trösten. Cabernet Sauvignon, derselbe, den sie an dem Abend getrunken hatte. Eine Menge davon.

»Geht es Ihnen nicht gut, Frau Gerlach? Wollen Sie eine Pause machen?«

»Nein«, sagte sie. »Entschuldigen Sie, es geht schon.«

»Wissen Sie, ob jemand Ihrem Mann etwas antun wollte? Hatte er Streit mit jemandem?«

»Er war Journalist«, sagte sie. »Journalisten haben immer Streit mit jemandem.«

»Jemand Besonderes? Gab es vielleicht neue Leute in seinem Umfeld?«

Sie hob die Schultern und ließ sie fallen. »Nein«, sagte sie. Dann fiel ihr die Frau aus dem Stadtgarten ein, aber sie sagte nichts. Dieser Sache würde sie selbst nachgehen.

Das ist es, dachte sie. Vermutlich hat er ihr gesagt, dass eine Scheidung nicht in Frage kommt. Vielleicht hatten sie Streit.

Und plötzlich wurde ihr das ganze Ausmaß ihrer Entdeckung bewusst. Markus hatte sie nie verlassen. Er war ihr genommen worden. Während sie blutrünstige Mordpläne geschmiedet hatte, war er längst tot gewesen, hatte schutzlos neben dem Springbrunnen gelesen, wo jeder Hund auf ihn hätte pinkeln können.

Sie würde seinen Mörder finden. Oder eher seine Mörderin. Und dann würde sie wieder gut machen, dass sie an der Liebe ihres Mannes gezweifelt hatte.

Der Stadtgarten erschien ihr jetzt als sehr trauriger Ort, jede einzelne Stelle, jedes Detail schien sie anzuklagen, die Frau, die den Mord an ihrem Ehemann herbeiphantasiert, statt nach ihm zu suchen oder ihn vermisst zu melden. Nur der Hundepinkelbaum streckte ihr mitfühlend seine Taschentücher entgegen. Gern hätte sie jetzt eines genommen, um sich die Tränen abzuwischen, aber sie ließ dem Baum seine Blüten und gestattete ihren Tränen zu fließen.

Der Musikpavillon wirkte kahl und verlassen. Sie kletterte hinauf, lehnte sich mit dem Rücken an sein rostiges Geländer und schloss die Augen. Am liebsten wäre sie eingeschlafen, dann hätte sie wenigstens nicht denken müssen.

»Mein Beileid«, sagte eine Stimme unter ihr, und sie zuckte zusammen. Es war der Gärtner.

»Bitte?«

»Entschuldigung, ich wollte Sie nicht erschrecken. Die Polizei hat gesagt, dass es Ihr Mann war, der . . . Schrecklich. Es muss ja ganz furchtbar für Sie gewesen sein, ihn zu finden. Mein Beileid.«

»Danke.« Für einen Moment fiel ihr ein, was ihr tatsächlich durch den Kopf gegangen war, als sie seinen Schuh erkannt hatte, aber sie verdrängte den Gedanken sofort. Stattdessen sprang sie hinunter und trat zu dem Gärtner. »Sie haben meinen Mann ja offensichtlich gekannt«, sagte sie und kam sich komisch vor. Wie eine Detektivin.

»Ja, natürlich. Er war ja oft genug hier.«

»Kennen Sie vielleicht auch die Frau, die manchmal mit ihm hier war? Groß, sportlich, brünett?«

»Frau Dr. Sengemann«, sagte der Gärtner und nickte. »Natürlich, ich habe die beiden selbst miteinander bekannt gemacht.«

»Ach«, sagte sie.

»Es gibt niemand Besseren, wenn Sie Informationen über unseren Stadtgarten bekommen wollen.«

»Soso«, sagte sie. »Ich würde Frau Dr. Sengemann gern persönlich vom Tod meines Mannes berichten, die beiden haben ja eng zusammen gearbeitet. Könnten Sie mir vielleicht . . .«

»Natürlich«, sagte der Gärtner und ergriff seine Harke. »Ich bin ja froh, wenn ich Ihnen helfen kann, Frau Gerlach. Es tut mir wirklich sehr, sehr leid für Sie.«

Ein Schweigen trat zwischen sie, das erst vom lauten Gebell eines Labradors gebrochen wurde. Der Hund sprang zu ihnen und schnappte nach Noras Hand.

»Der tut nichts!«, rief sein Frauchen, das sich keuchend näherte. »Der will nur spielen!«

Der Hund schüttelte den Kopf, als wolle er verneinen, dann lief er schnurstracks zu dem Baum mit den Taschentuchblättern und erledigte plätschernd sein Geschäft. Nora sah Hund und Frauchen nach, wie sie den Park verließen, dann machte sie sich auf, um die mutmaßliche Mörderin ihres Mannes aufzusuchen.

Frau Dr. Sengemann sah genau so aus, wie Nora sie in Erinnerung hatte. Sie sah sehr erstaunt aus, als sie die Haustür öffnete und Nora erblickte.

Das Zimmer, in das sie ihre Besucherin führte, passte zu dem Schild. ‚Dr. Marianne Sengemann, Historikerin' hatte auf dem goldgeprägten Schild gestanden, und die zahllosen Bücher an den Wänden und die Karten und Papiere, die jeden freien Quadratzentimeter bedeckten, zeugten von fleißiger Arbeit.

»Mein Mann ist tot«, sagte Nora ohne Umschweife und nahm auf dem grünen Sofa Platz, nachdem sie einige Papiere beiseite geschoben hatte.

»Das tut mir leid, aber . . .«

»Gerlach. Nora Gerlach. Mein Mann ist Markus Gerlach.«

»Ach.« Es war echte Betroffenheit, die sich auf Sengemanns Gesicht ausbreitete. Es sah allerdings nicht nach der Verzweiflung einer Geliebten aus. »Ich mache uns mal Kaffee«, sagte sie anstelle einer Antwort und verschwand, um bald darauf mit zwei dampfenden Bechern wieder zu kommen.

»Sie kannten ihn glaube ich gut«, sagte Nora und nahm den Becher entgegen.

»Wie man es nimmt.«

»Der Gärtner vom Stadtgarten sagte mir, Sie seien oft mit ihm dort spazieren gegangen.«

»Das ist Quatsch.« Mit einem Stirnrunzeln machte sich die Historikerin an einer Schublade zu schaffen.

»Quatsch?« Mit Schwung stellte Nora die Kaffeetasse ab. »Ich selbst habe gesehen . . .«

Ein gellender Schrei ließ sie zusammenzucken.

»Nicht auf die Papiere!« Mit einem Ausdruck unbeschreiblichen Entsetzens riss Sengemann die Papiere vom

Tisch, auf die eine Kaffeepfütze geschwappt war, und presste sie an ihre Brust. »Das sind Unterlagen aus dem 19. Jahrhundert, die sind unersetzlich!«

»Entschuldigung«, entgegnete Nora leicht befremdet. Ihr wurde der Mann ermordet, und diese Frau grämte sich wegen ein paar Kaffeeflecken auf Altpapier. »Ich wollte nur sagen, ich selbst habe Sie mit meinem Mann gesehen.«

»Und?« Mit einem Taschentuch tupfte die Historikerin das Papier ab.

»Sie sagten doch eben, Sie seien nicht mit ihm spazieren gegangen. Das war offensichtlich eine Lüge.«

»War es nicht. Ihr Mann war mein Kunde.«

»Kunde?«

»Er hat mich beauftragt, einige Recherchen für ihn anzustellen, deswegen haben wir uns manchmal getroffen.«

»Worum ging es dabei?«

»Bedaure, das ist leider vertraulich.«

»Mein Mann ist tot.«

»Die Pflicht gegenüber meinen Kunden erlischt auch nicht nach ihrem Tod«, sagte Dr. Sengemann hoheitsvoll. »Wenn Sie jetzt bitte gehen würden? Ich habe zu arbeiten.«

Trotz der unhöflichen Reaktion, die strenggenommen ein Rausschmiss war, fiel es Nora gar nicht schwer, zu gehen, und der Stein der Erleichterung, der ihr vom Herzen rollte, war so gewaltig, dass die Andere sein Plumpsen eigentlich hätte hören müssen. Ganz offensichtlich gehörte die Liebe dieser Frau nicht Markus, sondern ihren staubigen Papieren. Es hatte also gar keine romantischen Treffen unter den herzförmigen Lindenblättern des Stadtgartens gegeben.

Warum aber war er dann ermordet worden?

Markus' Arbeitszimmer war ein großer luftiger Raum mit Dachschräge und hellen Dielen. Nora hatte nie zu den Frauen gehört, die heimlich die Schubladen ihres Mannes durchwühlten, von den gelegentlichen sehnsüchtigen Blicken auf die Granatkette in der obersten Schublade mal abgesehen. Es war höchste Zeit, mit einer systematischen Durchsuchung anzufangen, ehe die Polizei eintraf, die möglicherweise auf dieselbe Idee kommen würde.

Zwei Stunden später war von den Dielen nichts mehr zu sehen, alles lag voll mit Papieren. Es sah beinahe so aus wie bei der Historikerin.

Dafür wusste Nora jetzt zweierlei. Zum einen fehlten 20.000 Euro. Markus hatte sie als Rechercheausgaben deklariert und bar abgehoben. Konnte dies das Geld für die Historikerin sein? Unwahrscheinlich. Denn zugleich waren von seinem Geschäftskonto 3500 Euro an Frau Dr. Sengemann überwiesen worden. Verwendungszweck: ebenfalls ‚Recherche'.

Aber noch etwas wusste Nora jetzt. Das, woran Markus gearbeitet hatte, war offenbar keine Story, sondern ein Stammbaum. Er hatte exzessive Ahnenforschung betrieben, zahlreiche Dokumente belegten die Verzweigungen seiner Familiengeschichte bis ins 18. Jahrhundert hinein. Seine Familie. Nicht ihre. Was hatte er gesucht? Und was hatte er gefunden?

Sie griff nach dem Telefon und rief im Stadtarchiv an. »Wenn ich etwas über meine Vorfahren herausfinden will, wie stelle ich das an?«

»Das kommt darauf an. Erst einmal gehen Sie zum Geburtsort ihrer Eltern, beschaffen sich Kopien der hinterlegten Stammbucheinträge, und dann arbeiten Sie sich einfach rückwärts durch die Stamm- und Kirchenbücher.«

Nora verrenkte sich fast den Hals, um einen Blick auf die grob sortierten Kopien zu verschaffen. Kopien der Stammbücher hatte Markus haufenweise gesammelt. »Und sonst?«, fragte sie etwas hilflos.

»Sie können ergänzend noch auf den Friedhöfen nachsehen, manchmal finden sich dort zusätzliche Informationen.«

»Friedhöfe?«

»Ja. Wir haben ja mehrere hier in Krefeld, die für Recherchen von Bedeutung sein könnten. Der Hauptfriedhof und der Alte Friedhof, den einen in Uerdingen, einen am Stadtwald, den neueren in Elfrath und natürlich die ganz alten, also Fichtenhain und den vom Stadtgarten.«

»Stadtgarten?«

»Der Stadtgarten war früher ebenfalls ein Friedhof, wussten Sie das nicht? Es stehen sogar noch einige der alten Grabsteine. Bis 1867 wurde dort bestattet, man erkennt es noch an den kreuzförmigen Lindenalleen.«

Nora schwieg. Sie selbst hatte beim Anblick der Lindenblätter nur an die Liebe gedacht und an ihren Schmerz. »Und die Grabsteine?«

»Die wurden teilweise an Anverwandte gegeben, manche . . . Keine Ahnung. Zerfallen, wahrscheinlich. Von einigen gibt es Zeichnungen, soviel ich weiß.«

»Danke.«

»Kann ich sonst noch etwas für Sie tun? Wenn Sie mir Ihren Nachnamen verraten, kann ich im Zentralregister . . .«

»Dankeschön«, sagte sie und legte auf.

Keinen Moment musste sie darüber nachdenken, warum ihr Mann seine Recherchen vor ihr verborgen hatte. Ein Stammbaum zeigte sofort, was sie in den letzten Jahren ausgeschwiegen hatten: Ihre kinderlose Ehe war ein toter, dürrer Nebenast im üppig wuchernden Stammbaum ihrer Familien. War das der Auslöser für Markus' Recherche gewesen?

Plötzlich fröstelte Nora. Vorsichtig legte sie die Hand auf das warme Eichenholz des Schreibtischs, an dem ihr Mann gesessen hatte in dem Bewusstsein, wie sehr seine Forschung sie verletzen würde. Oder hatte er vielleicht versucht, etwas über ihre Familie in Erfahrung zu bringen?

Als das Telefon schrillte, zuckte sie zusammen. Es war das Beerdigungsinstitut.

»Es tut uns leid, liebe Frau Gerlach.« Die Stimme des Mannes klang dunkel vor Mitgefühl. »Leider können wir den geplanten Bestattungstermin am Freitag nicht einhalten, weil wir noch nicht wissen, wann . . .« Er räusperte sich, ». . . wann Ihr Mann freigegeben wird.«

»Oh.«

»Ich habe aber mit dem Krematorium gesprochen, selbstverständlich wird man dort so schnell wie irgend möglich arbeiten, damit Sie zeitnah die Trauerfeier durchführen können, sobald die Rechtsmedizin . . . Vielleicht möchten Sie die Zeit nutzen, sich schon einmal über einen geeigneten Stein Gedanken zu machen? Manche Angehörige empfinden diese Beschäftigung als Trost.«

»Danke«, sagte sie. »Eine gute Idee.« Und gleichzeitig fiel ihr ein, was sie für Markus tun könnte. Ein Abschiedsgeschenk, das ihm gefallen hätte. Ihm und auch der Urgroßmutter, die er nicht gekannt und von der er doch so oft gesprochen hatte.

Erst aber rief sie den Kommissar an und erfuhr, was das rechtsmedizinische Gutachten ergeben hatte. Markus war erschossen worden. Der Täter hatte eine Waffe mit Schalldämpfer benutzt. Deswegen hatte auch keiner der Anwohner etwas Verdächtiges gehört. Der Todeszeitpunkt lag allerdings wenige Stunden vor dem Zeitpunkt, zu dem sie ihn aufgefunden hatte. Da sich eine Lücke von vier Tagen mit unbekanntem Aufenthalts ergab, würden sich die Nachforschungen in die Länge ziehen.

»Wann kann ich ihn bestatten?«, fragte Nora und dachte an den Grabstein, den sie in Auftrag geben würde. Ein wunderschöner altmodischer Grabstein, inspiriert von denen seiner Vorfahren. Nur dass sie beide eines Tages zusammen darunter liegen würden, anders als seine traurige Urgroßmutter, die nur eine Granatkette gehabt hatte, obwohl ihr die Gebeine ihres geliebten Mannes sicherlich lieber gewesen wären.

»Wir müssen die Leiche Ihres Mannes auf biologische Spuren untersuchen«, sagte der Kommissar. »Nur so können wir erfahren, was ihm zugestoßen ist. Wir ermitteln natürlich in alle Richtungen, aber . . .«

Nora verstand. Die Polizei tappte im Dunkeln. Kurz wunderte sie sich, dass man sie nicht verdächtigt hatte. Vermutlich lag das daran, dass sich von ihr keine Spuren an der Leiche befunden hatten.

»Haben Sie am Tatort etwas gefunden?«, fragte sie.

»Sollten wir? Vermissen Sie etwas unter den Sachen Ihres Mannes?«

Sie konnte durch das Telefon hören, wie sein Feuerzeug klickte, wie er sich eine Zigarette anzündete und tief inhalierte.

»Eine alte Kette aus Granat, ein Erbstück.«

»Wertvoll?« Er klang nicht interessiert.

»Ich glaube schon«, sagte sie. »Und vor allem glaube ich, dass er deswegen ermordet wurde.«

»Aha«, sagte der Kommissar und pustete hörbar Rauch aus. »Wir melden uns, wenn es etwas Neues gibt.«

»Ich melde mich auch, wenn es Neues gibt«, sagte Nora. Irgendwie hatte sie das Gefühl, dies könnte bald schon der Fall sein.

Frau Dr. Sengemanns Gesicht verriet deutlich ihren Ärger, als sie zum zweiten Mal an diesem Tag die Tür öffnete. »Ich habe Ihnen doch schon gesagt, dass ich Ihnen nicht weiter helfen kann.«

»Wollen Sie mir nicht einen Kaffee anbieten?«

»Sehr witzig.« Sengemann schnitt eine Grimasse, dann riss sie sich offenbar zusammen. »Ich bin natürlich voller Mitgefühl für Ihre Situation, Frau Gerlach, aber . . .«

»Geben Sie mir einfach, weswegen ich gekommen bin, dann gehe ich auf der Stelle und lasse Sie in Ruhe.«

»Wie bitte?« Sengemann riss die Augen auf.

»Ich bin gekommen, um Sie um die Herausgabe sämtlicher Dokumente zu bitten. Ich bin als Ehefrau die Alleinerbin, also gehört alles mir.«

Die Historikerin musterte sie ohne Regung. »Haben Sie eine rechtsgültige Anordnung?«

»Nein. Aber wenn Sie mir nicht auf der Stelle alles geben, informiere ich die Polizei.«

Sengemann gab ein prustendes Gelächter von sich.

»Mein Mann wurde ermordet, und man ermittelt in alle Richtungen. Wenn ich jetzt . . .« Nora griff in ihre Jackentasche und zog das Handy heraus, ». . . den Kommissar anrufe und ihm sage, dass Sie gemeinsam mit meinem Mann am mutmaßlichen Tatort recherchiert haben, sind im Handumdrehen zehn Beamte hier und sammeln alle ihre hübschen Papiere ein. Das dauert dann sehr lange, bis sie die wieder kriegen. Und was glauben Sie . . .«, sie näherte ihr Gesicht dem der Anderen, ». . . was glauben Sie, wie viele Knicke und Kaffeeflecken so eine Horde Polizisten auf Ihrer hübschen Sammlung macht? Sie werden sie in Plastikhüllen zwängen, knicken, lochen . . .« Sie drückte gerade die Nummer des Kommissars, als ihr das Handy aus der Hand geschlagen wurde.

»Sie haben gewonnen«, sagte die Historikerin und fuhr sich über das Gesicht, das plötzlich müde aussah. »Kommen Sie mit in mein Arbeitszimmer. Ich gebe Ihnen alles, was ich über die Familie Ihres Mannes herauskriegen konnte.«

»Vor allem möchte ich alles über die Grabsteine.«

Während die Historikerin die Unterlagen zusammensuchte, nahm Nora auf ihrem Schreibtischstuhl Platz.

Der Plan des alten Friedhofs war ein kleines kalligraphisches Kunstwerk. Der heutige Stadtgarten hatte nur kurz als Friedhof gedient, ehe er den Maßnahmen der Stadterweiterung weichen und der heutigen grünen Parkanlage hatte Platz machen müssen. Die Grabsteine waren entfernt worden, die Skelette ins Beinhaus gewandert. Vorher aber hatte ein junger Steinmetz zu Studienzwecken von einigen besonders schönen Steinen Skizzen angefertigt. Es kostete Nora einige Mühe, die Buchstaben zu entziffern. Systematisch suchte sie nach den Namen, die ihr von Markus Stammbaum inzwischen bekannt waren.

Ihr Herzschlag verlangsamte sich, als sie tatsächlich einen der Namen erkannte. Es war der des Urgroßvaters, der doch angeblich auf See verschollen war. Sie zog die Kopie des Stammbaums hervor, um den Namen zu überprüfen. Kein Zweifel: Der verschollene Urgroßvater war in einer Familiengruft bestattet worden. Wie konnte das sein? Dann aber las Nora den Namen der anderen Familienmitglieder, und plötzlich war ihr alles klar.

Der Kandidat war ebenso jung wie dumm. Auch nachdem der Publikumsjoker ihm versichert hatte, dass die Elbe durch Hamburg floss, mochte er es nicht glauben. Josef Richter war es leid, sein hilfloses Gesicht zu sehen. Die Werbepause erlöste ihn. Richter seufzte und griff nach den Erdnüssen, als es an der Tür klingelte.

Es war die Mieterin, die gerade Witwe geworden war. »Es geht um meinen Mann«, sagte sie. Sie trat ein und ließ die Tür offen stehen.

»Ja bitte?«

»Vor einigen Monaten stand doch ein Artikel über Sie in der Zeitung. Der einzige Nachfahre einer alten Krefelder Seidendynastie, so hat man sie genannt. Es muss Sie hart getroffen haben.«

»Was?«

»Dass Sie gar nicht der einzige Nachfahre sind. Oder viel mehr, nicht mehr.«

»Sie sind ja vollkommen verrückt geworden.«

»Ihr Ururgroßvater war Gerhart de Greiff, damaliger Alleinerbe des gesamten Vermögens der Familie. Er hatte zwei Söhne. Einer davon, Gustav, heiratete ein Dienstmädchen und wurde deswegen verstoßen. Als er Jahre später in Übersee verstarb, ließ seine Mutter dennoch ihre Beziehungen spielen, um seine Leiche zu überführen. Sie bestattete ihn in der Familiengruft. Seine Frau, die außerhalb auf dem Land lebte, bekam als Entschädigung eine Kette. Ich vermute, von der Bestattung hat sie nie etwas erfahren. Weil sie sehr stolz war, kam sie gar nicht auf den Gedanken, für ihre Kinder das Erbe des Vaters einzufordern. Mit der Familie ihres verstorbenen Mannes wollte sie nichts zu tun haben, nachdem man sie so schlecht behandelt hatte. Nur die Kette behielt sie – als Andenken.«

»Ich weiß gar nicht, was Sie mir da erzählen«, sagte Richter.

»Dieser Grabstein war der einzige Hinweis, dass mein Mann ein Nachkomme der alten Seidenbaronfamilie ist. Ich gehe davon aus, dass er Sie angesprochen hat.«

»Sie glauben nicht im Ernst, dass Skizzen von alten Grabsteinen heutzutage rechtlich gültig sind?«

»Nein?«, fragte die Frau. »Und warum haben Sie ihn dann umgebracht?«

»Weil er einen DNA-Test angefordert hat«, antwortete Richter und drehte sich um. In der Hand hielt er eine Pistole. Er machte einen einzigen Schritt auf Nora Gerlach zu, dann sah er, dass sie nicht allein gekommen war.

Nachdem der Nachbar gestanden hatte, fand Nora Ruhe. Der Steinmetz arbeitete genau nach ihren Vorgaben, und es erfüllte sie mit Zufriedenheit, dass ihr Abschiedsgeschenk, wie sie es bei sich nannte, bald das Urnengrab zieren würde.

Am Montag vor der Trauerfeier beschloss sie, am Schwanenmarkt einen Kaffee trinken zu gehen. Sie betrachtete die Vorbeihastenden, als plötzlich etwas ihre Aufmerksamkeit erregte. Es war die junge Frau am Nachbartisch. Oder vielmehr die Kette, die sie trug. Es war eine Granatkette.

»Woher haben Sie diese Kette?«, entfuhr es ihr, und sie hielt sich am Tisch fest, weil ihr plötzlich schwindlig wurde.

»Die Kette?« Die Hände der jungen Frau legten sich um das Schmuckstück.

»Sie ist wunderschön«, beeilte sich Nora zu sagen. »Genau so eine habe ich schon lange gesucht. Wo haben Sie sie her?«

Die Frau lächelte glücklich und wehmütig zugleich. Ihre Hände wanderten von ihrem Hals zu ihrem gewaltigen Babybauch. Nora zuckte zusammen, als sie ihn sah.

»Ein Geschenk von meinem Freund. Leider weiß ich nicht, wo er sie her hat.«

»Könnten Sie ihn vielleicht fragen? Ich wäre Ihnen wirklich sehr dankbar. Es ist eine wunderschöne Kette, sie wäre das perfekte Geschenk für meine Tochter«, improvisierte Nora.

Schatten verdüsterten das Gesicht der jungen Frau. »Leider kann ich ihn nicht fragen. Er ist tot.«

Etwas in Nora setzte aus, aber kurz nur, dann hatte sie sich wieder gefangen. Sie musste zwinkern. »Sie Arme!«, rief sie aus. »Das ist ja entsetzlich! Darf ich mich einen Moment zu Ihnen setzen? Warten Sie, ich bestelle Ihnen noch ein Glas Wasser, Sie sehen ja ganz blass aus.« Sie wandte sich an die Kellnerin. »Ein Wasser, bitte. Und für mich . . . einen Cabernet Sauvignon. Danke. Und nun . . . Erzählen Sie mir alles!«

Die Frau hatte den Kopf sinken lassen und kämpfte sichtlich mit den Tränen. Man sah ihr an, dass es sie drängte, ihre Geschichte los zu werden.

»Er war gerade erst bei mir eingezogen. Wissen Sie, er war noch verheiratet, darum hatten wir unsere Beziehung lange geheim gehalten. Wenige Tage haben wir zusammen gewohnt, da verschwand er plötzlich. Kurz darauf fand man seine Leiche. Im Stadtgarten. Es stand sogar in der Zeitung.«

»Ist das wahr?«, rief Nora aus. Sie griff nach ihrem Wein und stürzte ihn hinunter. Mit einer Handbewegung bedeutete sie der Kellnerin, ihr Nachschub zu bringen. Sie musste sich Mut antrinken für das, was sie tun würde. Sie sah die junge Frau an. Die Farbe der Steine um ihren Hals schlug um. Aus dem Weinrot – einem Rot wie dem von Cabernet Sauvignon – wurde Blutrot.

Die Frau zog ein Taschentuch heraus und putzte sich geräuschvoll die Nase. »Er war so überglücklich, dass wir ein Baby erwarteten. Einen Kinderwagen hatte er schon gekauft, und dann . . .« Vertraulich näherte sie ihr Gesicht dem Noras. »Er wollte für den Kleinen einen Stammbaum erstellen. Ich sage Ihnen, werdende Väter wissen gar nicht wohin mit ihrer Energie.« Sie gab ein gerührtes Kichern von sich, das Nora in den Ohren schmerzte. »Ich sollte Ihnen das eigentlich gar nicht erzählen, aber wissen Sie, ich bin so einsam, seit er tot ist.«

»Ja«, sagte Nora, »ich verstehe das.« Sie verstand es tatsächlich. »Und was hatte es mit dieser Entdeckung auf sich?«, fragte sie dann beiläufig.

Die Frau hielt den Kopf schräg und griff nach ihrem Wasser. »Irgendwie ist er auf etwas absolut Erstaunliches gestoßen, ein Erbe, was er zu erwarten hatte. Dann wurde er ermordet.« Sie schloss die Augen.

»Was sagt denn seine Frau dazu?«

»Wozu?«

»Zu dem Erbe?«

»Er konnte ihr doch nichts sagen! Ihr hätte die Hälfte von allem zugestanden. Darum wollte er sich erst scheiden lassen und ihr dann Bescheid geben.«

»Ich verstehe«, sagte Nora. Ja, sie verstand. Warum Markus ihr nichts erzählt hatte und auch, warum er so dämlich gewesen war und Herrn Richter hatte erpressen wollen. Markus hatte es eilig gehabt und gleichzeitig sie, Nora, von seinem zu erwartenden Gewinn ausschließen wollen.

Die junge Frau schniefte. »In einigen Tagen ist die Beerdigung. Ich weiß noch gar nicht, ob ich hingehen soll, immerhin wird sie auch da sein.«

»An Ihrer Stelle würde ich nicht hingehen«, sagte Nora geistesabwesend. »Sagen Sie . . . Brauchen Sie denn nichts von dem Geld für Ihr Kind?«

»Er hat vorgesorgt.«

»Natürlich«, sagte Nora. Sie dachte an die 20.000 Euro. Weit würde die junge Frau damit nicht kommen.

»Ich wünsche Ihnen alles Gute«, sagte sie zum Abschied und drückte die Hand der Anderen fester als nötig. Sie gönnte ihr die Kette von Herzen. Sie brauchte sie nicht. Die Urgroßmutter fiel ihr ein, die für ihre Trauer nichts gehabt hatte als die leuchtenden Steine. Ihr selbst war etwas viel Besseres geblieben. Immerhin besaß sie, anders als die junge Schwangere und anders als die Urgroßmutter, Markus Überreste.

Sie war froh, als sie draußen war. Noch im Gehen zog sie ihr Handy hervor und wählte die Nummer des Steinmetzes. Selbstverständlich würde sie den Grabstein bezahlen, aber erst, wenn sie sich vergewissert hatte, dass er in Trümmern lag. Als sie an die Urne dachte, lächelte sie. Die Beisetzung würde sie selbst vornehmen, ohne Trauergäste, es sei denn, der Rauhaardackel und der Labrador würden sich zu ihr gesellen. Sie würde Markus Asche im Stadtgarten verscharren, unter dem Taschentuchbaum, dort, wo die Hunde so gern pinkelten. Hundert Taschentücher würden ihm winken.

Bye-bye, Markus.

Und das Wort ward Fleisch

Das Geschrei der Saatkrähen begleitete sie auf dem Weg durch den Laubengang, bis hinunter zur östlichen Orangerie. Die schwarzen Vögel schienen auf sie gewartet zu haben. Mehr als ein Dutzend flatterten ungeduldig um die Turmspitzen der Abteikirche.

»Rede, Herr, Dein Diener hört.« Kurt Klepper notierte die Worte in seinem Diktiergerät.

»Erstes Buch Samuel, Kapitel 3, Vers 10.«

Der Gerichtsmediziner sah auf, er fühlte sich gestört. »Was wollen Sie?«

»Das ist mein Fall, schätze ich.«

Klepper musterte die Frau ungeniert von oben bis unten. Bisschen jung, dachte er. »Sollen wir nicht lieber auf Ihren Chef warten?«

Ich bin der Chef, du aufgeblasener Arsch, dachte sie und suchte in ihrer Jackentasche nach Einmalhandschuhen. Dann lächelte sie. »Sie sind der diensthabende Gerichtsmediziner? Hauptkommissarin Kotzebue. Johanna von Kotzebue.«

Die KHK'in streckte dem nahezu kahlköpfigen Mediziner die Hand hin. Das musste Klepper sein, den ihre neuen Kollegen alle nur ‚Zosse' nannten.

»Wir haben auf das KK 11 schon gewartet«, erklärte Klepper überflüssigerweise und übersah geflissentlich die freundliche Geste.

Immer wartete irgendwer irgendwo. »1 Sam 3, 10«, wiederholte die Ermittlerin und sah in die Sonne, die sich bleich zwischen die dichten Wolken zwängte.

»Sie kennen sich aus.« Klepper machte Anstalten, als

wollte er auch dies als Erkenntnis diktieren.

»Ich habe ein paar Semester Theologie studiert.« Johanna von Kotzebue ärgerte sich über den vorschnellen Satz, der viel zu deutlich nach Rechtfertigung klang.

»Interessant. Dann kann ja nichts mehr schief gehen.« Auch das noch, dachte Klepper, eine Theologin und dazu eine ‚von'. Er deutete auf den Körper, der sich unter dem hellen Leinentuch abzeichnete. »Spätestens jetzt werden Sie Ihren Glauben an das Gute im Menschen verlieren.«

»Heben wir denn das Gesetz auf durch den Glauben? Das sei ferne! Sondern wir richten das Gesetz auf.« Sie sprach mehr zu sich selbst.

»Wie meinen?«

»Römerbrief 3, 21 folgende.« Es klang wie die Antwort auf eine Prüfungsfrage.

»So.« Klepper kniff die Augen zusammen. Für ihn zählten Fakten. Religion! Dazu eine Frau. Das konnte ja heiter werden.

»Können wir?« Die Kommissarin hatte genug.

Das Bild ging ihr nicht aus dem Kopf: Der viel zu dünne und ungewaschene Körper, das filzige Haar, die Narben und entzündeten Einstichstellen, die ausgestochenen Augen, der zerschnittene Mund. Über allem die Reste des Wappens von Abt Franziskus Daniels, eingefügt in Beton.

Der Unbekannte mochte Ende Zwanzig gewesen sein. Das wenige Blut ließ vermuten, dass er schon tot war, als man ihn so zugerichtet hatte. Klepper hatte gemeint, dass der Mann an einer Überdosis gestorben war und mit seinem Diktiergerät auf das Stückchen Silberpapier gedeutet, das auf dem Treppenabgang der Orangerie lag. Er hatte dabei von »ersten, vagen Vermutungen« gesprochen. Das schmale Leinentuch hingegen war schnell identifiziert. Es stammte vom steinernen Altar der Abteikirche, wie der einzig noch verbliebene Pater des Zisterzienserklosters irritiert und bekümmert festgestellt hatte.

Johanna von Kotzebue hatte sich im Klostercafé einen Becher Kaffee besorgt und stand am höchsten Punkt des Terrassengartens. Sie fühlte sich nicht wohl.

In ihrem Rücken erhoben sich die Backsteinwände der Kirche und der wenigen erhaltenen Klostergebäude. Zu ihren Füssen teilte die Treppe den fünfstufigen Hang in zwei nahezu gleiche Hälften. Auf jeder Terrasse standen beiderseits der Stufen kegelförmig geschnittene Bäume wie in Reihen aufmarschiert.

Den Hang und den schachbrettartig angelegten flachen Teil des Barockgartens trennten zwei identisch anmutende Gebäude aus blauen Stahlelementen und dunklen Dachziegeln: Die ,geschlossene' und die östliche ,offene' Orangerie. Die Bauten flankierten einen breiten Zugang, der den freien Blick über die zentrale Fontäne hinaus bis zum Ende des Parks zuließ.

Warum hatte der Tote ausgerechnet auf dem Steinboden der ,offenen' Orangerie gelegen? Warum war er mit einem Leinentuch zugedeckt worden, auf das der Spruch ,Rede, Herr, Dein Diener hört' in roten Buchstaben eingestickt war? Warum waren die Augen grob ausgestochen und der Mund kreuzartig zerschnitten worden? Ein Ritualmord? Wenn ja, was hatte das Kloster Kamp damit zu tun?

Johanna von Kotzebue suchte in ihrer Erinnerung vergeblich nach einer passenden Bibelstelle. Sie würde die Auswertung der Videos abwarten müssen. Eine vage Hoffnung, dass der oder die Täter nicht an die Überwachungskameras gedacht hatten.

»Cheers.« Sie hob ihren Becher in Richtung ihrer Kolleginnen und Kollegen von der Spurensicherung, die weiter unten konzentriert Meter um Meter der hellen Sandwege und quaderförmigen Rasenflächen absuchten, und dabei auch die Einfassungen und Ornamente aus niedrigem Buchsbaum nicht aussparten. Ihre weißen Overalls leuchteten unregelmäßig zwischen den Gehölzen auf und durchbrachen so die absolute Symetrie der Anlage. Johanna von Kotzebue musste unwillkürlich an Blattläuse denken.

»Gefällt Ihnen der Garten?«

Die Kommissarin drehte sich zu der angenehm warmen Stimme um. Der Kleidung nach zu urteilen, gehörte sie einem der Gärtner.

Johanna von Kotzebue fühlte sich von dem kräftig gebauten Mann mit gutmütigem Gesicht und kurz geschnittenem Haar, ertappt. »Ich weiß nicht. Ich mag eher englische Landschaftsgärten. Obwohl, das Akkurate hat auch was.«

»Ein bisschen Ordnung ist nie verkehrt.«

Die Kommissarin bemerkte das Namensschild auf dem grünen Arbeitsanzug: Friedhelm Jordan.

»In ihrem zweiten Schöpfungsbericht spricht die Bibel von Gott als einem Gärtner.« Johanna von Kotzebue trank einen Schluck von ihrem Kaffee und wandte sich wieder den Terrassen zu. Ob er auch solch einen, strengen Regeln gehorchenden, Garten angelegt hätte?

Friedhelm Jordan fühlte sich überfordert. »Ausgerechnet in unserem Klostergarten passiert ein Mord.«

»Das Leben und der Tod gehen seltsame Wege.«

»Sicher.« Jordan war sichtlich irritiert. Er stellte sich neben die Kommissarin. »Vor zwanzig Jahren sind die Terrassen wiedereröffnet worden. Aber sie sind nicht mehr original.« Er reckte sein Kinn vor. »Eine Menge Leute haben Sie in Marsch gesetzt.«

»Mein Kollege ist im Krankenhaus.« Sie zögerte bevor sie weitersprach. »Sie wollen ihn ,Simon' nennen. Er möchte ins Leben, aber er tut sich schwer. Die Geburt ist kritisch.« Johanna von Kotzebue hatte das Gefühl sich anlehnen zu müssen. Ein Kloster war immer noch ein Kloster. Sie musste mit Jochen sprechen. Später.

Jordan nickte und schwieg.

Das Mobiltelefon der Kommissarin klingelte. Sie drehte sich zur Seite und meldete sich. Es war Paul.

Beim Sprechen sah sie dem Leichenwagen nach, der langsam vom Gelände rollte. »Hör zu, es ist ganz schlecht, jetzt. Ich hab dir doch erklärt, warum. Und dass ich mich bei dir melde. Sicher.«

Sie trennte die Verbindung, ohne sich zu verabschieden.

»Der Tote war regelmäßig hier.« Der Gärtner hatte die Hände tief in die Taschen seiner Arbeitsjacke geschoben und beobachtete angestrengt die Arbeit der Spurensicherung.

»Sie kannten ihn?« Johanna von Kotzebue versuchte das kurze Gespräch mit Paul zu verdrängen.

»Er war einer der Junkies, die abends hier herumhängen. Wo sollen sie auch hin? Unten in der Orangerie sind sie vor Wind und Regen geschützt. Wir haben dort auch Steckdosen. Sie können sich sogar Licht machen.«

»Das Kloster ist Treffpunkt für Drogenabhängige?«

»Sieht man dem Garten nicht an, was? Sie kommen nicht von hier?«

»Meine Dienststelle sitzt in Wesel.«

»Sie sind nicht vom Niederrhein, meine ich.«

Johanna von Kotzebue schüttelte den Kopf. »Weimar.« Sie überlegte kurz, bevor sie weitersprach. »Ich wollte Pastorin werden, kurz nach der Wende. Naja, ist alles lange her.«

Jordan nickte, obwohl ihm die Erklärung nicht reichte. Andererseits, was ging ihn das Privatleben der Polizistin an? Er deutete auf den Fundort der Leiche. »Hier ist immer was los. Die jungen Leute laufen über die Mauern und springen dann auf das Dach der Orangerie. Sie machen viel kaputt. Zum Beispiel reißen sie die Rebstöcke aus. Das Problem ist, dass der Park frei zugänglich ist.«

Die Kommissarin wechselte den Becher von einer Hand

in die andere. Der Kaffee war längst kalt. »Ein Weinberg?«

»Wir sind in einem Kloster.«

»Kennen Sie die Jugendlichen?«

»In Hoerstgen gibt es einen Jugendtreff. Fragen Sie da mal nach.«

»Sie kennen die Jugendlichen?«

»Ich muss los, die Bäume müssen beschnitten werden. Es wird Regen geben.« Friedhelm Jordan lächelte und ging.

In Hoerstgen stießen ihre Ermittlungen auf missbilligenden Argwohn und Ablehung. »Bei uns tut niemand so etwas«, hörten die Ermittler der ,MK Kloster' im Jugendtreff mehr als einmal. Und: »Scheiß Bullen«. Auch beim Jugendkulturverein ,ka-LIBER' konnte sich niemand einen Reim darauf machen, wer hinter dem »erschreckenden« Vandalismus stecken könnte, noch dass jemand jemals den toten Junkie gesehen hatte. Und auch hier hatten die Jugendlichen wenig für die »Bullen« übrig.

Den Toten hatte die Mordkommission schnell als Daniel Bäcker identifizieren können. Die Kollegen vom KK 1 hatten eine umfangreiche Akte über ihn, in der die üblichen Delikte aufgelistet waren, die sämtlich unter dem Begriff Beschaffungskriminalität Platz fanden.

Ein kleiner, dafür aber umso toter Fisch.

Das Leinentuch hatte er sich selbst besorgt. Die Videoaufnahmen zeigten Bäcker, wie er, das geweihte Laken über den Schultern, auf dem Klostergelände unterwegs war. Johanna von Kotzebue glaubte, dass er das Tuch als Schutz gegen die zunehmende Herbstkälte trug.

Ansonsten hatten ihnen die Videos wenig genutzt. Das lag vor allem am Aufnahmewinkel der Kameras, die »leider Gottes« nicht alle Bereiche des weitläufigen Terrassengartens erfassten. Der oder die Täter mussten das offenbar gewusst haben, was den Täterkreis einschränken konnte. Der Tod musste über die Klostermauer hinter der Orangerie gekommen sein. Dort waren jedenfalls Spuren gefunden worden.

Die Kommissarin setzte trotz aller widriger Umstände große Hoffnung darauf, doch noch den einen oder anderen Jugendlichen erwischen zu können, der zumindest bei seinen Eskapaden rund um die Orangerie Beobachtungen gemacht hatte, wenn er nicht gar selbst zum Täterkreis gehörte.

Johanna von Kotzebue schloss mittlerweile nicht mehr aus, dass die Tat keine rituellen Hintergründe hatte. Obwohl ihr die Verletzungen Bäckers' weiterhin Rätsel aufgaben. Jemand wollte ganz deutlich zeigen, dass Daniel Bäcker nichts mehr sagen, hören oder sehen konnte. Ihr Gefühl sagte ihr, dass Bäcker sich den tödlichen Schuss nicht selbst gesetzt hatte.

An der Kleidung des Toten hatten die Kollegen alle möglichen Faserspuren gefunden, und auch fremde DNA. Die Analysen würden dauern, hatten sie Herbert Thissen von der KT in Duisburg und auch die zuständige Kollegin beim LKA fast unisono wissen lassen.

Johanna von Kotzebue fühlte sich ausgebremst, ihre Arbeit kam nicht voran, obwohl die MK immer noch mit der gleichen Personalstärke besetzt war und die Kollegen Dutzenden Hinweisen und Spuren nachgingen.

Die Kommissarin wollte nicht zur Ruhe kommen, nicht einen Augenblick, denn da war Paul, der immer noch auf ihren Anruf wartete. Paul, der Sanfte. Paul, der Zerrissene. Sie wollte nicht mehr an ihn denken und sie hatte ihr Versprechen längst gebrochen, sich bei ihm zu melden.

Und da war das Kind. ,Simon' hatte es nicht geschafft. In jener Nacht hatte sie lange in ihrer alten Bibel gelesen, aber Johanna hatte es nicht fertiggebracht, ihrem Kollegen in die Augen zu sehen. Sie war froh, dass Jochen sich hatte krank schreiben lassen. Sie hatte für sich entschieden, in diesem Stadium der Ermittlungen wollte sie sich keine Gefühle leisten, die sie ablenken könnten. Sie wollte auf keinen Fall so etwas wie Abschied und Trauer spüren. Sie hatte ihre Einkehrtage im Kloster Arenberg erst für das Frühjahr geplant.

Da war wieder dieses Lachen. Oder war es nur eine feine Kinderstimme, vom Wind getragen? Über den dunklen Wald hinweg. Die mal stärker wurde, dann wieder schwach war, wie von einem bleichen Mädchen. Er hörte seine Schritte auf dem Sandweg leise knirschen. Er sah das flackernde Licht, das mal hier, mal dort zwischen Bäumen und Sträuchern irrlichterte.

Wo war die Quelle? Er musste hinaus, sie suchen.

Der Wind fuhr durch Hecken und Büsche, ließ sie rascheln und sein Haar wehen. Schweiß stand auf seinem Gesicht, aber er spürte ihn nicht.

Der Himmel war sternenklar. Die Nacht war kalt.

Warte, Kind, ich komme. Sag mir deinen Weg, zeig mir dein bleiches Licht, dass doch dein Lachen ist. Warte. Warte. Johanna warte.

Johanna von Kotzebue saß an einem der wenigen Tische im engen Klostercafé. Sie hatte noch einmal mit dem Küchenpersonal gesprochen, anschließend hatte sie sich ein Stück Kuchen gegönnt. Trockener Streusel und Kirche: Das passte zu den Kerzen und den frommen Sprüchen auf den Postkarten draußen im Flur auf den Ständern des Klosterladens.

Sie sah hinaus zu der kleinen Voliere im Innenhof. Ob die Sittiche die Krähen um ihre Freiheit beneideten? Ließ sich die Natur wirklich zähmen, wie der Barockgarten dem unbefangenen Betrachter Glauben machen wollte?

Johanna von Kotzebue schob den leeren Teller zur Seite und betrachtete die dunkle Kreuzigungsszene an der Stirnwand des Cafés. Sie musste mit Jordan sprechen.

Sie fand den Gärtner von Kloster Kamp fast am Ende des Parks, dort, wo mannshohe Buchenhecken drei Rasenflächen umschlossen, auf denen Ahornbäume wuchsen.

»Seltsam. Man sieht von den Bäumen fast nichts.« Die Kriminalhauptkommissarin deutete auf die schmalen Hecken.

Jordan war nicht erstaunt, die Polizeibeamtin zu sehen, jedenfalls ließ er nicht erkennen, ob er überrascht war. »Sie müssen nur ein Stückchen weiter gehen, dort ist ein schmaler Durchlass. Nichts ist so, wie es scheint.«

»Wir haben in Hoerstgen ermittelt. Nichts. Wir haben den Jugendkulturverein auf links gedreht. Nichts. Wir haben das Paintball-Gelände am Fuß des Klosters untersucht. Fehlanzeige.«

Jordan nahm den Rechen von der Schubkarre und begann das Laub zusammenzukehren, das auf dem Weg lag. »Warum erzählen Sie mir das?«

»Weil Sie mir nicht erzählen, was Sie wissen.«

Der Gärtner hielt inne, fixierte mit seinem Blick erst die Turmspitzen der Abteikirche und sah dann die Kommissarin an. »Der Daniel war der Neffe vom alten Schaub, wussten Sie das nicht?«

»Wer ist der ‚alte Schaub‘?« Johanna von Kotzebue suchte mit den Augen die Lücke in der Hecke.

»Er war Obersteiger auf Friedrich-Heinrich. Heute ist er gegen den Bergbau. Ein feiner Kerl. Er will verhindern, dass sich die Schrämwalzen unter unserem Kloster weiterfressen. Wo doch eh 2012 Schluss sein soll.«

»Wo ist das Problem?«

»Die Bürgerinitiative in Hoerstgen kommt nicht voran. Die Bergbaulobby ist mächtig.«

»Ich meine diese Walze.« Die Kommissarin hatte den Durchlass gefunden, der auch für ihre schlanke Figur fast zu schmal war. Die Gartenarchitekten des Barock mussten eigenartige Ideen gehabt haben.

»Der Berg könnte sich senken. Und schwupps, wäre auch das Kloster weg.«

Johanna von Kotzebue nickte. »Und das hat mit dem Tod von Daniel Bäcker zu tun?«

Friedhelm Jordan kratzte mit dem Rechen über den Weg, obwohl es nichts mehr gab, das er hätte zusammenharken können. »Nirgendwo sonst liegen auf nicht mal zwei Quadratkilometern weltliche Arroganz und klösterliche Demut so eng beieinander, wie hier.«

»Heißt?« Die Kommissarin verspürte wenig Lust den versteckten Zugang zu dem baumbestandenen Rasenstück auszuprobieren.

»Na, links die Tennisplätze und rechts vom Kloster der Golfplatz.« Der Gärtner machte eine vage Handbewegung.

»Was wollen Sie damit sagen?«

»Die Schlüsse müssen Sie schon selbst ziehen. Ich habe schon viel zu viel gesagt. Ich bin seit dreizehn Jahren dafür da, die Bäume und Sträucher, den Rasen und die Beete in Schach zu halten, das Grün zu beschneiden und die Wege zu harken. Ich kann nur versuchen, die Natur in den Griff zu bekommen. Für das Leben sind andere zuständig. Außerdem will ich meinen Job behalten.«

Schon wieder Hoerstgen. Die Kommissarin verabschiedete sich.

Sie parkte ihren unauffälligen Dienstwagen in einer schmalen Seitenstraße. Das Haus der Schaubs lag an der Hauptstraße des Straßendorfes. Ein frei stehender Bungalow aus den frühen Siebzigern, mit einem sorgsam getrimmten Vorgarten und einem Kranz aus Strohblumen an der Haustür.

Johanna von Kotzebue versuchte vergeblich, etwas durch das braune Türglas zu erkennen. Dann sah sie an dem weiß gestrichenen Klinkerbau entlang zum Garagentor. Es war ein kleines Stück gekippt. Das sichere Zeichen, dass jemand zuhause sein musste.

Schon nach dem ersten Gong wurde die Haustür von einem Mann geöffnet, der sie aus wasserhellen Augen reserviert, aber nicht unfreundlich, musterte.

Manfred Schaub war ein schlanker und stattlicher Mann um die Siebzig. Er hatte fast weißes Haar und sein verhaltenes Lächeln empfand die Polizeihauptkommissarin als angenehm.

Der ehemalige Obersteiger des Bergbaukonzerns hatte ihr etwas ungeübt eine Tasse Kaffee serviert, mit dem Hinweis, dass seine Frau »noch zur Kur im Badischen« sei, und er sie erst am folgenden Tag zurück erwartete.

Schaub hatte sich nicht lange mit höflichen Floskeln aufgehalten und gerade heraus eingestanden, dass er schon auf die Polizei gewartet habe. »Auch wegen der Beerdigung.«

Die Kommissarin sah Schaub abwartend an.

»Wissen Sie, Daniel war kein schlechter Junge. Er hat es nicht immer leicht gehabt. Meine Schwester ist sicher streng mit ihm gewesen, aber sie hat nur sein Bestes gewollt. Sein Vater ist viel zu früh gestorben.«

»Sie wissen, dass er . . . ?« Die Kommissarin wollte den Satz nicht aussprechen.

Für einen Augenblick sah es so aus, als würde der Ingenieur in sich zusammensinken, dann aber straffte sich Schaubs Rücken. »Wer tut so etwas?«

»Wir haben noch keinen konkreten Hinweis. Aber wir gehen im Augenblick tatsächlich von einem Gewaltverbrechen aus.«

Schaub nickte. Er wirkte nicht mehr jungenhaft unbefangen, viel eher wie ein alter Mann, der einen viel zu schweren Schicksalsschlag verkraften muss.

»Meine Schwester hat mich schon informiert. Wir sind alle tief bestürzt und verzweifelt.«

»Wie war Ihr Verhältnis zu Daniel?«

In Schaubs Augen zeigte sich ein flüchtiges Lächeln. »Der Junge war ein lieber Kerl. Ich habe viel mit ihm unternommen, als er noch ein Kind war. Ich habe versucht, ihm den Vater zu ersetzen, wissen Sie. Wir haben viel Spaß gehabt, ich habe ihn ein paar Mal mit unter Tage genommen. Er wollte Steiger werden, dann Lokomotivführer, Polizist oder Astronaut.« Schaubs Augen füllten sich mit Tränen.

»Das klingt nach glücklicher Kindheit. Warum hat Daniel Heroin genommen? Haben Sie eine Ahnung? Warum der Bruch?«

Schaub schüttelte heftig den Kopf. »Ich weiß es nicht, wir wissen es nicht. Ich habe mir nächtelang den Kopf zerbrochen. Ich habe nach Fehlern gesucht, die ich gemacht haben könnte. Meine Schwester hat alles für Daniel getan. Es war doch ihr einziges Kind.« Der ehemalige Obersteiger strich sich mit der Hand durch das Gesicht. »Vielleicht war es das: Daniel ist alleine ohne Geschwister aufgewachsen. Er hat vielleicht viel zu behütet groß werden müssen. Vielleicht ist ihm zu viel abgenommen worden und er hätte viel früher Verantwortung übernehmen müssen.«

Was sollte sie dazu sagen? Johanna von Kotzebue hatte keine Erfahrungen im Umgang mit Kindern. Ihr Bruder war immer noch Single und zu ihren Verwandten hatte sie kaum Kontakt.

»Wer tut so etwas?« Nun war es die Ermittlerin des KK 11, die diese Frage stellte. Ihr ging der Satz nicht aus dem Kopf: Schaff uns Beistand in der Not; denn Menschenhilfe ist nichts nütze.

»Noch Kaffee?« Manfred Schaub hob fragend die Kanne.

Johanna von Kotzebue kam es vor wie eine verzweifelte Geste. »Sie haben keine Vermutung?«

Schaub sah durch das breite Panoramafenster hinaus in den Garten und schwieg.

»Sie haben eben gesagt: ‚Auch wegen der Beerdigung´. Was meinen Sie mit ‚auch’?«

»Wir werden einen strengen Winter bekommen. Haben

Sie bemerkt, dass die Eichen in diesem Jahr mehr Früchte tragen als sonst? Und die Zugvögel sammeln sich auch schon früher.« Schaub sah sich im Wohnzimmer um, als suchte er etwas.

»Sie lieben die Natur?« Die Kommissarin sah auf die weite Rasenfläche, die von dichten Tannen, Rhododendren und anderen Gehölzen umstanden war, und in deren Mitte ein Springbrunnen sprudelte. In einer Ecke stand eine alte Lore auf einem kurzen Schienenstück.

»Ich habe fast mein ganzes Leben unter Tage verbracht. Licht und Grün bedeuten heute das Leben für mich. Das Schwarze ist der Tod und das Verderben. Ist das Leben nicht ein Schmierentheater, dass ich das erst jetzt, so kurz vor dem Ende meines Lebens, begreife?«

»Engagieren Sie sich deshalb so gegen den geplanten Weiterbau der Strecken?«

Manfred Schaub deutete auf den Esstisch, auf dem mehrere Aktenordner lagen. Offenbar hatte der pensionierte Bergmann in einem von ihnen gelesen, als Johanna von Kotzebue geklingelt hatte.

»Seit fast sechs Jahren versuche ich die Arbeiten anzuhalten. Ich habe an alle möglichen Leute geschrieben, Proteste organisiert, Eingaben beim Kreis und beim Landesoberbergamt gemacht, ich wollte mich sogar für die Unabhängige Liste zum Bürgermeister wählen lassen, aber es hat alles nichts genutzt. Und«, fügte er nach einer Pause hinzu, »es wird nichts nutzen. Die Streckenerweiterung wird kommen. Und dann gnade uns Gott. Das ist so sicher wie das ‚Amen' drüben im Kloster.«

»Glauben Sie wirklich daran, dass der Bergbau dem Kloster schaden wird?«

»Hier.« Schaub war aufgesprungen und an den großen Tisch geeilt. Mit fahrigen Händen zog er einen Ordner unter den anderen hervor, schlug ihn auf und hielt ihn der Kommissarin hin. »Steht alles hier drin: Die geologischen Gutachten, die Bohrergebnisse, die Berechnungen der Experten, die klare Aussage, dass Kloster Kamp von der Bildfläche verschwinden wird. Die Last des Hügels und des Klosters wird auf die Stollen drücken und ein Inferno auslösen. Es wird das Jüngste Gericht kommen. Es steht alles hier drin, fein säuberlich abgeheftet und geordnet.« Schaub schlug wie zur Bestätigung mit der flachen Hand auf den Aktendeckel.

Johanna von Kotzebue war nicht sicher, ob Schaub ihr nicht eher vorkam wie ein religiöser Eiferer, ein fanatischer Prediger, der längst den Blick für die Realität verloren hatte.

»Ich sehe es in Ihren Augen. Sie glauben mir nicht. Sie halten mich auch nur für einen Spinner, der den Teufel an die Wand malt. Der längst ins Altersheim gehört, wo er verschwindet, bis er endlich tot ist.«

»Ich, nein. Ich . . .« Die Mordermittlerin des KK 11 schüttelte den Kopf. »Es ist nur, ich habe keine Ahnung von Geologie. Das müssen die Experten klären. Sagen Sie mir, wo die Verbindung zu ihrem Neffen ist! Was hat Daniels Tod mit Ihrem Kampf für Ihr Kloster zu tun?«

»Ich habe es gewusst, als ich die Tür geöffnet habe. Sie werden mir nicht glauben.« Schaub ließ den Ordner sinken. Er war jetzt ein alter Mann ohne Kraft. Mitten im Raum blieb er mit hängenden Schultern stehen.

»Kommen Sie.« Johanna von Kotzebue ergriff einen Arm des alten Obersteigers und zog ihn zur Sitzgruppe zurück.

»Ich bin so müde. So unendlich müde.« Er machte nicht einmal Anstalten, die Hand der Kommissarin abzuschütteln.

»Erzählen Sie es mir! Was hat Daniels Tod mit Kloster Kamp zu tun?«

Es wurde ein langes Gespräch, das bis in den Abend hinein dauerte. Als sich die Kommissarin von Schaub verabschiedete, nahm sie mehr Fragen mit, als sie mitgebracht hatte.

Daniel Bäcker hatte bis vor sechs Jahren auf der Zeche

Friedrich-Heinrich gearbeitet. Er hatte dort eine Lehre als Laborant gemacht und war unter anderem in Versuche eingebunden gewesen, die sich mit der Verflüssigung von Steinkohle durch Mikroorganismen vor Ort beschäftigte und mit den Methoden ihres Transports an die Oberfläche. Irgendwann musste etwas passiert sein, von dem Manfred Schaub mehr ahnte, als dass er es wusste. Daniel Bäcker muss durch dieses Ereignis so sehr aus der Lebensbahn geworfen worden sein, dass er seither in seinem Leben immer weiter an Boden verloren hatte. Schaub vermutete, dass es »um eine Frau« gegangen war. Er meinte zu wissen, dass Daniel der Ehefrau eines Betriebsdirektors »zu nahe« gekommen war und dafür mit seiner Entlassung hatte bezahlen müssen. Wer die Frau war, was sich genau abgespielt hatte, das war Schaub verborgen geblieben. Jedenfalls hatte Daniel Bäcker nicht nur seinen Beruf verloren, »sondern auch die Frau die er liebte, und die sich ihn offenbar als Spielzeug gehalten hatte«.

Bäcker hatte irgendwann in dieser Zeit angefangen zu trinken und sich mit dubiosen Freunden zu umgeben, die ihn schließlich »an die Nadel gebracht« hatten, wie Schaub sich ausdrückte. Er habe vergeblich versucht, Daniel zu helfen. Es sei doch noch so jung gewesen, ihm habe die ganze Welt offen gestanden, er habe doch das Abitur nachmachen und studieren wollen. Aber er habe Daniel nicht mehr erreicht. Daniel habe immer nur davon gesprochen, selbst in seinen »lichten Momenten«, dass er auf Friedrich-Heinrich noch »eine Rechnung offen« habe. Und dass die Welt aufhorchen und die ganze Wahrheit erfahren werde.

Daniel sei umgebracht worden, weil er etwas gewusst habe, das »denen in der Chefetage hätte gefährlich werden können«. Davon war Manfred Schaub überzeugt. Sie seien für den Tod seines Neffen verantwortlich. Sie hätten ihn so zugerichtet, als Warnung für andere, ihnen bei ihren Plänen nicht in die Quere zu kommen. »Die Großkopferten gehen über Leichen, um ihre Ziele zu erreichen. Sie haben Daniel auf dem Gewissen, um mich mürbe zu machen. Ja, sie haben dafür gesorgt, dass Daniel die Überdosis bekommt. So muss es gewesen sein. Im Grunde wollten sie damit mich treffen und fertigmachen.«

Als Johanna von Kotzebue am Ende eines langen Arbeitstages erschöpft die Eingangstür des Schaubschen Bungalows hinter sich zuzog, ließ sie einen alten, verbitterten Mann zurück, der nur noch einen Wunsch hatte: Daniel »anständig« unter die Erde zu bringen und dann seinen Kampf um Kloster Kamp bis zum Ende fortzuführen. Welches »Ende« das war, hatte Manfred Schaub offen gelassen.

»Wissen Sie, Frau Kommissarin«, hatte er zum Abschied gesagt, »Sie sind noch jung. Aber ich habe nicht mehr viel Zeit. Meine Lieblingsblumen, müssen Sie wissen, sind die Eisbegonien. Sie sind robust und blühen das ganze Jahr. Viele mögen sie nicht, weil sie angeblich Friedhofsatmosphäre verbreiten. Für mich bedeuten sie dagegen Leben. Gehen Sie in den Terrassengarten. Dort werden Sie sie als Beetumrandung finden. Sie blühen rosa.«

Auf der Rückfahrt nach Wesel meldete sich kurz hintereinander zweimal ihr Mobiltelefon. Es war Pauls Nummer. Sie drehte das Radio lauter, um das Klingeln nicht hören zu müssen.

Polizeihauptkommissar Joachim Vorrink legte den braunen Umschlag auf Johanna von Kotzebues Schreibtisch. »Ist gerade abgegeben worden. Da ich eh auf dem Weg zur Pressestelle bin, hab' ich gern den Boten und den kleinen Umweg gemacht.« Der Leitstellenbeamte grüßte und war dann ebenso schnell wieder weg wie er erschienen war.

Neugierig schob sie die Tastatur ihres PCs zur Seite und öffnete den wattierten Umschlag. Zum Vorschein kam ein einzelnes gefaltetes DIN-A4-Blatt. Johanna von Kotzebue stutzte. Es schien eine Art Liste zu sein, mit Zahlen und Namen.

20 Liguster, 20 Kegel, zu viel und zu wenig
10 Quadrate, Volles Grün
01 Brunnen, Groß
01 Du, Allein

»20 Liguster sind 20 zu wenig«, murmelte sie nachdenklich. Was hatte das zu bedeuten? Quader, Liguster, Brunnen: Das klang ganz nach dem Terrassengarten von Kloster Kamp. »Du allein?« Johanna von Kotzebue beschloss, Jordan zu fragen.

Aber zunächst stand die morgendliche Besprechung der MK Kloster an. Jemand musste dringend das Führungspersonal von Friedrich-Heinrich überprüfen, und die Laboranten, Daniels ehemalige Kollegen. Sollte Schaub mit seiner Theorie Recht behalten, wäre das ein ganz zentraler Ermittlungsansatz.

»Sie schon wieder?«

»Zeigen Sie mir Ihre Eisbegonien?« Johanna von Kotzebue war wirklich neugierig.

»Sie stehen schon fast drin.«

Johanna von Kotzebue wich erschrocken einen Schritt zurück. »Oh. Sie sind wirklich schön.« Sie nahm sich vor, ein paar Pflanzen für das Grab ihrer Eltern zu besorgen.

»Was wollen Sie wirklich?«

»Haben Sie das geschrieben?« Die Kommissarin hielt dem Gärtner von Kloster Kamp eine Kopie der Liste hin.

Jordan warf missmutig einen Blick auf das Blatt. »Nee. Hören Sie, ich habe zu tun. Die Zieräpfel müssen getrimmt werden, außerdem muss ich mich um das Gestrüpp neben dem Weinberg kümmern. Ich will den Teich frei legen.« Er machte Anstalten, die Kommissarin einfach stehen zu lassen.

»Wenn Sie es nicht waren, können Sie mir dann wenigstens sagen, ob der Zettel für Sie irgendeinen Sinn ergibt?« Ihr war eigentlich schon vor ihrer Fahrt nach Kamp-Lintfort klar gewesen, dass Jordan nicht der Verfasser der Liste war. Aber sie hatte den Gärtner wiedersehen wollen, der mit Sicherheit mehr im Sinn hatte, als Hecken zu schneiden oder Laub zu harken.

Friedhelm Jordan setzte nun doch die Schubkarre ab, die er die ganze Zeit über festgehalten hatte. »Nun zeigen Sie schon her.«

Johanna von Kotzebue fühlte sich, als würde sie einen Durchsuchungsbeschluss übergeben. Ungeduldig sah sie sich um.

Friedhelm Jordan hatte es mit seiner Antwort nicht sonderlich eilig. »Keine Ahnung.« Achselzuckend gab der Gärtner schließlich das Blatt zurück.

»Dachte ich mir.«

Jordan hob erstaunt eine Augenbraue. »Was soll das denn nun schon wieder heißen?«

»Was denken Sie eigentlich über den Bergbau? Und dass die Stollen dem Ganzen hier gefährlich werden könnten?«

Der Gärtner zuckte mit den Schultern. »Was unter der Erde los ist, interessiert mich nicht. Darum kümmere ich mich, wenn ich tot bin. Das ist dann noch früh genug. Kann ich jetzt gehen?«

»Ich kann Sie auch vorladen.«

»Und was soll das bringen?« Jordan klang spöttisch. »Wenn ich doch nichts mit dieser komischen Liste anfangen kann.«

Ja, dachte Johanna von Kotzebue, was sollte das bringen? Vielleicht würden sie ja doch noch miteinander ins Gespräch kommen.

»Kann ich gehen?« Seine Worte klangen schroff, sie fügten sich nahtlos in den taumelnden Reigen der Blätter, die von den Hecken wehten.

»Vorerst.« Johanna von Kotzebue hatte keine Lust mehr auf weitere Fragen und ein unfreundliches Wort. Sie wollte lieber zum Friedhof. Zu ihren Eltern. Aber Weimar war weit.

Ihre Ermittlungen nervten sie zunehmend. Das nicht mehr original erhaltene Kloster und der Terrassengarten waren genauso eine Illusion wie das Leben selbst.

In der Nach schlief Johanna von Kotzebue schlecht. Im Traum saß sie mit Friedhelm Jordan auf der obersten Mauer des Terrassenhangs, ließ die Füsse baumeln und sah sich selbst zu, wie sie als kleines Mädchen mit blonden Zöpfen durch den Park hüpfte. Dabei hielt Jordan ihre Hand und zitierte Bibelverse. Bis Paul auftauchte, Simon an der Hand.

Johanna von Kotzebue sah Felicitas Tanke erstaunt an. »Du meinst?«

Ihre Kollegin von der KT nickte. »Wir haben alles gecheckt. Die Hinweise auf Liguster und das Grün machen keinen Sinn. Wir haben alles Mögliche durchgespielt. Liguster ist zwar giftig, aber wir haben nichts gefunden, was in unserem Fall von Bedeutung sein könnte. Zumal Liguster nur als schwach giftig bis giftig gilt. Bei den Zahlen sieht es etwas anders aus.«

»Ja?« Die Kommissarin beugte sich vor.

»Mit ein bisschen Phantasie und in einer bestimmten Kombination ergeben sie einen bestimmten Hinweis. Bittner ist drauf gekommen.«

»Sag's mir.«

»Die 1 vom Brunnen, dann, zusammengezählt, die 2 vom Liguster und die 1 von Du allein, die 10 der Quader, macht: 1, 3, 10. Oder: 1 Sam 3, 10.«

»Rede, Herr, Dein Diener hört.«

»So könnte man sagen.« Felicitas Tanke fuhr sich mit

der Hand durch ihr fast schwarzes langes Haar. »Vielleicht ein bisschen weit hergeholt.« Die Geste wirkte müde.

Johanna von Kotzebue nickte zögernd. »War zumindest einen Versuch wert.« Sie spürte, dass sich ihre Nackenhaare aufstellten und ihr kalt wurde. Wer wollte mit ihr Kontakt aufnehmen? Wer wusste von dem Laken, mit dem der Tote bedeckt gewesen war?

In der Nacht kam der Traum zurück. Sie sah sich selbst und sie sah Paul. Und sie sah den Pater des Klosters, der aussah wie Manfred Schaub und sie sah ihre Mutter. Sie alle winkten ihr fröhlich zu. Wo war Jordan?

Die Besprechung mit Oberstaatsanwalt Carsten Cremer war wenig erfreulich, denn Johanna von Kotzebue hatte erneut wenig zu bieten.

»Frau von Kotzebue, Sie müssen doch zugeben, dass Ihre Arbeit den Titel Ermittlungen nicht wirklich verdient.«

Arschlosch, dachte die Beamtin des KK 11, möchte mal wissen, wie du an deinen Job gekommen bist. Nach allem, was sie in der kurzen Zeit gehört hatte, die sie in der Weseler Behörde Dienst tat, hatte Cremer schnell Karriere gemacht, zum Teil auf Kosten von lang gedienten Kollegen. Wie er das angestellt hatte, war Johanna von Kotzebue aber bislang verborgen geblieben. Sie wusste nur, dass Cremer kein sonderlich guter Ruf voraus ging.

»Wissen Sie, Herr Oberstaatsanwalt, das Leben gehorcht nur selten der Logik von Gesetzen und Paragraphen. Ich werde noch Zeit brauchen.« Und dich irgendwann gegen die Wand laufen lassen, fügte sie im Stillen hinzu.

»Sie ermitteln auch im Umfeld der Zeche?«

Daher weht also der Wind, dachte die Kommissarin, sagte aber nichts.

»Was versprechen Sie sich davon?« Cremer tippte mit dem Bleistift unablässig auf seine Schreibtischunterlage.

Johanna von Kotzebue war kurz davor, Cremer sein

Spielzeug wegzunehmen. Stattdessen versuchte sie es mit einem ruhigen, fast therapeutischen Tonfall. »Sie haben doch die Berichte gelesen. Ich gehe Hinweisen nach.«

»Sie glauben doch nicht im Ernst dem Gewäsch von diesem Schaub? Der alte Mann hat doch völlig den Verstand verloren. Finden Sie lieber den Junkie, der Bäcker den Schuss gesetzt und anschließend an ihm rumgeschnippelt hat. So groß ist die Kamp-Lintforter Szene nun auch wieder nicht.« Cremer lehnte sich zurück, ohne dabei den Rhythmus seines Stiftes zu unterbrechen.

Selbstgefälliger Spinner! Ich krieg' Augenkrebs, wenn ich deine scheißbunte Krawatte sehe. Hat deine Mami dich heute morgen fein gemacht?, dachte die Kommissarin. »Ich glaube nicht, dass Bäcker im Drogenrausch verstümmelt wurde.« Johanna von Kotzebue schaffte tatsächlich ein neutrales Lächeln.

»Vergessen Sie die Verschwörungstheorie von diesem senilen alten Umweltschützer.« Cremer nestelte an seiner Krawattennadel. »Wir brauchen endlich Erfolge. Das Ministerium hat schon nachgefragt.«

»Sie wissen, dass wir nach Kräften arbeiten.«

»Ora et labora? Das ist nicht genug. Haben wir uns verstanden?« Carsten Cremer sah auf seine Armbanduhr. »Ich bin mit dem Landgerichtspräsidenten zum Essen verabredet. Ich denke, wir haben das Wichtigste besprochen.« Er stand auf und reichte Johanna von Kotzebue die Hand. »Und? Wie gefällt Ihnen der Niederrhein? Anders als Weimar, was? Wir können hier schon mit euch Sachsen mithalten. Schon warm geworden mit den Leuten hier? Sind ja halbe Holländer, aber trotzdem.« Cremer hob vielsagend die Augenbrauen. »Spielen Sie eigentlich Tennis? Nein? Sollten Sie anfangen, fördert die Gesundheit. Oder Golf? Eine Frau von ihrem Format und mit Ihrem Namen gehört auf das Grün. Und nicht in einen Klostergarten. Auch nicht als ehemalige Priesteranwärterin.« Der Oberstaatsanwalt lachte schallend laut.

Die Ermittlerin des KK 11 las zum wiederholten Mal die Berichte, die ihr der Aktenführer auf den Tisch gelegt hatte. Die Recherchen auf der Vorstandsetage der Zeche Friedrich-Heinrich waren schwierig und am Ende ergebnislos verlaufen. Sie hatte es im Grunde nicht anders erwartet. Daniel Bäcker war zwar als alte Personalakte aus dem Archiv aufgetaucht, aber zu mehr hatte der Name von Schaubs Neffen nicht geführt. Natürlich bedauerten alle Befragten den Tod des Laboranten. An einen gehörnten Betriebsdirektor wollte man sich nicht erinnern. Und was die Forschungen in Sachen »Bakterien machen Kohle flüssig« betraf, war man in den Laboratorien längst mit anderen Themen beschäftigt. Von Schaubs Aktivitäten habe man zwar gehört, aber man nehme sie nicht weiter zur Kenntnis. Dazu seien sie mit ihren Analyseergebnissen längst auf der sicheren und sauberen Seite. Dem Kloster und seinem Garten werde nichts geschehen, zumal »Sakralbauten für die Ewigkeit geschaffen worden« seien.

Auf Johanna von Kotzebue machten die Berichte den Eindruck, als habe Daniel Bäcker nie existiert und als sei auch Manfred Schaub nur eine Fata Morgana, die für den Fortschritt des Abbaus keine Bedeutung hat. Eine vernachlässigbare Petitesse am Rande der erfolgreichen Unternehmensgeschichte von Friedrich-Heinrich.

Johanna von Kotzebue war mittlerweile wieder bei der ominösen Liste angekommen, deren Sinn sich ihr immer noch nicht erschließen wollte. 1 Sam 3, 10: Der Spruch machte im Zusammenhang mit der Tat keinen Sinn, zumal Daniel Bäcker selbst das Tuch aus der Abteikirche geklaut hatte.

Die Kommissarin seufzte. Cremer ging ihr nicht aus dem Sinn. Der Wechsel nach Wesel war ihr wirklich nicht leicht gefallen. Die Niederrheiner waren in der Tat ein eigener Menschenschlag. Obwohl Gott doch eigentlich alle Menschen gleich gemacht hatte. Sie musste unfreiwillig schmunzeln bei dem Gedanken.

Sie dachte an ihren Kollegen, der seinen Sohn verloren hatte, noch bevor er ihn hatte kennenlernen dürfen. Er hatte »Simon« heißen sollen, weil sie gehofft hatten, dass er »hörend, erhörend oder verstehend sein würde«, hatte ihr Jochen erklärt. Schon damals hatte Johanna von Kotzebue daran denken müssen, dass Simon der Überlieferung nach mit einer Säge entzwei geschnitten worden sein soll. Sie hatte sich aber gehütet, Jochen davon zu erzählen.

Die Zahlen, diese verdammten Zahlen. Die Hauptkommissarin warf das Blatt mit den aufgelisteten Begriffen auf den Schreibtisch und stand auf. Sie wusste, sie war kurz vor der Lösung, sie sprang sie förmlich an, aber sie war zu blind, um sie zu sehen.

Schaub hatte ihr auch nicht helfen können. Dieses Fragment, wie er das Blatt nannte, war für ihn eine Art unvollständige Inventarliste von Kloster Kamp. Aber genau das wollte die Kommissarin ihm nicht glauben, bei allem Verständnis für Schaubs verbitterten Kampf um das kulturelle Erbe einer ganzen Region. Auch wenn der Bezug zum Kloster stimmen mochte, eine Inventarliste war die Liste auf keinen Fall, dazu stand die Zeile »01 Du Alleine« in keinem Verhältnis zu dem Rest.

Johanna von Kotzebue verharrte einen Augenblick am Fenster, dann nahm sie ihre Wanderung durch ihr Büro wieder auf. Schließlich blieb sie vor dem Wandkalender stehen. Bis zu ihren Einkehrtagen im Kloster waren es noch so verdammt lange Monate. Sie hob die Blätter, um die Wochen zu zählen, ließ sie aber gleich wieder sinken. Sei nicht kindisch, schalt sie sich. Das Zählen der Kalenderblätter wird dich deinem Kloster keinen Tag näher bringen.

Der Kalender! Das war es! Johanna von Kotzebue fuhr herum und griff nach der Liste, dann trat sie wieder vor den Kalender. Die Liste war die Aufforderung zu einem Treffen!

Atemlos las sie laut vor: »20 Liguster, 10 Quader, ein

Brunnen, ein ich: 20. 10., ein Uhr nachts, alleine!«

Sie fuhr mit dem Finger über die noch verbleibenden Tage des Oktobers. Der 20. 10. war ein Dienstag! Dienstag in einer Woche! Sie sollte sich im Klostergarten treffen, mit wem auch immer! Vermutlich mit dem Mörder von Daniel Bäcker.

Ihr Kopf glühte, sie hatte das Gefühl, dass er gleich zerplatzen müsste.

Schlaf mein Kind, schlaf. Den Schlaf der Ungerechten. Wer bist du, dass du so richten kannst? Schlaf Kindlein, schlaf. Ich bin doch nicht dein Schaf. Johanna, du wirst es spüren, riechen, schmecken. Du wirst einfahren in den Schacht ohne Wiederkehr. Du wirst bereuen, bereuen, aber es ist zu spät. Du wirst Daniel treffen, aber er wird dich nicht sehen, sprechen, nur hören. Er wird dir nicht helfen. Schlaf Kindchen, schlaf. Wie konnte ich nur so dumm sein? ‚Selig sind die, die da Leid tragen; denn sie sollen getröstet werden'. Den Satz aus dem Neuen Testament hatte er behalten.

Cremer hatte nur müde gelächelt. Wenn es denn der Wahrheitsfindung dient, hatte er süffisant gemeint. Mit jedem Wort hatte er ihr eindringlich zu verstehen gegeben, dass er sie für unfähig hielt, die beinahe Pastorin, er sie als eine schlechte Kopie von KHK Jochen Mertens sah. Er hatte sie behandelt wie ein kleines Mädchen, wie ein dummes Schaf.

Und fast hätte die derzeitige Leiterin des KK 11 es auch geglaubt.

Johanna von Kotzebue war wütend auf sich und wütend über die selbstgefällige Art des Oberstaatsanwaltes. Offenbar hatte der Jurist ein Frauenproblem, das nicht aufgearbeitet war, hatte sie sich in ihrer Ohnmacht versichert.

Cremer war gefährlich, das hatte sie sofort kapiert. Cremer pinkelte mit den Großen – zumindest versuchte er es. Sie würde es herausfinden. Wenn der Fall gelöst war, würde sie sich dafür Zeit nehmen.

Johanna von Kotzebue steckte ihre Hände in die Taschen ihrer schwarzen Lederjacke, ihr langes Haar hatte sie unter eine Wollmütze gestopft. Sie trug Jeans und bequeme Chucks, die zu dünn für die nächtlichen Temperaturen waren. Aber die Kriminalhauptkommissarin wollte beweglich bleiben.

Sie wartete bereits seit mehr als einer Stunde im Schatten des Klosters. Mittlerweile fror sie nicht nur an den Füssen. Johanna spürte das kleine Kreuz, das an einer schmalen Kette kalt auf ihrem Hals lag. Sie hatte mit ihrer MK vereinbart, dass ihre Kollegen unsichtbar bleiben sollten. Sie wusste, dass sie sich frühzeitig im Gelände verteilt hatten, um eingreifen zu können, und sie hoffte mit einem grimmigen Blick auf den Park, dass sie im Augenblick genauso froren.

Die Woche war schnell vergangen. ‚Post' hatte sie keine mehr bekommen, wohl aber den denkwürdigen Besuch eines Bergwerkdirektors, der sie zunächst inständig um Diskretion gebeten, und dann bestätigt hatte, dass seine Ex-Frau eine kurze Affäre mit Daniel Bäcker gehabt hatte. Der gelernte Jurist beteuerte, nichts mit dem Tod des Junkies zu tun zu haben. Er habe damals zwar Rachegedanken gehabt, aber das sei, »das müssen Sie doch verstehen, als Kommissarin und als Frau«, nur zu verständlich gewesen. Als aufgeklärter Mensch habe er aber niemals diese Gedanken in die Tat umsetzen wollen. Er habe seine Frau kurz nach der »Beziehung« verlassen. Das habe ihm gut getan und sei für seine berufliche Karriere ohne Folgen geblieben. Er sei nicht für die Tat verantwortlich, noch dass das Unternehmen ein Interesse daran haben könnte,

Schaub und seinen Anhängern zu schaden. Die Frage nach dem Sinn des weiteren Kohleabbaus, auch unter Kloster Kamp, sei rein wissenschaftlich und im Ergebnis allenfalls rein sportlich zu bewerten.

Johanna von Kotzebue hatte die Aussage äußerlich neutral aufgenommen und die Überprüfung dann mit bebender Genugtuung ganz bewusst zwei jüngeren Kolleginnen anvertraut, von denen sie mittlerweile wusste, wie sie zum besonderen Frauenbild eines konservativen Mittfünfzigers standen.

Ansonsten hatte sie mehrere Besprechungen mit den Kollegen von der Technik geführt. Sie wollte die auf dem Klostergelände installierten Videokameras nutzen, um in der mobilen Einsatzzentrale online das Geschehen im Park verfolgen zu lassen, außerdem hatte sie zusätzliche Kameras und Mikrofone geordert und aufbauen lassen.

Oberstaatsanwalt Carsten Cremer hatte den Antrag nur widerwillig und mit dem deutlichen Hinweis unterschrieben, dass sie sich gegebenenfalls für das »Verpulvern von Steuergeldern« würde rechtfertigen müssen. Johanna von Kotzebue hatte den Redeschwall des Staatsanwaltes über sich ergehen lassen wie einen kurzen Regenschauer.

Allerdings nagten mittlerweile erste Zweifel an ihrer Theorie, dass die Liste eine Aufforderung zu einem Treffen unter Gegnern war.

Seit sie sich auf dem Klostergelände befand, hatte sich nichts geregt. Nur vom nahen Paintball-Gelände waren zunächst noch eine Zeit lang Geräusche zu ihr gedrungen. Nun war lediglich das Rascheln der Blätter im Wind zu hören oder das Flügelschlagen eines schläfrigen Vogels.

Johanna von Kotzebue stand oben am Südhang des Kamper Berges und sah auf den Park. Abt Edmundus von Richterich musste vor mehr als 300 Jahren einen ähnlichen Blick gehabt haben: Die künstlich geformte Natur zeigte sich im Licht der sternenklaren Nacht in strengen Formen und Ornamenten, die die Macht des Menschen über das Ungezügelte, Unkontrollierte und damit das Schlechte, über das gefährlich Boshafte, symbolisierten.

Das Bild muss dem Abt wie ein persönlicher Triumph erschienen sein, über seine eigenen Triebe und ungezähmten Begierden.

Kloster Kamp schlief und auch Johanna von Kotzebue wünschte sich in ihr Bett.

»Bingo.«

Johanna von Kotzebue schreckte aus ihren Gedanken auf. Es war die leise Stimme von Nina Steingröver, die den Einsatz koordinierte. Johanna von Kotzebue neigte den Kopf, um in das Mikrofon zu flüstern, das am Revers ihrer Jacke steckte. »Was ist?«

»An der Orangerie bewegt sich was. Eine Gestalt. Sieht aus wie ein Mönch in Kutte.«

Der Kommissarin wurde heiß. »Der Pater?«

»Negativ. Der ist zu einem Besuch im Zisterzienserkloster Kaisheim aufgebrochen. Er hat sich am Mittag im Pfarrbüro verabschiedet.«

»Sicher?« Sie versuchte von ihrem Standort aus etwas zu erkennen, aber die Orangerie war zu weit weg.

»Ich war dabei. Der ‚Mönch' bewegt sich nun innerhalb der Orangerie.«

»Ich gehe runter.«

»Warte, wir können von hieraus zugreifen. Die Gelegenheit ist günstig, die Orangerie ist ruckzuck abgeriegelt. Er sitzt sozusagen in der Falle.«

»Auf keinen Fall«, bestimmte Johanna von Kotzebue mit energischer Stimme. »Wartet ab, ich will erst wissen, was die Zielperson macht. Vielleicht ist es ja auch nur ein esoterischer Spinner, der Spaß an Okkultem hat. Könnt ihr das Gesicht erkennen?«

»Negativ.«

»Wo kommt die Gestalt so plötzlich her?« Die Kommissarin war ungehalten, blieb aber in ihrer Deckung hinter einem der kegelartigen Zierapfelbäume.

»Das müssen wir noch checken«, entschuldigte sich Nina Steingröver. »Kann sein, dass er über die Paintball-Anlage gekommen ist.«

Was sollte sie tun? Einfach die Treppen hinunter gehen und fragen: »Was machen Sie hier? Darf ich mal Ihren Ausweis sehen?« Oder sollte sie doch ihr »Go!« für den Zugriff geben? Was, wenn sich tatsächlich der Mörder von Daniel Bäcker mit ihr treffen wollte? Dann hatte der Täter oder die Täterin einen ganz bestimmten Plan. Und den wollte Johanna von Kotzebue unbedingt kennen.

Sie tastete nach ihrer Waffe. Die Pistole an ihrem Körper zu wissen, war ihr immer noch ein fast unerträglicher Gedanke. Trotz ihres mittlerweile umfangreichen Schießtrainigs meinte sie auch jetzt zu spüren, dass sich das Metall in ihre Haut brannte. Das fünfte Gebot: Du sollst nicht töten.

Sie würde auf eine Reaktion warten und dann entscheiden.

Aber sie hatte keine Wahl.

»Komm runter!«

Wie aus dem Nichts war die hoch gewachsene Gestalt auf dem Sandplatz vor den Terrassen erschienen. Mit weit ausgebreiteten Armen stand sie in der Mitte zwischen den Orangerien. Sie war tatsächlich in eine Kutte gehüllt, die einem Mönchsgewand glich.

»Johanna von Kotzebue, komm herunter.«

Die Stimme klang tief und wie künstlich verfremdet.

Leise sprach die Kommissarin in ihr Mikrofon. »Kein Zugriff. Habt ihr verstanden? Kein Zugriff.«

»Worauf wartest du noch?«, schallte es zu ihr hinauf.

Johanna setzte einen Fuss vor den anderen und stieg die Treppen hinab. Sie folgte einem Sog, dem sie nichts entgegensetzen konnte. Sie nahm Stufe für Stufe, ohne Blick für die nächtliche Schönheit der barocken Anlage.

Schließlich stand sie dem unbekannten Mönch gegenüber. Sie trennten kaum mehr fünf Meter. Die Gestalt hielt ihre Arme immer noch ausgebreitet.

Johanna von Kotzebue hatte keine Angst. Auf eine für sie verblüffende Weise fühlte sie sich eins mit dem Park. Sie war ein Ligusterkegel, ein Zierapfel, eine Eisbegonie. Nichts und niemand würde ihr etwas antun können.

»Endlich.«

Sie schwieg und wartete ab.

»Komm doch näher.«

Johanna von Kotzebue bewegte sich keinen Millimeter. Aus den Augenwinkeln meinte sie oberhalb der Terrassen Bewegungen zu erkennen. Sie wusste, dass das SEK aufgezogen war und die Gestalt längst in den Optiken ihrer Präzisionsgewehre hatte. Etwas beunruhigte sie, ohne dass sie es hätte benennen können. Vielleicht das fünfte Gebot.

»Johanna.« Die Figur nahm die Hände zum Kopf und schlug die Kapuze zurück.

Johanna von Kotzebue, die Leiterin der MK Kloster, schrie auf und presste unwillkürlich eine Hand gegen ihren Mund. Was sie sah, drückte ihr das Blut aus den Adern.

»Freust du dich denn gar nicht?«

Das Blut pulsierte wieder und drohte ihre Adern zu sprengen. Ihr Herz hämmerte. Heilige Mutter Gottes! Sie begann zu beten, ohne es zu merken.

Es war Paul.

»Da staunst du, was?« Er blieb stehen.

Das konnte nicht sein! Sie hatte sich von ihm getrennt! Was wollte er hier? Sie hatte es ihm doch wieder und wieder erklärt, dass ihre gemeinsame Zeit vorbei war.

»Ein schönes Kloster.« Paul lächelte. »Das hast du dir doch immer gewünscht. Das ist es doch.«

»Was? Ich, was tust du hier? Warum?« Johanna von Kotzebue fand keine Worte. Paul war ihr gefolgt. Dabei hatte er ihr beim Abschied mehr als einmal »hoch und heilig« versichert, dass er verstanden habe.

»Ich wollte dir eine Freude machen.« Er klang fast fröhlich, wie der Lausbub, den sie einmal in ihm entdeckt hatte.

»Eine Freude? Du? Das ist doch nicht dein Ernst! Wir sind mitten in einer Polizeiaktion. Woher weißt du überhaupt, dass ich hier bin?« Johanna von Kotzebue hatte die Kontrolle wieder gefunden. Sie war wütend und irritiert. Paul hatte ihr nachspioniert, war die ganze Zeit in ihrer Nähe gewesen! Und sie hatte gedacht, dass er in Weimar geblieben war.

»Ich habe dich doch eingeladen.« Er klang fast amüsiert und machte Anstalten, einen Schritt auf sie zuzugehen, blieb dann aber doch stehen.

»Du hast den Zettel geschrieben?«

Er nickte und löste dabei ein winziges Mikrofon vom Halsausschnitt seiner Kutte und steckte es in sein Gewand.

»Warum?« Sie suchte immer noch nach einer logischen Erklärung für das Auftauchen ihres ehemaligen Freundes.

»Das habe ich dir doch gesagt.« Seine Stimme bekam einen ungehaltenen Unterton. »Ich wollte dir eine Freude machen.«

»Eine Freude?«

Paul nickte. »Der Junkie.« Er deutete auf den Eingang zur offenen Orangerie.

»Du hast?« Sie weigerte sich weiterzudenken.

»Das ist es doch, was du willst: Arbeiten, Erfolg haben, Anerkennung in deinem Beruf.«

Johanna von Kotzebue fuhr sich mit gespreizten Händen an den Kopf. »Du hast was? Das glaube ich nicht! Du hast Daniel Bäcker umgebracht, um mir eine Freude zu machen!? Du bist wahnsinnig!« Den letzten Satz schrie sie fast.

»Der Junkie.« Paul machte eine wegwerfende Handbewegung. »Der war nichts wert. Kein Mensch mehr, ein Tier, das sowieso krepiert wäre. Es war ganz leicht. Der Rest war ganz einfach, ganz einfach. Die Schnitte sollten dir zeigen, dass ich nichts sehen und nichts sagen kann, seit du fort bist.«

»Seit wann bist du hier?«, fragte sie tonlos.

»Oh, schon lange. Ich bin dir recht bald gefolgt. Ich kann ohne dich nicht sein, geliebte Johanna. Das weißt du doch, mein Schatz.«

»Verstehe ich das richtig: Du bist hierher gekommen, hast nach einer passenden Gelegenheit gesucht und dann hast du einen Menschen getötet, nur um mir eine ,Freude' zu machen!? Du bist krank, Paul! Krank!« Ihr drohte der Verstand zu versagen.

In Bruchteilen einer Sekunde schossen ihr Szenen ihrer Beziehung durch den Kopf: Paul der große Lausejunge, Paul und Johanna auf dem Boot, das sie »ihre Arche« genannt hatten, die erste Nacht, sein Keuchen und ihr Schweiß, Pauls Gesicht, als sie später aus dem Dienst kam als verabredet, seine fast ungezügelte Wut, wenn sie ungeplant Schichten von Kollegen übernahm. Sein Flehen um Entschuldigung. Paul der Sanfte, Paul der Zerrissene, Paul das verlassen Kind, Paul der Suchende. Und nun: Paul der Teufel.

»Du musst mich doch verstehen, Johanna.«

»Führe mich nicht in Versuchung.«

»Ja, ich habe den scheiß Junkie erledigt. Na, und?« Paul schrie jetzt, sein Gesicht war verzerrt. »Die feine Johanna hat immer nur für andere Zeit. Die Kollegen hier, die Kollegen da. Und deine scheiß Frömmigkeit!« Er lachte bellend auf. »Jetzt hast du, was du willst: Du kannst endlich Karriere machen. Bete und arbeite!«

Johanna von Kotzebue stand wie erstarrt. Ihre Arme waren gelähmt. »Paul, du tust mir leid.« Ihre Stimme war kaum zu verstehen.

»Was fällt dir ein? Dazu hast du kein Recht. Ich verbiete dir, so mit mir zu reden! Johanna, die heilige Johanna!« Paul schrie immer noch.

Die Kriminalhauptkommissarin der Kreispolizei Wesel

atmete mehrfach tief ein und aus und bewegte sich dann langsam auf ihren ehemaligen Freund zu.

Fast sanft sprach sie ihn an. »Paul, ich werde dich jetzt festnehmen.«

»Du wirst gar nichts tun. Das ist mein Leben! Endlich mein Leben!«

Mit einer einzigen Bewegung riss er ein helles Tuch aus einer verborgenen Tasche seiner Kutte und hängte es sich über. Dann drehte er sich unvermittelt um und rannte in Richtung der Terrassentreppen.

»Paul!« Johanna versuchte vergeblich, ihn aufzuhalten. Dann blieb sie stehen und rief zum Kloster hinauf: »Nicht schießen! Nicht schießen!«

Johanna sah, wie Paul die Treppen hinauf flog und zwischen den Klostergebäuden verschwand. Das helle Laken wehte um seinen Körper wie ein heiliger Umhang.

Die Beamten des SEK verfolgten Paul mit den Läufen ihrer schussbereiten Gewehren, griffen aber nicht ein.

Keuchend erreichte Johanna von Kotzebue den Laubengang des Klosters.

»Er ist in der Kirche. Er hat keine Chance.« Der vermummte Einsatzleiter des SEK deutete auf die Abteikirche. Die Kommissarin nickte und bedeutete ihm mit einer Handbewegung zurück zu bleiben.

Wenige Augenblicke später begannen über ihr die Klosterglocken zu läuten.

Sie fanden Paul Schröder im Glockenstuhl des Klosters hängend. Bevor er den Strick genommen hatte, hatte er über seinen Kopf das Tuch gezogen, das er sich bei seiner kurzen und unheiligen Flucht um die Schultern gelegt hatte. Auf dem hellen Leinentuch waren dunkelrot die lateinischen Worte »ora et labora« eingestickt.

Die restliche Nacht flatterten die schwarzen Vögel aufgeregt um die Türme von Kloster Kamp.

Warum sie sterben müssen

*Ich heiße Franziska und werde vierzehn. Ab heute, so
habe ich feierlich beschlossen, führe ich ein Tagebuch. Ich
schreibe ‚English Grammar' vorne auf das Heft, dann wird
es meine Mutter garantiert nicht lesen, wenn sie im Auf-
räumwahn auf meinem Schreibtisch herumwühlt, während ich in der Schule bin. Ich liebe übrigens Tiere. Will
mal Tierärztin werden oder Delphintrainerin. Bessere
mein Taschengeld auf, indem ich Hunde aus der Nachbar-
schaft ausführe. Bringt nicht viel, aber ich tu's gern, weil
ich Tiere, wie gesagt, liebe. Mathe hasse ich. Aber die Schule
ist okay. Wegen der süßen Jungs dort. Habe mir ein Sach-
buch geleistet. ‚Wie flirte ich richtig', heißt es.*

Männer der Tat schreiben keine Tagebücher, denke ich,
als ich die Nassauer Allee entlangfahre. Ich will in den Alten Park, meinen Jomo, der Auslauf so nötig hat, springen
lassen. Schon allein deshalb hätte man wissen müssen,
dass Hitlers Tagebücher gefälscht waren. Mir wäre das
nicht passiert, damals. Da bin ich mir ganz sicher. Jomo
schaut aufmerksam aus dem Autofenster, freut sich, im
Herbst riecht das Laub so verheißungsvoll. Was wird er
aufstöbern? Schwäne mit sechs Jungen haben wir gehabt,
dieses Jahr im Alten Park. Und natürlich Graugänse und
Enten, Reiher und Frösche, Füchse, Marder, Eichhörnchen
und Bisamratten, Rehe und Wildschweine. Kleinere Vögel
interessieren meinen Dackel weniger, ich hingegen liebe
das Geklacker der Fasane. Zu denken, dass die Tierparks
von damals auch der Nahrungsbeschaffung des Klever
Hofes gedient haben . . . Wildbret – Hirsch, Hase, Reh.

Und Fasan. Ein großer Jäger war er nicht, mein nassauischer Namensvetter, aber ein solider Esser.

Tim auf der Treppe begegnet. Er hat die Augenbrauen hochgezogen. In meinem Flirtbuch steht, dass das ein Anzeichen von Interesse ist. Tim Tucholski ist zwei Klassen über mir im Friedrich-vom-Stein. Blond, Haar zurückgegelt, Schuhfreak. Überhaupt Klamotten: Er muss Bonzeneltern haben, denn er hat immer die neuesten Teile an, Sneakers immer passend, iPhone. Krass. Sein Freund heißt Rolf, sagt mir Susi aus seiner Klasse.

Habe mir nach langer Überlegung den Ausstellungskatalog geleistet. Über 2 kg, 89 Euro. Herausgegeben von der Stadt Kleve zur dreihundertsten Wiederkehr des Todestages meines Helden. 1679 ist er gestorben, hier in dieser Stadt. Oder, um präzise zu sein, im Bergendael, in seiner Einsiedelei, wo er am Ende am liebsten war – satt vom Leben, ohne direkte Nachkommen zwar, aber immer in Kontrolle. Da ist er mir Vorbild. Ich denke darüber nach, wo ich begraben werden will, ein Hagestolz wie er, aber nach einem eher armseligen Leben. Eher platzsparendes Kolumbarienfach als antikisches Grabmal, vermutlich. Eher Neuer Friedhof als Alter Park. Ich weiß noch, wie mir das Wort Hortikultur zum ersten Mal begegnet ist. Das war noch, bevor ich nach Kleve gezogen bin. Damals konnte ich mit Gärten noch nichts anfangen. Wusste noch nichts von Campen, Post und den anderen. Erst nach und nach habe ich mir die ausgedehnten Klever Anlagen erschlossen, das Halbrund der Galleien, den Alten Park im Südosten – und den Neuen Tiergarten, die barocke Ziergartenanlage, das Amphitheater am Springenberg, den Sternberg, den Kanal im Nordwesten der Stadt. Man braucht ein Flugzeug, um die Größe des Gedankens zu erahnen, man braucht einen Hund, um sie zu erlaufen. Und man braucht Nachfahren in verantwortlicher Position, um das einmal

Erreichte wieder sichtbar werden zu lassen. Zuerst habe ich mir den Dackel aus einem Zwinger geholt und dann bin ich dem Klevischen Verein für Kultur und Geschichte beigetreten. Man muss sich einbringen, wenn man dazugehören will. Auch, wenn man Rentner, 72 und neu zugezogen ist.

Tim und Rolf observiert. Ersterer Spitzentyp. Tim auf der Nassauer begegnet. Er hat die Hände zu Fäusten geballt in der Hosentasche gehabt. Oder so ähnlich. Muss im Flirtbuch nachsehen, ob das was zu bedeuten hat. Tim hat mich völlig ignoriert. Bin sauer. Tag im Eimer. Keine Lust auf Tagebuch. Flirtbuch behauptet, Jungs, die Hände in die Hosentaschen stecken, wenn sie dir begegnen, sind interessiert. Ich bezweifle das.

»Gehst du mit auf Klassenfahrt?«, sage ich locker auf der Treppe, wie nebenbei.

»Blöder Massenstart«, antwortet er abschätzig und spuckt auf den Boden. Ich bin platt. Schlagfertig ist er auch noch.

Mit Jomo auf dem Prinz-Moritz-Weg. Jomo begeistert zum Kermisdahlufer hinunter. Er will ja nur laufen und schaufeln und spielen. Ja, Graben und Schaufeln und Pflanzen, das war des Nassauers Ehrgeiz. Neben dem, endlich Feldmarschall der Generalstaaten zu werden. Neben dem, in den Fürstenstand gehoben zu werden als nachgeborener Sprössling eines nicht eben begüterten Geschlechts. Ohne abgeschlossene Schulbildung, doch hochgebildet. Voller Vorhaben. Neben dem, sich in gezirkelten Palastgärten zu verewigen – in Den Haag, in Brasilien, am Kermisdahl. Neben dem, der Natur Menschenwillen aufzuzwingen in Tierparks mit Wald, Sichtachsen, Alleen, Fixpunkten, Landmalen und künstlichen Hügeln. Steht einer auf dem Hügel, wirkt er größer ...

Hundemädchen wieder gesehen, diese braunhaarige. In der Nähe vom Kiek in de Pott. Ignoriert mich, tut so, als seien wir uns noch nie über den Weg gelaufen, obwohl wir uns ständig im Alten Park begegnen. Die Kaskade ganz schön wasserreich. Gut so, diesen Sommer hat es zu wenig geregnet. Der große Nassauer hat hier seines Brasiliens gedacht, wo es in der Regenzeit sicher immer genug Wasser gehabt hat. Fischteiche hat er anlegen lassen – wie Spiegel, und zwanzig Fontänen. Nichts darf zufällig sein, das war sein Plan, alles muss größeren Ordnungsprinzipien gehorchen. Wie werden ihm die schwarzen Muskelmänner gefehlt haben, hier im blutleeren Klever Land! Landschaft so umzugestalten, das braucht Zeit, Kraft und Geld. Heute: Ein-Euro-Jobber. Und einen unbändigen Willen. Ich bin nie bis nach Brasilien gekommen. Kein Boavista, kein Capibaribefluss, kein »überseeisch Glück genießend«. Meine Generalstaaten waren die BASF, meine Soldaten zwei Sekretärinnen, mein Schloss eine Dreizimmerwohung in der Turmgasse, mein Wappen ein Messingschild. Wüsste gern, wie das Hundemädchen heißt.

Tim. Tim. Tim. Hat lässig hallo zu mir gesagt. Hat mich also endlich zur Kenntnis genommen. Es kann losgehen. Wenn er mich fragt, ob ich mit ihm gehen will, ist er unten durch bei mir. Mit jemandem gehen ist völlig out heutzutage. Er muss nach meiner Handynummer fragen, steht im Flirtbuch. Oder nach meinem Facebook-Account. Mich adden. Oder mit mir twittern. Dann ist er an der Angel. Mein Ehrgeiz: Ihn ködern und dann zappeln lassen.

Heute auf dem Sternberg. Sicht schlecht, Dunst, Geblätter, Äste, Misteln. Lärm von plappernden Spaziergängern, den auch die Graugänse nicht überbieten können. Vermaledeite Banausen! Kein Qua patet Orbis – mein Erdkreis könnte vom Sternberg bis nach Venray, Kranenburg, Arnhem, Eltenberg, Griethausen, Emmerich Griet, Kalkar, Bedburg und zur Linde reichen, wenn die Sichtachsen nicht überwuchert wären. Jetzt würde man die Baumschere, die der Alte erfunden hat, gebrauchen... Zwölf Achsen! Welch Zahlenmystik! Und alles das nahezu verschwunden... schade, kein Hundemädchen heute. Und überhaupt, der Neue Tiergarten ist nichts für mich. Das ganze Amphitheaterzeug zu kulissenhaft, der Wald hingegen zu ungepflegt. Schon zu des Nassauers Zeiten soll es hier ein Schild gegeben haben: »De Honden heben hier geen Quartier«. Komm, Jomo, hier sind wir bis heute nicht willkommen! Übrigens ist dem Nassauer der Kurpark mit seinen aufgestellten Trophäen und braven Beeten selbst bald langweilig geworden. Nach ein paar Jahren schon hat er sich wieder dem Alten Park im Freudental zugewandt. Er mochte es nicht fertig, er mochte es wild. Wie in Brasilien. Ich glaube, das Hundemädchen teilt meine Vorliebe... ich habe sie noch nie hier auf dieser Stadtseite gesehen. Vor kurzem bin ich übrigens dem Arbeitskreis Kermisdahl-Wetering beigetreten. Die haben Großes vor: Das Freundental wieder in seine romantische Ordnung zu bringen. Gut so, gefällt mir.

Kann mein Glück kaum fassen. Er ist mir im Flur vor den Sportumkleiden begegnet, hat die Augenbrauen hochgezogen und mir in die Augen gesehen. Sekundenlang, ach was, minutenlang! Es läuft. Schule ist spitze! Ich murmle ständig meine Handynummer, damit ich sie parat habe, wenn er fragt. Zum ersten Mal in meinem Leben kommt mir das Wochenende viel zu lang vor.

Gestern: Tim geht auf der gegenüberliegenden Straßenseite der Lindenallee nach Hause. Wir sehen uns. Er zögert, wechselt dann über die Straße, um mir zu begegnen. Sagt mit tiefer Stimme »Hi!« zu mir, als er an mir vorbeikommt. Wenn Jungen ihre Stimme tief machen, steht im Flirtbuch, wollen sie Eindruck schinden bei dir. Hat eine wunderbar männliche Stimme, der Tim. Obwohl er erst fünfzehn ist. Drüben lief, als er die Straße wechselte, eine Frau mit einem herrlichen Boxerrüden. Ein junges starkes Tier, so weit ich sehen konnte. Der ist neu in unserer Straße. Dass er mich dem Boxer vorgezogen hat, muss etwas bedeuten. Bin ganz aufgeregt.

Hundemädchen gesehen, sie strahlt. Warum haben der Fürst und ich nie einen Zugang zu Frauen gefunden? War er desinteressiert oder nur diskret? Oder hatte er, wie ich, einfach keine Zeit dazu? Hätte ich jetzt eine Enkelin . . . Ich sollte mir ihre Handynummer beschaffen. Falls ich sie einmal brauche für Jomo, man weiß ja nie.

Yep! Er hat nach meiner Handynummer gefragt!!! Kann nicht essen, nicht lesen, nicht schlafen. Er kann jeden Moment anrufen. Ich bin bereit. Ich knuddle den Remi von Frau Morgendal, einen Schäferhund, und Maxi von Kesslers, die süßeste Promenadenmischung der Welt – beides alte Stammkunden von mir. Fast schon wie Geschwister. Erzähle ihnen von Tim. Hunde verstehen mich nämlich immer. Und ich sie – ich kann mit ihnen machen, was ich will. Sie kapieren einfach.

Er hat angerufen. In der Pause. Obwohl zwischen uns nur die Kastanie war: Wir hätten also auch ohne Handy miteinander reden können. Ob wir zusammen ins Kino wollen. Ja, ja, ja, ja, ich will. Samstags. Hoffentlich fragt er nicht, ob ich mit ihm gehen will. Dann ist's aus. Das ist total von gestern. Wahrscheinlich will er mich küssen. Schon beim Gedanken daran werden meine Hände feucht.

Endlich wieder auf dem Papenberg. Wer – wie die Fürsten damals – ständig neue Verteidigungsanlagen ausgeschachtet oder aufgetürmt hat, den können auch umfangreiche Bodenmodellierungen nicht geschreckt haben. Vom Papenberg noch heute ein wunderbarer Blick auf die alte, immer wieder neu aufgebaute Schwanenburg, auf die Stiftskirche. Der Kermisdahl, eigentlich ein Altarm des Rheins, wie eine silbrige Schlange. Die frisch gepflanzten Weiden und Hecken sind gut angewachsen. Glücksgefühl. »Der schönste Prospekt von der Welt«, soll er gesagt haben. Die Grafik der Galleien, einst Birnenalleen mit einer Doppelreihe Erlen geschützt, eigens aus Holland herantransportiert . . . wohlbedacht war er, der alte Nassauer. Ich sinne über seine - und meine - Geldsorgen nach, seine Korrespondenz mit dem Kurfürsten. Die großzügigen Anlagen verschlangen nicht nur bei der Errichtung, sondern auch während des Unterhaltes beträchtliche Summen, die mittels komplizierter und oft revidierter Verträge zwischen dem Nassauer, dem Kurfürsten und den Klevischen hin- und hergeschoben wurden. Wer durfte Holz schlagen, wer musste das Wild durch den Winter bringen, wer aß es, wer erntete die Obstbäume ab, wer bezahlte die Entwässerungsgräben. 150 Taler für den Thiergartenaufseher, 230 Taler für die drei Pförtner, 120 für den Kastellan auf der Wasserburg . . . er mag so manche schlaflose Nacht gehabt haben, der hohe Herr. Und diese Kaminsteuer - kein Wunder, dass die Klevischen sich sperrten.

Jomo am Spitzberg ausgebüxt, jammervoll, wie dieser Kunsthügel in sich zusammenfällt und erodiert, wenn nichts getan wird. Ach, dieser Arbeitskreis Kermisdahl-Wetering muss sich kümmern . . . Kein Hundemädchen heute. Wo ist sie? Das letzte Mal, als ich sie gesehen habe, hatte sie einen Schäferhund und einen Mischling dabei, Jomo höchst interessiert an den Kollegen, ich an ihr.

Wir passieren eine Feuerstelle. Ich mache mir eine Notiz - wilde Feuer sind nicht erlaubt. Des Nassauers Landhaus - das mit den Muschelwänden in brasilianischer Manier - ist auch abgebrannt, 1669, das muss ihn furchtbar geschmerzt haben.

Bingo!! Hat mich geküsst. Gestern nach dem Vampirfilm. Ganz sanft. Wie ein Pferd, das ein Stück Zucker aufnimmt. Gar nicht eklig, wie ich befürchtet hatte. Ich bete ihn an. Tim Tucholski. Kann mein Glück kaum fassen. Selbst meine Eltern merken, dass etwas los ist. Schauen mich komisch an.

Krank, Grippe? Bettlägerig. Jomo unruhig.

Tim redet in der Pause viel zu lange mit Susi. Ich misstrauisch. Aber mir blinzelt er zu. Susi kann mich mal, alte Zicke das. Ist mein Boy, der Tim. Nachmittags Gassi mit Lassie, dem gold-grau-braunen Collie vom ollen Jantzen. Dass denen aber auch gar kein anderer Name für einen solchen Prachthund einfällt! Sehe Tim mit Rolf – Gottseidank nicht mit Susi! – am Hallenbad. Sie kommen nicht rüber zu mir. Wahrscheinlich geniert sich Tim wegen seiner Liebe zu mir vor seinem Freund. Im Flirtbuch steht, dass man Jungenfreundschaften respektieren muss. Ich tu das, obwohl es mir schwerfällt.
Gestern: Ich mit Maxi und Remy auf der Straße. Tim weicht mir aus. Sagt nicht hallo, kommt nicht her. Hat er den wunderbaren Kuss schon vergessen?

Liege und lese. Kritisieren ließ er sich ungerne, der Fürst. Da konnte er seine Krallen ausfahren . . . Leute verfluchen . . . in Hitze geraten. Ich schwitze, dann ist mir kalt. Was soll aus Jomo werden, wenn ich nicht mehr hochkomme? Geträumt, dass Jomo von der neuen Luisenbrücke in den Kermisdahl gefallen ist und ich ihm nachgesprungen bin. Dann plötzlich waren Pferdehufe über mir und Pferdeleiber, die mich unter Wasser drückten. Ich bekam keine Luft mehr und glaubte, ich müsse ertrinken. Der Brückeneinsturz von Franeker! Natürlich! Ich hatte abends davon gelesen . . . wie der Naussauer glaubte, sterben zu müssen, als die Brücke unter ihm und seinen Mannen nachgab, und wie er noch am Abend seiner Rettung ein Testament aufsetzte. Ein Mann der Tat, wohlan. Kaum Auge in Auge mit dem Tod, setzt er sich hin, das Sterben zu erlernen: disce mori. Ich sollte auch Pläne machen, damit Jomo, wenn ich einmal nicht mehr bin, in gute Hände kommt. Ich denke an das Hundemädchen. Ob sie wohl gemerkt hat, dass ich nicht zur gewohnten Zeit im Park war?

Tim findet Hunde furchtbar. Hat er mir verlegen gesagt, in der großen Pause bei der Kastanie. Ist das nicht süß? Jungen geben nicht gern einen Fehler zu, steht im Flirtbuch. Wenn doch, ist das ein Vertrauensbeweis. Wenn ich noch gezweifelt habe, jetzt nicht mehr: Wir sind ein Paar!

Fieber.

Es ist schon spät, aber ich muss noch schreiben, weil mir sonst das Herz zerplatzt. Tim mit Susi und Rolf in der Abendvorstellung im Kino, ich allein. Vor Wut nichts vom Film mitgekriegt. Dieser Verräter! Frauen sind rachsüchtig, steht im Flirtbuch. Und ob!
»Hallo Schwesterlein«, sagt er doch grinsend zu mir.
»Altes Lästerschwein«, sagt Rolf.
Ich sage nichts. Ich koche. Meine Mutter legt mir die Hand auf die Stirn, als ich heimkomme, glaubt, dass ich die Grippe kriege.

Erstes Aufstehen. Wackelig. Jomo läuft freudig zur Tür, schmollt, als ich wieder umdrehe.

Neuer Kunde. Herr Weber. Sein Hund heißt Brad Pitt und ist ein goldiger Pitbull. Name gefällt mir. Mir frisst er aus der Hand. Aber Weber sagt, man muss gut auf ihn aufpassen. Ungestüm, meint er. Ungestüm, was für ein Wortungetüm! Ich versuche jetzt auch Wortpaare zu reimen, damit ich mithalten kann mit Tims Clique. Tim und Susi ein Herz und eine Seele auf dem Pausenhof. Hand in Hand. Ich knirsche mit den Zähnen. Nachmittags in der Birnenallee der Galleien. Heule meinen Hundefreunden ins Fell. Dann werfe ich Stöckchen. Die beiden lieben das Apportieren. Den alten Mann mit seinem Jojo-Dackelchen übrigens schon lange nicht mehr gesehen.

Jomo muss mit Dosenfutter Vorlieb nehmen, ich mit Zwieback.

Nochmal mit Maxi im Moritzpark. Tim allein dort mit seinem Skateboard. Steht da und pinkelt mit dem Rücken zum Weg. Wie Jungs das machen, breitbeinig, irgendwie stolz. Ich werfe das Stöckchen auf Tim zu, es landet direkt hinter ihm im Gebüsch. Er hat es nicht bemerkt, ist wohl zu beschäftigt. Maxi flitzt mit zurückgelegten Ohren auf den Busch zu. Tim dreht sich um und wird ganz weiß im Gesicht, als er den Schäferhund auf sich zurasen sieht. Maxi apportiert, ich gehe auf Tim zu.
»Der beißt doch nicht«, sage ich zuckrig, »der apportiert nur!«
Er starrt mich trotzig an.
»Bisschen blass um die Nase?«, sage ich.
»Nee«, gibt er bissig zurück, »nur nass um die Blase.«
Schnappt sein Skateboard und ist weg.

Bis zum Briefkasten. Noch sehr zittrig auf den Beinen. Nur Rechnungen. Jomo fort. Gefühlte zwei Stunden um ihn gebangt. Dann war er wieder zurück. Kaninchen?

Schlendere nachmittags mit Brad Pitt, dem neuen Pitbull, auf das Schulhofgelände, weil ich weiß, dass Tim Nachmittagsschule hat. Pitbulls bringen Prestige, hat sein

Besitzer gesagt. Am Ende der Pause fetzt Tim noch auf das Jungensklo. Es klingelt zur Stunde. Ich setze Brad Pitt vor die Tür, mach die Leine los, und geh hinter die Kastanie. Ich kenne den Pitbull noch nicht gut genug, um zu wissen, ob er mir auf Entfernung gehorcht. Tim entriegelt und will raus. Sieht den Pitbull und macht schnell die Klotür wieder zu. Ich warte. Soll er schmoren. Tim wird einen Anschiss kriegen, wenn er jetzt nicht zum Unterricht erscheint. Ist mir recht so. Was muss er mit dieser Susi-Tussi rummachen, wenn er mich haben kann? Allerdings – Susi passt schon zu ihm, ist auch eine Top-Frau. Schön wie ein Model, dünn, blond und dumm wie Bohnenstroh. Wir zwei sind ein Unterschied wie Lady Di und Camilla. Ich natürlich die Camilla, bin zwar jünger, sehe aber neben Lady Susi alt aus. Brad Pitt schlägt unruhig mit dem Schwanz auf das Pflaster. Fass, murmele ich, aber dann trau ich mich nicht. Was ist, wenn er es wirklich macht und Tim beißt? Das will ich dann doch nicht. Ich pfeife Brad Pitt zurück und wir gehen. Beim Zurückgucken sehe ich, wie Tim zaghaft aus dem Klo schleicht, ängstliche Blicke um sich werfend.

Zum Papenberge geschleppt. Kein Hundemädchen. Rostiges Sonnenlicht. Ein Schwarm Nebelkrähen in den Bäumen. Am Meyerhof geparkt, Weg aus der Stadt zu Fuß zu beschwerlich. Brustschmerzen, wie weiland der Nassauer sie hatte. Bin froh, wieder in meiner Wohnung zu sein. Muss langsam wieder zu Kräften kommen.

Sehe Tim im Moritzpark. Mein Zorn wächst wieder, bin noch nicht drüber weg. Habe ein Tüte Hundekringel dabei. Tim trägt diese angesagten Schlabberhosen der Skater, die das Unterhosengummi zeigen, super, einfach super sieht er aus. Gehe auf Tim zu, Maxi und Remi bei Fuß. Bei Tim angekommen, er hat die Hände in den Hosentaschen und guckt, als ob er mich nicht kenne, lass ich die Hunde-

*kringeltüte vor seine Füße fallen. Die Hunde stürzen sich
drauf und schnappen um Tims Hosenbeine herum nach
den Kringeln. Er zittert. Fast tut er mir leid. Dass man aber
auch so Angst haben kann! Ich kann's nicht glauben.*

»Bitte, tu sie weg . . .«, flüstert Tim.

*Ich warte ein Weilchen, tu so, als hätte ich sie nicht im
Griff, gehe ein paar Schritte weg, und dann pfeif ich doch,
und sie kommen her zu mir, und ich leg sie langsam an
die Leine.*

*»Mach das nie wieder!«, sagt Tim böse. Dreht sich um
und geht weg, wacklig und mit Hundesabber an den Ho-
senbeinen. Ich hätte gern auch was Schlagfertiges gesagt,
aber wie immer, wenn ich ihn sehe, fühlt sich mein Ge-
hirn wie ausgetrocknet aus.*

Durst, Durst, Durst. Jomo schlabbert sein Wasser, ich
koche Ingwertee. Gab's eigentlich Ingwer in Brasilien? Wie
besessen er von seinem Nachruhm war! Drei Grablegen
hat er sich geschaffen, zwei davon wieder aufgegeben und
die dritte, die prächtigste, schließlich doch mit seinem Leib
nicht bewohnen wollen . . . Kurz vor seinem Tod hat er
plötzlich beschlossen, nach Hause in die Siegener Familiengruft zu wollen – mit dem Schiff über den Spoykanal
nach Köln und von dort nach Siegen. Ohne Kosten, ohne
»Cerimonien«. Aber in Eiche, das schon. Und hier bei uns
im Freudental? Da bleibt eine leere Tumba, eine über-
mannsgroße Eisenkiste, verlassen zurück, der Deckel angelehnt, zum Zeichen ihrer verfehlten Bestimmung. Aus
dem Siegener Guss seiner Heimat – schweres reich ver-
ziertes Eisen für den irdischen Ruhm, leichtes Leinen für
die Fahrt dem Rhein.

*Jagdfieber. Ich bin böse, ich weiß. Aber ich habe sie küs-
sen sehen, und das macht mich wild. Ich hetze meine
Hundefreunde auf Tim, jawohl. Auf dem Heimweg schnap-*

pe ich mir den Collie und gehe wieder zur Schule zurück.
Warte darauf, dass Tim kommt. »Hallo Tim!«, sage ich
freundlich. Er sagt nichts. Folge ihm die Stechbahn hin-
auf bis zur Schule mit dem Collie dicht an seinen Fersen.
Er geht schneller. Ich auch. Er hat Angst, das merke ich.
Lassie merkt's auch. Wird unruhig, schnappt. Tim rennt
fast. Das macht Lassie Spaß. Mir auch. Nach fünf Minuten
lassen wir den süßesten Boy der ganzen Schule in Ruhe.
Genug gequält für heute.

Quälende Angina Pectoris. Aber wieder auf den Beinen.
Morgen zum Grabmal - das nehme ich mir vor. Jeden
Tag ein paar hundert Meter mehr. Muss einfach sein, nicht,
Jomo?

Tim schaut unruhig zu mir herüber im Pausenhof. Ich
tu so, als hätt ich nichts gesehen. Aber ich schmiede Pläne.
Heute Abend schau ich mir Psycho auf DVD an. Psychoter-
ror - das ist's, was ich im Sinn habe. So behandelt man
mich nicht, letzte Woche küssen und heute wie Luft. Ich
hab Tims Sweatshirt geklaut. Er hat's nach der Pause im
Hof liegen lassen und ich habe es, nachdem ich mich ver-
gewissert habe, dass keiner mehr drunten ist, an mich ge-
nommen. Nachmittags, im Wäldchen, lass ich den Pitbull
dran schnuppern. Brad Pitt wühlt seine Schnauze hinein.
Auf einmal klopft mein dummes Herz im Hals wie eine
Maschine. Ich bin böse, ich weiß es. Ich biege ihm bei, dass
er's zerreißen soll.

Im Grunde, denke ich, als ich mich über den gelben
Folder beuge, den wir vom Verein herausgegeben haben,
ist meines Nassauers Gartentraum ein Vorläufer des heutigen Gartenschau-Gedankens gewesen. Der geschönte
Plan, der nach Diedenhofen kartografiert worden ist, zeigt,
wie es gemeint war: Die durch Kriege geschundene Resi-
denzstadt Kleve sollte aufgewertet werden durch die üp-

pigen Neuanlagen in Osten und Westen. Wir sollten uns bewerben: für die Bundesgartenschau, oder vielleicht sogar für die europäische ... es geht doch nichts über einen festgesetzten Zeitplan, wenn eine große Aufgabe gestemmt werden muss. Der alte Machtmensch hatte seinen Willen, aber wir heute haben nur zerstreute Interessen. Burger-King-Plakate in der Residenzlandschaft, schnell vergrößerte Schwarzbauten, bevor der Denkmalschutz greift ... absolutistisches Selbstverständnis contra selbstsüchtiges Volk als Souverän – das kann nichts werden. Wir sollten uns wirklich bewerben. Vorschriften und Auflagen und Zeitkorsett nutzen. Neben den Zuschüssen natürlich. Wenn es meine Gesundheit erlaubt, werde ich mithelfen, so gut ich kann. Das bin ich meinem Vorbilde schuldig. Und Jomo wird mir assistieren. Er ahnt meine Gedanken, wedelt sofort hoffnungsvoll mit dem Schwanz.

Als ich mit Brad Pitt aus dem Alten Park komme, sehe ich, dass Tim an der Schleckerfiliale haltmacht, sein Skateboard in den Radständer stellt und hineingeht. Ich warte an der Ecke, dass er wieder herauskommt. Als er dasteht und gerade sein Wechselgeld in die Hosentasche schiebt, komme ich hergeschlendert und sage mit einer lässigen Handbewegung zum Pitbull hin: »Brad Pitt!«

Tim schreckt zusammen, fängt sich dann aber, zieht die Hand aus der Hosentasche und hält mir einen alten, kaputten Pritt-Klebestift hin.

»Bad Pritt!«, sagt er cool und verbeugt sich und schmeißt den Stift in den Abfalleimer. Zwei zu eins für ihn, muss ich zugeben. Klasse hat er. Aber ich habe gesehen, wie seine Lider geflattert haben.

Geschafft! Wir sind an der Grablege. Eine Absurdität. Einzigartig nördlich der Alpen. Ob der Gute tatsächlich geglaubt hat, sich mit den römischen Feldherrn messen

zu können? Hybris? Rustikal gemauerte Segmente im Halb-
kreis, Sarkophage, Aschenbehälter und nicht weniger als
26 römische Keramiken einmontiert, in »Gestalt eines halben Mondes« aufgestellt, Büsten, Lampen, Kannen . . . es
geht etwas Düsteres aus von diesem Ort, der im Schatten
seiner hohen Bäume vermoost. Und dann die gewaltige
Tumba! Schwarz und unzerstörbar wie der Tod selbst.

In der Schule kommt Rolf zu mir, Hände in den Hosen-
taschen. »Friede», sagt er zu mir.
»Was?«
»Tim schickt mich«, sagt er, »er will mit dir reden, wegen
der Hunde.«
»Hat er wohl Angst vor«, sage ich schnippisch.
Rolf nickt. »Das kommt vor«, sagt er ernst. »Auch Erwach-
sene haben das. Das ist angeboren. Da kann man nix für.
Lass ihn zufrieden.«
Denkste, denk ich, aber ich nicke zahm.
»Wo?«, sage ich, »und wann?«
»Am Moritzgrab«, sagt er, »morgen.«

Aber halt! Da ist jemand, ich höre Stimmen. Im Alten
Park arbeiten Waldarbeiter, endlich. Zwischen den Buchen
muss das Kroppzeug weg. Gut so. Ich höre eine Motorsäge.
Jomo, aufgepasst! Ich halte seine Leine fester, als ich mich
der Grabrotunde vom Spitzberg her nähere.
Siehe da, wir sind tatsächlich nicht allein. Ah, endlich –
mein Hundemädchen! Aber nicht nur sie. Sie redet mit einem Jungen. Und einen Hund hat sie auch dabei, furchter-
regend sieht er aus. Ist das ein Kampfhund? Sind sie nicht
als gefährlich eingestuft? Oder verboten? Ich habe keine
Ahnung . . . er scheint noch jung zu sein. Jomo zieht schon
mal den Schwanz ein. Ich bleibe mal lieber hinter dem
Tumbadeckel, der neben dem mannshohen Eisensarg gegen ein Gerüst gelehnt ist – zum Zeichen, dass die Tumba
leer ist, wie ich nachgelesen habe. Die beiden Jugendlichen

sehen mich nicht. Sie sprechen miteinander, aber ich kann nicht hören, was sie sagen. Will ich auch nicht, ich bin kein Lauscher. Es sieht mir nach etwas Intimem aus, eine Aussprache, Liebeshändel? Der Kampfhund – ein Pitbull? – knurrt und sieht aus, als wolle er dem Jungen an die Hosen. Der weicht zurück. Schließlich geht das Hundemädchen gnädig ein paar Schritte zur Seite und schlingt des Pitbulls Leine um einen Baumstamm. Hinter mir wimmert eine Säge, aber das scheint die beiden nicht zu stören.

Am Moritzgrab? Eigenartig, aber egal. Er druckst, er stammelt, wischt sich die Hände an der Hose ab – genau wie es in meinem Flirtbuch steht. Wirft panische Blicke auf Brad Pitt, so dass ich ihn schließlich an einen Baum binde. Huldvoll, wie ich meine. Er soll nicht glauben, dass ich leicht zu haben wäre. Wird er mir jetzt sagen, was mit Susi los war? Brad Pitt mault, aber jetzt habe ich keine Zeit für ihn. Jetzt gibt es Wichtigeres. Mein Schicksal entscheidet sich hier, das fühle ich. Gott, wie mir dieser Tim gefällt . . . diese Wimpern. Diese Stimme. Diese Augen. Und so feine Hände. Ob sie mich jetzt anfassen wollen? Werden?

Und dann geht alles blitzschnell. Simultan sozusagen. Ein Reh springt aus dem Gebüsch. Direkt vor der Schnauze des Pitbulls. Er schnappt. Das Reh kommt unverletzt vorbei. Er reißt an der Leine. Leine löst sich. Reh auf uns zu. Einziger Fluchtweg im Augenblick. Pitbull hinterher. Jomo ruckt. Verliere Gleichgewicht, Knie geben nach, falle am morastigen Hang, lasse Leine los. Pitbull erwischt Reh nicht, stürzt sich dafür auf meinen armen Dackel. Hundemädchen schreit: »Brad Pitt!« Warum Brad Pitt? Was hat der Filmheini hier zu suchen, denke ich noch . . . sehe, wie der Junge umkippt, schneeweiß. Jomo kläfft hysterisch, Pitbull hat ihn im Nacken. Zerrt und schubst ihn auf den freien Platz vor der Grabplatte. Dorthin, wo der Junge liegt. Ich versuche wieder auf die Beine zu kommen, aber sie knicken mir weg. Der Köter wird ihn zerfleischen. »Jomo! Johann! Moritz!« Ich brülle, so laut es geht, aber selbst ich höre, dass meine Schreie heiser sind, kraftlos.

Es geht alles furchtbar schnell. Brad Pitt und der Dackel des Opas in einander verkeilt. Zähne, Lefzen, Schaum und Blutstropfen auf braunem Fell. Tim liegt reglos am Boden, wie tot. Der Alte auch, weiter hinten, er keucht. Hinter der Grabplatte rudert er mit den Armen. Wie ein Insekt. Brüllt. Zuerst verstehe ich ihn nicht, aber dann kapiere ich: Johann Moritz heißt sein Hund, nicht Jojo. Komischer Name. Das alles denke ich gleichzeitig. Dann stürze ich mich in das Hundegewühl. Ist alles meine Schuld, ich habe nicht aufgepasst! Ich muss die Köter trennen, koste es, was es wolle. Und mich dann um Tim kümmern. Wo ist ein Ast? Ein Stein? Eine Waffe? Der Dackel japst nur noch. Und dann höre ich etwas. Ein unheimliches Geräusch von hinten.

Es ist ein Ächzen, ein Stöhnen, ein Knarzen in meinem Rücken. Ich will schreien.

»Tim!«, explodiert die Stimme des Mädchens, das mit einem Stock auf ihren Köter eingedroschen hat ... wirft den Stock weg, hechtet zu dem ohnmächtigen Jungen, packt ihn an den Füßen und zerrt ihn aus dem Rund. Keine Sekunde zu früh, denn jetzt begreife ich, was geschieht: Die Waldarbeiter haben einen morschen Baum gefällt. Er kippt, langsam, tatsächlich unendlich langsam. Ich höre seine Wipfel summen. Rauschen. Reiße den Kopf herum und die Augen auf und sehe sein Gezweig über mir. Es kommt auf mich nieder, es wird das letzte sein, das ich sehe. Ich drücke die Augen zu, warte auf das Fallbeil, die Guillotine, die Axt. Und dann kracht der Stamm auf den Ständer der Grabplatte nieder, die grob gezimmerten Balken gehen in die

Knie, die eiserne Platte befreit sich aus ihrer Schräglage, stellt sich hochkant auf wie ein herrschaftliches Segel und saust hernieder auf das ineinander verbissene Hundeknäuel. Verfehlt den Kopf des Jungen um Haaresbreite. Der Schlag lässt die Erde erzittern, der Aufprall ist dumpf. Tumba! Dann ist es still.

Totenstille. Die Hunde sind weg. Platt. Zugedeckt. Unter meterdickem Eisen. Wow!

Im ersten Augenblick glaube ich, dass ich schon in jener anderen Welt bin. Aber nein, der Stamm hat mich verschont, hängt über mir im Gerüst, ich versuche, darunter hervorzukriechen. Der Pitbull und mein Jomo sind verschwunden. Die eiserne Grabplatte der Tumba ruht auf dem Waldboden, ganz so als habe sie immer da gelegen. Zwei Waldarbeiter kommen gerannt, helfen mir auf, stammeln Polnisches. Das Hundemädchen kniet über dem Ohnmächtigen, die Waldarbeiter hacken ins Handy nach einem Krankenwagen. Das Mädchen schluchzt.

Ich lese durch, was ich geschrieben habe. Zittrige Schrift. Irgendwie erinnert mich das Chaos im Wald an das Gedicht vom Zauberlehrling, von dem wir die erste Strophe auswendig lernen mussten. Meine beiden Beine und die linke Hand sind verbunden, ich habe Bisswunden und eine widerliche Tetanusspritze bekommen. Die Polizei war bei meinen Eltern. Mir ist schlecht. Ich bin schlecht. Ich werde hässliche Narben zurückbehalten, das geschieht mir recht. Verminderte Heiratschancen, sagt mein Vater. Das Flirtbuch ist scheiße und Rache ist nicht süß, sondern schrecklich. Ich kann den Blumenstrauß von Tims Eltern kaum anschauen – ich habe ihren Sohn in Lebensgefahr gebracht und sie schenken mir Blumen! In Wirklichkeit bin ich eine Mörderin. Ein unschuldiger Dackel und ein junger Pitbull

*sind erschlagen, tot, weil ich versagt habe. Tim ist nicht in
der Schule. Er hat einen Schock. Der Bürgermeister hat
angerufen. Der Dackelmann liegt im Krankenhaus, Knö-
chelbruch. Man will mich mit einem Preis für Tapferkeit
auszeichnen. Für die richtige Reaktion in einer Situation,
die ich in Wirklichkeit selbst verschuldet habe. Ich bin tod-
unglücklich. Und kann mit niemandem reden . . . wenn
die wüssten . . . ach, Brad Pitt und Jomo – könnt ihr mir
verzeihen, dort oben in eurem Hundehimmel?*

Es hat mich immer gewurmt, dass der Nassauer in letzter Minute sein formidables Grab im Alten Park verschmäht
hat. Dass er nicht in seinem, in meinem Kleve ruhen wollte. Jetzt ruht ein anderer Johann Moritz dort, mein Jomo.
Im Kampf gefallen. Wenn es nicht blasphemisch klänge,
würde ich sagen, er hat die Geschichte zurecht gerückt.
Morgen kommt mich das das Hundemädchen – Franziska heißt sie, stand in der Zeitung – im Krankenhaus besuchen. Wir müssen reden . . .

*Und was sagt Tim, als ich ihn besuche?
»Autopsiebefunde: zwei Pizzahunde.«
Hat kein Herz, mein Boy, aber ich liebe ihn trotzdem.*

Eins, zwei, drei, vier Eckstein

Neun Jahre, eine lange, eine verdammt lange Zeit. In den ersten Monaten gab es kaum einen Tag, an dem ich nicht an sie dachte. Dann wurde ihr Bild in meinen Erinnerungen immer blasser und in den letzten drei, vier Jahren hatte ich sogar Schwierigkeiten gehabt, mir ihr Gesicht vorzustellen. Doch als ich heute Morgen Maries Stimme am Telefon hörte, da war alles wieder wie früher, wie vor neun Jahren.

»Hallo, ich bin es. Du erinnerst dich?«

Mein Magen krampfte sich zusammen, meine Kehle war wie zugeschnürt, als ich schließlich krächzte: »Klar, Lola, klar erinnere ich mich an dich.«

»Ach, Elmar, deine alten Scherze.« Ich hörte ihr offenes, etwas spöttisches Lachen, dem ein leichtes Schnaufen folgte, und mir wurde ganz anders, weil es das Geräusch war, das sie immer dann machte, wenn sie sexuell erregt oder, na ja, wenn sie einfach nur nervös war. Den wahren Grund erfuhr ich dann auch sehr schnell.

Marie Laflör, einst Klientin, dann Geliebte, suchte meine Hilfe als Privatdetektiv.

»Warum ich, Marie?«

»Weil wir uns kennen und weil ich Vertrauen zu dir habe.«

Aus der Leidenschaft war Vertrauen geworden. Welch ein Abstieg!

»Also, dann erzähl mal.«

»Später, nicht am Telefon. Hol mich bitte zu Hause ab, alte Adresse.«

»Und dein Mann?«

»Um den geht es ja.«

Schon wieder dieser Rainer, blitzte es in mir auf, fragte aber nur: »Wann soll ich bei dir sein?«

»Um halb acht. Bitte sei pünktlich.«

Ganz schön anspruchsvoll, wenn ich bedachte, wie abrupt sie vor Jahren unser Verhältnis beendet hatte. Mit einem Zettel auf meinem Schreibtisch: *Wenn man liebt, ist nichts klar und fest umrissen, und wie lang so eine Geschichte währt, weiß man schon gar nicht. Sie war kurz und es wird noch lange weh tun, es hat sich dennoch gelohnt.*

Dass es sich gelohnt hatte, nun, da war ich mir nicht so sicher. Aber mir war ja von vornherein klar gewesen, dass ich Marie als Geliebte verlieren würde, wenn ich es fertigbrachte, ihren Ehemann aus der Untersuchungshaft zu holen. Also, keine Vorwürfe, Elmar, sagte eine Stimme in mir, die Sache hast du damals selbst verbockt, vorbei, aber pass jetzt auf, dass es dir nicht wieder passiert. Sprich mit ihr, mehr nicht, nimm keinen Auftrag an, sag einfach nein. Moment mal! Sie braucht meine Hilfe. Und? Bist Detektiv und nicht beim Roten Kreuz . . .

Sie ging das noch eine Weile in meinem Kopf herum, während ich über die B 8 in Richtung Dinslaken fuhr. Als ich nach Duisburg-Walsum abbog, klang die warnende Stimme schon recht sauer: Dann mach doch, was du willst.

Marie und Rainer Laflör wohnten etwas außerhalb, wo die Gegend schon wieder ländlich ist. Ihr Haus, mit weißem Flachdach und separatem Taubenschlag, zeigte von der einen Seite zu den Rheinauen und von der anderen zu den stillgelegten Schachtanlagen. Die filigranen Streben des alten, nun nutzlosen Förderturms wurden, wie ich beim Näherkommen sah, von dem brutalen Betonbau des neuen Kraftwerks verdeckt. Doch mehr als die Optik störte die arbeitslosen Kumpels ganz sicher, dass dieses

Kraftwerk mit Kohlen aus Übersee befeuert wurde.

Als ich meinem Wagen in ihrer Straße hielt, stand Marie schon in der Haustür. Sie hatte Hosen an, solche in Tarnfarben mit Fleckenmuster und Taschen an den Seiten, scheußliches Zeug, wie es vor Jahren hauptsächlich Frauen trugen, die auf keinen Fall wegen ihrer körperlichen Reize beachtet werden wollten und deren intellektuelle Fähigkeiten dann oft ebenfalls verborgen blieben.

Oje, meine Marie, mit ihren wundervollen Streichelhüften, in dieser Aufmachung! Ihr Haar blond wie eh und je, vielleicht etwas kürzer; und sie roch so gut wie ich es in Erinnerung hatte, was ich Sekunden später feststellen konnte, als sie mich mit einem flüchtigen Kuss begrüßte.

»Fahr los, Elmar, die Zeit wird knapp. Ich erzähle dir alles unterwegs.«

Na wunderbar, rund neun Jahre kein Brief, keine Mail, kein Anruf, jetzt aber wurde die Zeit knapp.

»Wohin?«

»Meiderich, das alte Hüttenwerk.«

Und das war es, was sie mir erzählte, während wir uns auf der A 59 durch eine Baustelle schlängelten: Vor ein paar Jahren hatte ihr Mann, den ich noch als Immobilienmakler kannte, angefangen, Kleinanleger zu beraten. Das ging so lange gut, bis der Zusammenbruch von Lehman Brothers die Schlagzeilen füllte und Laflörs nervös gewordene Kunden ihr Geld zurückforderten.

So weit Maries Bericht, jetzt fügte sie hinzu: »Alles war plötzlich anders. Mich trafen im Supermarkt und auf der Straße giftige Blicke, mit unserem Sohn, du kennst Sebastian ja, wollten die Schulkameraden nichts mehr zu tun haben. Rainer erhielt Drohbriefe.«

»In London hat man Finanzberater an ihren Schreibtisch gefesselt oder gar verprügelt«, warf ich ein.

»Vielleicht hätte man Rainer auch etwas angetan. Zum

Glück - zynisch gesprochen - verstarb seine Großtante und Rainer erbte - nicht viel, aber es langte, um die Anleger zu beruhigen. Natürlich war das nur ein Aufschub.«

Sie fuhr sich über die Stirn. Die Sonne stand tief, ich klappte die Blende für sie herunter und hörte weiter zu. »Doch dann passierte das, worum es heute Abend geht.«

»Ah ja, stieß dein Mann auf eine Goldader?«

Marie ging auf meinen Witz nicht ein. »Rainer stieß beim Aufräumen von Großtantes Erbe auf eine Truhe, darin lagen Feldpostbriefe, militärische Auszeichnungen und . . .« Sie rollte die Augen.

»Und was?«

«. . . und zwei Bilder. Porträts von Hitler und Göring.«

»Klar, so was - und eine Ausgabe von ‚Mein Kampf', das hatten sicher viele Tanten und Onkels der damaligen Generation im Haus, sofern sie die Sachen nicht rechtzeitig, das heißt, bevor die Alliierten in die Häuser eindrangen, beiseite schaffen konnten. Aber es gab auch welche, die solche Sachen, obwohl das nicht ganz ungefährlich war, versteckten. Nazi-Kitsch als Erinnerung.«

Sie schüttelte den Kopf. »Du verstehst mich nicht. Keine Drucke, Plakate oder Ähnliches, sondern Ölbilder, Gemälde, und zwar Originale, die der berühmteste Maler des Dritten Reichs im Auftrag des Diktators geschaffen hatte und die später als Vorlage für eine Briefmarkenserie und alles Mögliche dienten, von Postkarten bis zu Porzellantassen.«

»Ich schätze, Rainer hat das im Netz recherchiert. Und du, was hast du gemacht?«

»Ich hab gesagt, er soll das Zeug verbrennen. Marie, hat er geantwortet, es gibt Leute, die für diese Bilder so viel zahlen, dass wir unsere Sorgen los sind. Amerikaner, Russen und Japaner sind ganz wild darauf, aber auch deutsche Händler und Privatleute mit einem Hang zu Führers Zeiten. Rainer hatte die Porträts einem Militaryhändler angeboten, er war ganz euphorisch. Ich aber sah im Geiste schon irgendwelche verrückten Sámmlertypen und Neonazis in unser Haus einbrechen, auf der Suche nach Devotionalien. Deshalb habe ich Rainer bekniet, die Bilder zu vernichten.«

»Und weshalb sind wir hier unterwegs?« Ich setzte den Blinker zur Emscherstraße.

»Weil Rainer sich gleich mit Interessenten trifft, denen er die Bilder zeigen will.«

»Das hat dir dein Mann erzählt, trotz deiner Vorbehalte?«

»Nein, ich habe es herausgekriegt.«

Es wurde immer fantastischer. Da hatte doch Maries Sohn, der jetzt vierzehn war, aus Spaß oder sportlichem Ehrgeiz das Passwort für Vaters E-Mailkonto geknackt und die gespeicherten Nachrichten stolz seiner Mutter gezeigt.

»Die letzte E-Mail habe ich für dich ausgedruckt.« Marie griff in die Seitentasche ihrer Hose. »Hier lies mal.«

Und das tat ich, nachdem ich meinen Wagen auf dem Parkplatz des ehemaligen Hüttenwerks abgestellt hatte.

Es war ein knapper Text:

... Preiss geht in Ordnung. Heute 21 Uhre, bring Wahre mit, zeigst du mir, zeig ich dir. Wir geben Zeichen. Geh zuerst Halle am Eingang ...

Ich fragte mich, ob der Verfasser die Rechtschreibfehler bewusst gemacht hatte, damit man ihn für einen Ausländer hielt. Der Absender bestand nur aus Zahlen und einem dubiosen Internetanbieter.

Ich gab Marie den Ausdruck zurück und sagte: »Bleib im Wagen!« Dann machte ich mich auf den Weg.

Ein Plakat am Eingang zu den Gebläsehallen wies auf eine Fotoausstellung hin. Eingeladen hatte ein Verein, der sich für die Integration der muslimischen Bürger einsetzte. Das Publikum war gemischt, wenn auch mit einem gewissen Übergewicht an Leuten, denen man den guten

Willen schon vom Gesicht ablesen konnte. Die Bilder an den Wänden zeigten die neue Moschee in Marxloh, imposant von außen, eindrucksvoll auch von innen.

Das Publikum war ganz angetan.

»Das hätte ich nicht gedacht, richtig prima«, hörte ich einen Gast sagen, der kurz darauf an einem Stand zwei Poster kaufte, die der Verkäufer mit den Worten »Besser so. Und kommen Sie mal zu uns« zusammenrollte und in eine Papprolle steckte.

Für das Treffen war die Fotoausstellung bestens geeignet. Zuvor hatte ich mich gefragt, wie jemand ohne aufzufallen mit Bildern durch den Industriepark spazieren konnte. Jetzt erblickte ich einige Besucher, die mit Papprollen durch den Raum schlenderten.

Einer von ihnen war Rainer Laflör, der sich in den neun Jahren seit unserer letzten Begegnung kaum verändert hatte. Immer noch schlank, tadelloser Anzug, durch eine randlose Brille blickte er auffällig oft in einen Ausstellungskatalog. Ein Erkennungszeichen? Ansonsten benahm er sich wie ein normaler Besucher, der allein Augen für die Fotos an den Wänden und die alten blank geputzten Kompressoren hatte. Irgendwann zog er sein Handy aus der Tasche, musterte die Anzeige und verließ den Raum.

Von den Gebläsehallen schritt er hinüber zum grün erleuchteten Gasometer, machte einen Schlenker zur Gießhalle, und ging dann zielstrebig in Richtung der Erz- und Koksbunker. Ich folgte ihm, vorbei an mannsdicken Rohren, Stahlträgern und rußgeschwärzten Backsteinmauern.

Seit dem letzten Abstich Mitte der achtziger Jahre hatte sich das Hochofenwerk zu einem regelrechten Biotop entwickelt. Wildkaninchen, Igel, Füchse und allerlei Vögel wohnten hier, Gras überwucherte die Gleise der Werksbahn, aus Mauerritzen sprossen Blumen und Birken. Zwar war aus dem Arbeitsplatz der Malocher ein Freizeitpark geworden, doch immer noch hatte er seine geheimnisvollen dunklen Stellen. Außerhalb der restaurierten Hallen fand der Besucher einen Dschungel aus wucherndem Grün, rostbraunem Stahl und faszinierenden Abgründen, und all das nur wenige hundert Meter von der nächsten Straßenbahnhaltestelle entfernt.

Laflör hatte die alten Bunker mit den neu eingerichteten Kletterwänden erreicht. Hin und wieder blieb er stehen und warf einen Blick auf sein Handy. Offenbar wartete er auf ein Zeichen der Kontaktleute.

Zwei Männer mit Taschenlampen näherten sich. Inzwischen war es für Fotos ohne Blitzlicht eigentlich schon zu dunkel geworden. Ich versuchte es dennoch, indem ich so tat, als ob mich ganz allein die mystische Industrielandschaft interessierte. Mit der Kamera zielte ich auf den Hochofen. Lichtpunkte bewegten sich hinauf zur Plattform; die Parkleitung veranstaltete hin und wieder Nachtwanderungen.

Als ich meinen Blick wieder zur Erde richtete, waren sowohl die beiden Männer mit den Stablampen als auch Rainer Laflör aus meinem Sichtkreis verschwunden. Ich hatte nicht einmal Zeit, mich über meine nachlässige Verfolgung zu ärgern.

Denn in diesem Moment ertönte ein Geräusch, das so klang, als ob ein übergroßer Apfel vom Baum fällt . . .

Ich hatte Marie gefragt: »Was erwartest du von mir? Du weißt, dass ich keine polizeilichen Befugnisse habe und aus Überzeugung keine Schusswaffe trage.«

»Mach ein paar Fotos von den Leuten, mit denen sich Rainer trifft«, hatte sie geantwortet. »Ich will wissen, was das für Menschen sind. Außerdem tut es mir schon gut, dass ich mit dir darüber sprechen kann. Auch möchte ich wissen, ob Rainer die Bilder überhaupt verkauft, er sagt mir ja nichts. Angeblich ist er heute Abend bei einem seiner Anlagekunden.« Sie hatte mir ins Gesicht gesehen und gefragt: »Sag mal, Elmar, hast du Angst?«

Auf diese Frage kann ein privater Ermittler nicht antworten. Aber vielleicht hätte ich ihr sagen sollen, dass mir die ganze Angelegenheit nicht schmeckte.

Ich sagte es jetzt, als ich mich zu ihr in den Wagen setzte: »Mir schmeckt die Sache nicht.«

»Was ist los?«

»Der Park ist ein Labyrinth mit tausend Verstecken. Ich hab deinen Mann aus den Augen verloren.« Musste ich das dumpfe Geräusch erwähnen? Nein, musste ich nicht.

»Ach, deshalb.« Sie schniefte und warf den Kopf nach hinten. »Dann können wir ja wieder fahren.«

Als ich den Zündschlüssel drehte, ging keine Bombe hoch, wie Kinogänger das seit dem Film ‚Der Pate‘ erwarten. Aber es wurde taghell um uns. Unmittelbar danach war mein Wagen von schwarz gekleideten Figuren umringt. »Aussteigen! Hände aufs Autodach!«

»Was ist denn los?« Die Frage hätte ich mir sparen können.

»Wir stellen die Fragen.« Diese Antwort kannte ich aus der Zeit, als ich selbst noch zur Truppe gehörte.

»BKA, LKA, SEK?« Das rutschte mir dann doch noch so raus, wahrscheinlich weil ich mich vor Marie aufspielen wollte.

»Klappe!« Sie waren nicht nur schwarz gekleidet, sondern auch äußerst einsilbig. Und einer pfiff bedeutungsvoll durch die Zähne, als er beim Abtasten auf mein Messer stieß, dass ich, um nicht ganz wehrlos zu sein, mit einem Klettverschluss am Unterschenkel trug.

Als sie mich in einen Streifenwagen stecken wollten, tauchte jemand auf, den ich normalerweise nicht gern sah.

»Ich kenn den Mann«, sagte Hauptkommissar Tepas vom Duisburger KK 11, »Elmar Mogge, einst Kollege, jetzt Privatdetektiv, es genügt, wenn er sich morgen in meinem Büro meldet.«

»Und die da?«, wollte der Anführer der Schwarzgeklei-deten wissen.

»Frau Marie Laflör ist mir ebenfalls bekannt.« Genuss-voll wie ein Kater, der gerade ein Mäuschen verspeist hat, rieb er sich den grauen Schnauzbart und erklärte, warum es zu dem Einsatz gekommen war. Er tat es aus zwei Grün-den. Zum einen, um mich vor meiner Begleiterin zu de-mütigen, zum anderen wollte er mir seine Überlegenheit vorführen. »Jaha, Herr Privatdetektiv, hat sich so einiges verändert, seit Sie die Brocken hingeworfen haben. Auch technisch gesehen.«

Ob großer oder kleiner Lauschangriff oder doch die neue Online-Durchsuchung, jedenfalls hatten die Polizei-beamten von dem beabsichtigten Treffen zwischen Rainer Laflör und irgendeiner rechtsgerichteten Gruppe erfahren und sich im Landschaftspark postiert. Da Laflör ihnen entwischt war, hatten sie mich aufs Korn genommen.

»Wieso?«, wollte ich wissen.

»Weil ich meine Pension darauf verwette, dass Sie et-was mit dieser Sache zu tun haben.« Tepas grinste. »Oder war das, was Sie veranstaltet haben, ein privater Ausflug mit Frau Laflör?«

Zu dem Zeitpunkt wusste ich das selbst nicht.

Privat oder nicht privat, das fragte ich mich auch spä-ter noch, als ich zu mir nach Hause fuhr. Ich hatte Marie bis zu ihrer Haustür begleitet und gehofft, dass sie mich noch zu einem Glas Tee einladen würde, doch der Abschied war recht kühl ausgefallen. Vielleicht besser so.

In meinem Büro, das auch gleichzeitig meine Wohnung ist, stellte ich mich eine Weile ans Fenster und blickte in den Himmel, an dem die Laserfinger des Delta Musik Parks ihre Spuren hinterließen. Drinnen in den zirkusähnlichen Disko-Zelten tanzten Go-Go-Mädchen in Käfigen. Ja, so ist das, dachte ich, nur einen Steinwurf entfernt vom alten

Eisenwerk trifft sich das Partyvölkchen. Die alte Industriekultur ist tot, doch das Revier lebt. Was gibt's da zu nörgeln, Elmar? Geh lieber an die Arbeit!

Ich setzte mich an den Schreibtisch und lud die Fotos auf meinen Rechner.

Die ersten Aufnahmen, die von Laflör in den Gebläsehallen, gaben nichts her. Ich hatte sie ja auch nur gemacht, um Marie zu zeigen, dass ich mich bemühte. Dann kamen Fotos, die ich von Laflör im Park geschossen hatte, ebenfalls uninteressant. Das heißt bis auf die letzten drei.

Das erste zeigte Laflör mit den beiden Männern, die Taschenlampen mit sich führten, was sie eigentlich nicht verdächtig machte, wenn man eine Nachtwanderung vorhat. Eigentlich. Aber es gab ja noch das vorletzte Bild, das ich unmittelbar danach aufgenommen hatte, und das zeigte, dass einer der beiden Männer eine Tasche trug und dass er seine Lampe hatte aufblinken lassen, so wie es Autofahrer machen, wenn sie einem Markengefährten begegnen. Die Tasche, die blinkende Lampe – Menschen, die Verschwörungstheorien anhängen, sehen in allen möglichen Zufälligkeiten handfeste Beweise. Ich gehöre nicht zu denjenigen, die beim Kennedymord nach dem zweiten Schützen suchen oder die Mondlandung anzweifeln.

Andererseits kam mir der dumpfe Aufprall in den Sinn, den ich Minuten nach der Begegnung zwischen Laflör und den beiden Männern gehört hatte. Natürlich war es kein übergroßer Apfel, womöglich aber ein dicker Stein gewesen. Oder jemand hatte von dem Bunkersteg etwas in die Schächte geworfen. Mehr als zehn Meter ging es da runter. Die Papprolle mit den Nazi-Gemälden? Nein, zu leicht für das Geräusch.

Die letzte Aufnahme zeigte, wie Laflör hinter den Spaziergängern in den Weg zu den ehemaligen Erz- und Koksbunkern einbog. Und das war unmittelbar vor dem Aufprall gewesen. Ich schaute mir die Männer auf den

Fotos genauer an. Es gibt keine Verbrechervisagen, und Rechtsradikale, die Springerstiefel tragen, sieht man hauptsächlich im Fernsehen. Versteckte Waffen? Ich vergrößerte die Fotos, bis sie nur noch aus Klötzchen bestanden und mir die Augen brannten.

Dann fuhr ich den Rechner herunter und legte mich ins Bett.

Nach einer Weile hörte ich Kinderstimmen: Ein, zwei, drei, vier Eckstein, alles muss versteckt sein, hinter mir und vorder mir güldet nich! Ein, zwei, drei, ich komme!

Güldet nich? Sagt man das?, wollte ich die Kleinen fragen, doch da waren sie schon hinter den riesigen Betonkegeln verschwunden und zielten mit Pistolen auf mich, zum Glück waren es nur Wasserpistolen. Doch richtig ärgerlich wurde es, als ich sah, was zwei junge Burschen mit einer Katze anstellten. Sie hatten dem Tier einen Strick um den Hals gebunden und zerrten es zu einer Feuerstelle. Die Katze zappelte an dem Seil wie ein Fisch an der Angel. Ich griff zu meinem Messer, um den Strick zu durchschneiden, der an meinen Füßen vorbeilief. Es klappte nicht, die Katze schrie und fauchte, sprang hoch und kam dabei meinem Gesicht immer näher; ich versuchte sie abzuschütteln, weil mir plötzlich bewusst wurde, dass dieser Trick half, um aus einem Albtraum zu erwachen . . .

Ich gab mir einen Ruck, und gleich darauf hörte ich mein Telefon schrillen, ähnlich laut wie die Katze in meinem Traum. Durchs geöffnete Fenster drang das Kreischen der Straßenbahn. Frühschicht. Es war noch stockdunkel. Ich räusperte mich, dann hob ich den Hörer ab.

Es war Marie. Diesmal war meine freudige Erregung nicht ganz so groß.

»Wo brennt es?«

»Rainer ist nicht nach Hause gekommen. Ich kann ihn auch nicht auf seinem Handy erreichen.«

Sie sprach noch von weiblicher Intuition und dass sie Angst habe, weil sie in Rainers elektronischem Postfach eine weitere Nachricht vorgefunden habe.

»Die lautet wie?«

»Wir kriegen dich.«

»Ein Fall für die Polizei.«

»Die wird sagen, dass solche Mails heutzutage die Postfächer füllen. Ich habe keine Lust, mich mit einer Vermisstenmeldung lächerlich zu machen. Ich sehe schon die Gesichter der Beamten, wenn sie ihre Fragen stellen.« Sie bemühte sich, den polizeilichen Ton zu treffen: »Frau Laflör, bleibt Ihr Mann öfters über Nacht weg? Hat er eine Geliebte? Wie läuft es in Ihrer ehelichen Beziehung, Frau Laflör?«

Letzteres hätte ich auch gern gewusst, erwähnte aber nur, dass man mit Vermisstenanzeigen sowieso etwas warten müsse.

Eine Weile war die Leitung still. Dann hörte ich leises Schnaufen. »Elmar?«

»Ja?«

»Ich fühl mich so allein.«

Weiß der Teufel warum, aber statt sie, meine ehemalige Geliebte, nun zu trösten und ihr anzubieten, zu mir zu kommen, fragte ich: »Allein? Und dein Sohn?«

»Der ist in Australien, Schüleraustausch.«

»Und als Abschiedsgeschenk hat er dir Papas Passwort gegeben?«

»Danke für deine Hilfe!« Sie legte auf.

Ich hatte es ja geahnt, die Sache schmeckte mir immer weniger.

Der Morgen hatte schlecht angefangen und schlecht ging der Tag weiter. Das Treffen mit Kommissar Tepas verlief so, wie ich es erwartet hatte. Ab wann ich im Landschaftspark gewesen wäre, wollte er wissen, was ich dort gemacht hätte, das Übliche. Ich hielt mich an die Tatsachen, so weit sie überprüfbar waren.

»Ein privater Ausflug mit Frau Laflör, ich wollte mir die Ausstellung ansehen. Wären Sie und Ihre Helfer nicht dazwischengekommen, wer weiß, vielleicht hätten wir uns auch noch was anderes einfallen lassen.«

Aus rein sportlichen Gründen begann ich, meinen Lieblingsfeind ein wenig hochzunehmen. Worauf er aber nicht mehr reagieren konnte, weil sein Telefon klingelte und meinen Redestrom unterbrach. Es musste wichtig sein. Denn Tepas gab mir mit einer Handbewegung zu verstehen, dass ich sein Dienstzimmer verlassen sollte.

Ich ließ mir Zeit und konnte hören: ». . . hm, klar . . . Erzbunker . . . nein, die brauchen wir dort nicht . . . bin schon unterwegs, hm, klar, hm . . .«

Es hatte in der Vergangenheit Fälle gegeben, in denen ich, gescholtener Schnüffler, Kommissar Tepas, wenn auch unfreiwillig, auf eine Spur gebracht hatte. Heute war es andersherum.

Als er das Präsidium an der Düsseldorfer Straße verließ, fuhr ich ihm nach. In größerem Abstand, denn wohin er fuhr, das war mir klar.

Auf der Fahrt nach Meiderich, gingen mir Tepas' Fragen durch den Kopf. Eine war gewesen, warum Frau Laflör, während ich die Ausstellung besucht hatte, im geparkten Wagen geblieben wäre. Beiläufig, fast ein wenig zu beiläufig, hatte er die Frage gestellt. Keine dumme Frage, dachte ich und stellte meinen Wagen ab.

Als ich mich von der Grünanlage her den Kletterwänden näherte, sah ich die Menschentraube. Tepas und seine Kollegen standen auf dem Bunkersteg, Arbeiter in Leuchtwesten, ein paar Männer, die ich zur Parkleitung rechnete und, in einiger Entfernung, auch Schaulustige, die in diesem Augenblick von Polizisten in Uniform abgedrängt wurden.

Ich mischte mich unter einen Pulk von Jugendlichen, die ihrem Aussehen nach vom Skaterplatz herüber gekommen waren.

»Sag ich doch, Markus hat ihn entdeckt und sofort die Bullen angerufen, und dann . . .«

»Nee, zuerst hat er mich angesimst«. Er zückte sein Handy und las vor: »Lei-che ge-fun-den.«

Ich schaffte es noch, Näheres herauszufinden, dann fuhr ich nach Walsum.

»Sag mal, Marie, während ich deinen Mann beschattet habe, bist du da eigentlich die ganze Zeit in meinem Wagen geblieben?« Wir saßen in der Küche und tranken Tee.

»Wieso fragst du, Elmar?«

»Nun ja, es kann sein, dass die Polizei demnächst hier auftaucht und dir genau diese Frage stellt. Ich war heute im Revier. Der Kommissar ist ein misstrauischer Hund.«

»Ich werde ihm sagen, dass du Fotos machen wolltest, ich aber im Wagen blieb, weil mir nicht gut war. Zufrieden?«

»Ja. Wenn's denn so stimmt. Ich meine, nachprüfbar. Ich möchte nur sichergehen, dass sich unsere Aussagen decken.«

»Ich dachte, wir sind Freunde.«

Das Wort Freunde hörte ich aus Maries Mund nicht so gern, denn es bedeutet das Ende von etwas anderem, das mir immer noch in den Knochen steckte. Vieles hatte sich seitdem verändert. Ein paar Sorgenfalten in Maries Stirn, ihr voller schöner Mund hatte ein paar Kerben bekommen. Ich wollte fragen, was aus dem kleinen Hund Mecki geworden war, ließ es dann aber.

Stattdessen überlegte ich, wie ich ihr schonend beibringen konnte, was ich inzwischen erfahren hatte. Ein Junge, der in den Kletterwänden trainierte, hatte auf dem Boden des Erzlagerbunkers zwischen Steinen und Sträuchern etwas Helles entdeckte, das wie eine Hand aussah. Zunächst dachte er, dass es sich um eine Puppe oder Ähnliches handele. Neugierig geworden, ließ er sich mit Hilfe

seiner Freunde in den Schacht hinunter, wo er einen Toten entdeckte.

»Anschließend alarmierte er die Polizei«, schloss ich
meinen Bericht.

»Doch nicht etwa . . . ?« Es war keine Frage, sondern ein
Schrei. Panik in Maries Augen, ihre Hände begannen zu
zittern. Das konnte nicht geschauspielert sein, ich schämte mich dafür, dass ich sie verdächtigt hatte. Denn bei
meinen Recherchen war mir zu Ohren gekommen, dass
die Ehe der Laflörs, wie es so schön hieß, zerrüttet sei.

»Nein, nicht Rainer. Ein bislang unbekannter Mann.«

»Wie, was? Ist er gestürzt? Erzähl schon!«

»Das Opfer hat Verletzungen am Kopf, die vom Sturz
herrühren können.« Ich trank einen Schluck. Was ich herausbekommen hatte, war nicht viel: Ein Mann mittleren
Alters, eher schmächtig, keine Papiere, der Zeitpunkt des
Todes lag innerhalb der letzten vierundzwanzig Stunden.

Marie saß nur da, sagte nichts. Um die Stille zu unterbrechen, schlug ich vor: »Ich könnte auf meine alten Beziehungen zurückgreifen und Rainers Wagen suchen lassen, während ich nach ihm selbst Ausschau halte.«

Am anderen Morgen begann ich mit den Recherchen.
Marie hatte mir ein paar Anhaltspunkte gegeben.

Die ,Sonne' war eine einstige Arbeiterkneipe, die jetzt
auf Kulturtreff machte. Dienstags Flamenco, mittwochs
Computerclub, donnerstags irische Folkmusic, freitags war
Leseabend, samstags wurde ohne kulturellen Vorwand
gesoffen. Ich vermisste in der Liste, die ich auf dem Tresen fand, eine Versammlung des örtlichen Taubenzucht-
vereins, entdeckte jedoch an einem Tisch nahe dem Eingang zum Veranstaltungsraum ein ehemaliges Mitglied.

Ich ging zu ihm.

»Was macht die Reisevereinigung Heimattreu?«, fragte
ich Kallmeyer, den ich von einem früheren Fall her kann-

te. Damals war er Vereinsvorsitzender gewesen. Ganz bewusst, um mich als Taubenfreund zu zeigen, hatte ich den Fachausdruck Reisevereinigung gewählt.

Er guckte nur verdrießlich, ließ sich dann aber doch zu einer Erklärung herab. »Unser Verein hat sich praktisch aufgelöst. Einige Mitglieder sind weggezogen, andere sitzen in Internetcafés und spielen Taubenrennen jetzt online.«

Als ich wissen wollte, wie es zu dem Mitgliederschwund gekommen war, ließ Kallmeyer eine Menge Dampf ab. »Da war doch die Sache mit dem Rainer Laflör, dem Sportsfreund, der nicht verlieren konnte. Wenn sein bester Vogel bei Wettflügen zu spät nach Hause kam, dann hat er den abgeschossen, peng!, und hinterher andere beschuldigt.« Er leerte sein Bierglas. »Ach, was erklär ich da, Mensch, du kennt den Typ doch, hast doch damals wegen der Taubenmorde bei uns rumgeschnüffelt.«

»Ist ein paar Jährchen her. Ich wüsste gern, was Laflör jetzt so macht.«

„Bis zur Kurzem noch hat er andrer Leute Geld verzockt. Ja, die Jungs waren so blöd und haben ihm vertraut. Laflör ist ein Dreckskerl, dem ich die Pest an den Hals wünsche. Mir tut nur seine arme Frau leid, die Marie, lecker Fräuken, was die durchmachen muss mit dem. Der feine René La Fleur, so nannte er sich auf den Visitenkarten, war ja auch hinter allen Weibern her. Schon deswegen dürfte der eine oder andere Rochus auf ihn haben.«

Ich fragte Kallmeyer, ob er selbst auch Geld bei Laflör angelegt habe.

»Nee, seh ich so blöd aus?« War natürlich nicht als Frage gemeint. Er sah mich grimmig an. Der Wirt brachte ihm ein Bier und als er wegging, sagte Kallmeyer: »Frag ihn mal. Aber tu's besser nach Feierabend, Sportsfreund.«

Ein guter Tipp.

»Und sonst?«, fragte ich, um das Gespräch in Gang zu halten.

»Was soll schon sein? Ist doch alles Mist.«

Da hatte er auch wieder recht.

Der Wirt hieß Siggi. Als ich ihm bestätigte, was Kallmeyer ihm sicher sowieso schon gesteckt hatte, sagte er: »Dann machen Sie dem Kerl mal richtig Feuer unterm Arsch.« Ganz sicher ging er davon aus, dass ich im Auftrag von geprellten Anlegern gegen Laflör ermittelte.

»Können, erst mal können.«

»Der Hundesohn ist ja auch flüchtiger als russisches Erdgas.« Wie Siggi das betonte, klang da eine gehörige Portion Anerkennung mit. Vielleicht wollte er damit auch nur unterstreichen, dass er nicht einem beliebigen Betrüger auf den Leim gegangen war.

Die beiden hatten sich in Siggis Kneipe kennengelernt. Laflör hatte dem Wirt von seinen Kurzfristgeschäften an den Rohstoffbörsen und den damit verbundenen traumhaften Renditen erzählt. Der Wirt hatte ein paar Beträge riskiert und die versprochenen Zinserträge wenig später prompt auf seinem Konto vorgefunden.

»Einige meiner Kunden stiegen darauf hin mit Geld ein, das sie vom Sparbuch abgehoben hatten. Ich selbst überwies in zwei Schritten jeweils 90.000 Euro, die ich fürs Alter zurückgelegt hatte.«

»Hm« Mehr war als Aufmunterung nicht nötig.

Siggi war in seinem Element. »Anfangs lief alles bestens. Ich konnte, wie gesagt, satte Gewinne einstreichen – bis die Zahlungen plötzlich ausblieben. Laflör sprach von einer momentanen Krise. Später überwies er mir und anderen Anlegern kleinere Summen, doch als der Börsenkrach richtig losging und wir unsere Einlagen zurückforderten, rückte er mit der Wahrheit raus. Wir müssten warten. Geld würde erst später wieder fließen.«

»Tja.«

»Nix tja, im Prinzip ist das System gut gemacht und im

gewissen Sinne bewundere ich den Kerl. Vielleicht treibt er ja tatsächlich irgendwo wieder Geld auf, das Talent dazu hat er. Zuletzt erwähnte er eine Goldmine, eine riesige Abraumhalde in Russland, die man mit modernen Methoden profitabel aufarbeiten könne.«

Da hatten wir es mal wieder. Anleger mögen es, wenn ihnen die exotischen Empfehlungen mit guten Geschichten schmackhaft gemacht werden. Gern vertrauen sie jemandem, der sichtbar Erfolg hat, aber nicht abgehoben lebt. Laflör fuhr in jenen Tagen, wie ich hörte, einen VW Touareg, solide und nicht zu teuer; er trug Anzüge von Boss, teuer, aber nicht zu extravagant. Dazu ein gewisser Charme und alles passte.

Bei der Story von der russischen Goldmine hatte Laflör womöglich an die Nazi-Porträts gedacht. Auch vermutete ich, dass er nie mit Rohstoffderivaten gehandelt hatte, sondern ein Schneeballsystem aufgebaut hatte und dass all das Geld, abgesehen von den Ausschüttungen, die als Köder dienten, in Laflörs eigene Tasche geflossen war.

»Also warten«, nahm ich den Gesprächsfaden wieder auf. Ich wollte etwas Druck unter dem Kessel machen.

»Na ja, ein paar meiner Bekannten, Namen möchte ich nicht nennen, wollten sich Laflör schon zur Brust nehmen. Aber da ist seine nette Frau und der 14-jährige Sohn, die können ja nichts dafür.«

Schon wieder jemand, der Marie, meine neue Klientin, nett fand.

Wildes Klopfen ertönte. Ein später Kunde, der noch Licht in der ‚Sonne' gesehen hatte, verlangte nach einem Bier.

Ich nahm es als Anlass für meinen Aufbruch.

Siggi öffnete die Tür, er ließ mich raus und den durstigen Gast rein. Er schien ein weiches Herz zu haben und recht gutgläubig zu sein. Wirt einer Kulturkneipe, eben.

Gutgläubigkeit und Faszination für ein betrügerisches System schließen Hass aber nicht aus. Dass Laflör untergetaucht war, wunderte mich nach dem, was ich erfahren

hatte, keineswegs. Ich wäre nicht einmal sonderlich überrascht, wenn die betrogenen Anleger ihm entweder bereits
einen Denkzettel verpasst hatten oder das noch vorhatten.
Höchste Zeit, dass ich Rainer Laflör fand.

Es ging schneller als gedacht. Der Hinweis kam von ehemaligen Kollegen, die Laflörs Wagen vor einem Restaurant
nahe dem Botanischen Garten am Kaiserberg gesehen
hatten, ganz normal geparkt. Wenig später stellte ich meinen Passat Kombi neben dem VW Touareg ab und betrat
das Lokal. Für Heimlichkeiten sah ich keinen Anlass.

Als ich das Restaurant betrat, grinste Rainer Laflör, der
einen Fensterplatz eingenommen hatte, mir fast freund-
schaftlich zu. Ich nahm am Nebentisch Platz. Das Lokal,
edel eingerichtet und auf einer Anhöhe gelegen, war gut
besucht. Das mochte an den Speisen oder am schönen
Herbstwetter liegen. Die Bedienung, lange Schürze, knap-
pe Verbeugung, kam an meinen Tisch. Fest entschlossen,
heute richtig Spesen zu machen, bestellte ich die große
Fischplatte mit Meeresgetier, das vor wenigen Stunden,
wie mir der Kellner versicherte, noch im Mittelmeer ge-
schwommen, gekrabbelt oder an einem Felsen gehaftet
habe.

Ich beschäftigte mich gerade mit einer Jakobsmuschel,
als die Eingangstür aufgerissen wurde. Zwei Männer, aus-
staffiert mit wattierten Jacken und Skimasken, traten in
die Mitte des Raums, schoben den Kellner beiseite und
sagten: »Personalwechsel, wir kassieren jetzt. Ruhe bitte!«

Tatsächlich wurde es still, sehr still sogar. Bis auf kleine
Ausrufe des Erstaunens und solche Geräusche, die durch
das vorsichtige Ablegen des Bestecks verursacht wurden;
auch blieb dem einen oder anderen der Gäste, je nach vor-
angegangener Tätigkeit, das Lachen, der Bissen oder der
angefangene Satz im Hals stecken.

Einer der Maskierten hielt eine Pistole in der Hand, kleines Kaliber, sah fast aus wie ein Spielzeug; sein Partner

bewegte sich auf den ersten Platz am Fenster zu und hielt der Frau, die dort mit einem grauhaarigen Mittfünfziger saß, einen Jutebeutel unter die Nase: »Geld. Schmuck. Schnell!«

Drei Worte braucht ein Mann, ging mir ein abgewandelter Werbespruch durch den Kopf und parallel dazu die Frage, was wird wohl passieren, wenn der Gangster den nächsten Tisch abkassiert, denn dort saß Laflör, mit entspannter Miene, die Linke am langstieligen Weinglas, die Rechte unterhalb der weißen Tischdecke auf dem Oberschenkel.

Ich rätselte noch darüber, als sich Laflörs rechte Hand, die etwas silbrig Glänzendes hielt, bereits über die Tischkante schob. Der Typ mit der Pistole reagierte sofort, der Schuss traf Laflör in die Schulter. Er stürzte vom Stuhl. Ein Tablett fiel krachend zu Boden. Ich sah den Kellner hinter der Küchentür verschwinden. Einige der Gäste schrien, andere hielten die Luft an, um nicht die Aufmerksamkeit der Gangster auf sich zu lenken, die nun im Krebsgang in Richtung Ausgang schritten. Irgendjemand musste Alarm geschlagen haben, ein Wagen mit Martinshorn näherte sich.

Kaum hatten die Gangster die Tür erreicht, machte ich einen Sprung hin zu Laflör. Sein Gesicht war verzerrt, Schmerzen ja, aber keine lebensbedrohende Verletzung. Das Rote auf dem Tischtuch war kein Blut, sondern Wein, das Silbrige in seiner Faust, der Auslöser für den Schuss, war keine Waffe, wie die Gangster wohl geglaubt hatten, sondern ein Schlüssel. Ich legte eine Hand auf den Schlüssel und ließ ihn, bevor es zu einem wüsten Gedränge kam und alle durcheinander redeten, in meiner Sakkotasche verschwinden.

Bis zum Eintreffen der Polizei vergingen nur wenige Minuten, und danach noch eine halbe Stunde, bis ich mich in meinen Wagen setzen konnte. Zeit zum Durchatmen. Zum Nachdenken.

Laflör hatte keine Angst gezeigt. Warum aber war er der Aufforderung der Gangster nicht nachgekommen, seine Brieftasche oder was auch immer abzuliefern? Kein vernünftiger Mensch riskiert sein Leben für irgendeinen Geldbetrag. Und dann diese entspannte Miene, als sei er seit Langem auf solch eine Situation vorbereitet. Genau, das war es! Laflör hatte gar nichts riskiert, im Gegenteil, ihm muss klar gewesen sein, dass es kein Raubüberfall war, sondern dass die Räuber es auf ihn abgesehen hatten.

Hier nehmt den Schlüssel, wird er gedacht haben, aber lasst mich am Leben. Nein, kein Missverständnis! Nein, keine stümperhaften Räuber. Profis! Ein fingierter Überfall. Den Maskierten ging es gar nicht um die Beute, sie wollten Laflör eine Lektion erteilen. Ein Warnschuss, eine Strafaktion.

Ich besah mir den Schlüssel mit der eingestanzten Nummer, er konnte zu einem Bahnhofsschließfach passen. Anlasser, erster Gang. An zuckenden Blaulichtern vorbei lenkte ich meinen Kombi in Richtung Mülheimer Straße.

Meinen ersten Versuch wollte ich, was nahe lag, am Duisburger Hauptbahnhof machen. Das Schließfach mit der Nummer hatte ich schnell gefunden, es war eines der großen zu ebener Erde. Ich holte den Schlüssel aus meiner Sakkotasche, vermied es mich umzusehen, und steckte ihn ins Schloss. Er passte.

Ich bückte mich, zog eine Papprolle ans Licht, wie ich sie mehrfach bei der Ausstellung im Landschaftspark gesehen hatte, klemmte sie mir unter den Arm und ging in Richtung Ostausgang, wo mein Wagen stand.

Auf halbem Weg zum Ausgang bestellte ich beim Imbiss ,Schlemmerpfanne' eine Linsensuppe; der Überfall hatte mein Abendessen unterbrochen. Sollte mich jemand bei den Schließfächern beobachtet haben und mir gefolgt sein, dann würde er jetzt auf mich warten.

Während ich die Suppe löffelte, beobachtete ich, wer sich nahe dem Imbiss an den Ständen mit Lederwaren und Handyzubehör aufhielt. Ein Auge hatte ich auch auf jene Leute, die ins Schaufenster der Bahnhofsbuchhandlung stierten oder sich ungewöhnlich lange vor den Fahrplänen aufhielten.

Die Linsensuppe war in Ordnung. Was mir immer noch nicht schmeckte, war die ganze Sache mit den Nazi-Gemälden, denn dass sie in der Papprolle steckten, davon ging ich aus.

Ebenfalls ging ich davon aus, dass Laflör bereits kassiert hatte. War damit alles klar? Nein, überhaupt nicht!

Wo war das Geld?

Vielleicht wusste Marie das. Es musste schnell gehen. Dennoch fuhr ich auf dem Heimweg ein paar Umwege und parkte meinen Wagen, für den Fall, dass mir doch jemand gefolgt war, in einer Nebenstraße. Ich schnappte mir die Bilder und legte die restliche Strecke zu Fuß zurück.

In meinem Büro wählte ich Maries Nummer und fragte, ob sich die Polizei bei ihr gemeldet habe.

»Nein, was ist los?«

Ich schilderte ihr zunächst den Überfall und danach, was mit ihrem Mann passiert war. Das Thema Geld fand ich in dieser Situation nun doch unpassend.

»Ist Rainer schwer verletzt? Und warum hat man auf ihn geschossen?«

»Soweit ich es beurteilen konnte, ist es nur eine leichte Verletzung an der Schulter.« Die Sache mit dem Schlüssel und meinen Verdacht, dass es sich um einen Racheakt von Laflörs betrogenen Internetfreunden handelte, ließ ich weg.

»Wo ist er jetzt?«

»Klinikum Wedau.« Das hatte ich inzwischen durch einen Anruf bei der WAZ von Tom Becker erfahren, der einen guten Draht zur Polizei hatte. Ich nannte Marie Adresse und Telefonnummer der Klinik und bat sie, mich nach dem Krankenbesuch anzurufen.

Dann aber, das nahm ich mir fest vor, musste über das Geld gesprochen werden, das allem Anschein nach bei der Verabredung im Industriepark geflossen war.

Kaum hatte ich aufgelegt, meldete sich der Summer meiner Wohnungstür. Das kommt abends nicht allzu oft vor, hin und wieder aber doch. Mein Büro liegt im ersten Stock, unter mir befindet sich eine Tanzschule, die Schüler vertun sich schon mal.

Ich sprach in den Hörer des Türöffners: »Ja?«

Der Mann hatte eine sanfte Stimme, ganz ruhig sagte er: »Herr Mogge, meine Freunde hatten vor, ihre Tür einzutreten und ihnen eine Lektion zu erteilen. Ich habe ihnen abgeraten.«

»Danke. Worum geht es denn?«

»Sie haben etwas, was uns gehört.«

»Und das wäre?«

»Sie wissen es. Die Bilder. Und keine Tricks. Sie waren ja dabei, als jemand, der so unvorsichtig war, uns zu unterschätzen, dafür bezahlt hat. Wenn Sie nicht wollen, dass der Frau des unvorsichtigen Menschen Ähnliches passiert, dann folgen Sie unseren Anweisungen.«

»Und die wären?«

»Schauen Sie mal aus dem Fenster, dann sage ich Ihnen, wie's weitergeht – nun gehen Sie schon.«

Es gibt Stimmen, so sanft und arrogant zugleich, da möchte man sofort zuschlagen. Doch die Anspielung, Marie etwas anzutun, hatte mich beeindruckt. Ich folgte den Anweisungen und sah auf der gegenüber liegenden Straßenseite einen Kleintransporter, dessen Innenbeleuchtung auf zwei Männer fiel. Ein dritter, der draußen stand, hob die Hände, als ob er mit einem Gewehr auf mich zielte.

Eine deutliche Geste. Ich ging zurück zum Türöffner. Um Zeit zu gewinnen, sprach ich in den Hörer: »Geht in

Ordnung. Nur, ich erwarte Besuch, der jeden Augenblick . . .«

»Und meine Freunde erwarten jeden Augenblick, dass ich sie von der Leine lasse, die brennen regelrecht darauf, denn sie wollen, so ganz nebenbei, noch ihren Spaß haben mit der Frau. Herr Mogge, Sie haben genau drei Minuten Zeit, uns die Ware zu bringen. Liegt sie dann nicht auf dem Rücksitz vom Wagen, fahren wir los. In Richtung Walsum.«

Drei Minuten. Konnte ich in der Zeit Fotos von den Bildern machen? Ich holte meine Kamera, rollte die Gemälde auf dem Küchentisch aus, beschwerte sie mit Teetassen, machte die Aufnahmen, steckte die Leinwände zurück in die Papprolle, rannte die Treppe hinunter, überquerte die Straße.

Die Gesichter der Männer auf dem Rücksitz des Kleintransporters konnte ich nicht erkennen, nur die Waffen, einen Baseballschläger und eine Automatik mit Schalldämpfer, die sie demonstrativ auf ihren Knien hielten. Einer der beiden ließ das Fenster herunter, ich warf die Papprolle in den Wagen – und war, während ich mich zurückbewegte, darauf gefasst, dass mich eine Kugel traf.

Was die technischen Erneuerungen angeht, da bin ich oft skeptisch. Doch die Digitalkameras sind für Detektive ein Segen. Nachdem ich die Aufnahmen auf meinen Computer überspielt hatte, erschien auf meinem Monitor Adolf Hitler. Über der NSDAP-Uniform trug der Führer einen Mantel mit hochgestelltem Kragen. Den Kopf nach rechts gerichtet, in jener Herrscherpose, wie man sie von Buchtiteln, Kunstdrucken und abgebildetem Nazi-Kram kennt.

Es gab eine Signatur, die jedoch nicht eindeutig war. Marie hatte von einem Willi Essner, Eckner oder Exner gesprochen. Ich suchte nach einem Anzeichen, dass es sich um eine Fälschung handeln konnte, fand aber nichts. Dafür entdeckte ich auf der Rückseite, die ich ebenfalls foto-grafiert hatte, die Schrift ‚Kunstgalerie Heidelberg'. Es passte zu dem, was Marie mir über Laflörs Erbtante erzählt hatte. Dass sie Krankenschwester in einem Heidelberger Lazarett gewesen sei und dort in den letzten Kriegstagen einen hohen Offizier gepflegt habe.

Ich schaute mir auch das Göring-Gemälde an. In Galauniform der dicke Reichsmarschall, der sich Meier nennen wollte, wenn nur ein einziges feindliches Flugzeug über dem Deutschen Reich ... vor meinem geistigen Auge erschienen die Aufnahmen der zerbombten Städte, während ich auf die Porträts derjenigen blickte, die all das eingebrockt hatten ... mir wurde ganz flau im Magen.

Ich klickte die Bilder weg und trank ein Glas warme Milch.

Danach wählte ich Maries Nummer. Erfolglos. Es war spät geworden, vielleicht schlief sie schon. Einen Augenblick – ich dachte an die Typen in dem Kleintransporter – spielte ich mit dem Gedanken, zu ihr zu fahren. Aber womit sollte ich meinen nächtlichen Besuch begründen? Schließlich hinterließ ich auf ihrem Anrufbeantworter eine Nachricht. Ich machte es dringend.

Doch Marie meldete sich nicht. Weder am Morgen danach noch in den folgenden Tagen.

Endlich dann, am Nachmittag des vierten Tages, rief sie an: »Hallo, Elmar.«

Ich hatte mir Sorgen gemacht, ich war sauer, wollte das aber nicht zeigen. Ich wollte ihr erzählen, warum ich den Gangstern die Bilder übergeben hatte, fragte aber zunächst: »Wie sieht es aus, Marie?«

»Schlecht, ich hatte nicht mal die Kraft, dich anzurufen. Rainer wird wohl noch Tage, wenn nicht Wochen im Krankenhaus bleiben müssen. Doch das ist noch nicht mal alles, ach ...« Sie machte eine Pause.

»Was ist?«

»Bei meinem letzten Krankenbesuch, heute Morgen,

habe ich Rainer auf unsere finanzielle Lage angesprochen. Denn als ich gestern bei der Bank war, musste ich feststellen, dass ich keinen Zugang mehr zu Rainers Konto habe, die Bank verweigert mir glatt jede Auskunft. Mein eigenes Konto ist seit Tagen leer, der Überziehungskredit ausgeschöpft, ich weiß gar nicht, wie es weitergehen soll.«

»Gerade wollte ich darauf zu sprechen kommen.«

»Dein Honorar?«

»Ach wo! Ich wollte fragen, ob auf Rainers oder eurem gemeinsamen Konto ein höherer Betrag eingegangen ist, denn allen Anschein nach hat Rainer bei dem Treffen im Park das Geld kassiert. Die Bilder jedoch haben nicht den Besitzer gewechselt, entweder weil die Übergabe durch den Sturz des Mannes, den man später tot gefunden hat, gestört wurde oder weil Rainer seine Geschäftspartner von vornherein prellen wollte.« Wie er es ja auch mit seinen Anlagekunden getan hat, ging es mir durch den Kopf.

»Betrag eingegangen?«, wiederholte Marie mit einem scharfen Unterton in ihrer sonst so angenehmen Stimme. »Gemeinsames Konto? Das ich nicht lache! Rainer lässt mich allein in dem Schlamassel, gestern stand ein Mann vor der Tür, der fragte, ob das Haus zu verkaufen sei. Ach, Elmar, ich weiß nicht mehr ein noch aus.«

Es brach mir fast das Herz, sie so in Nöten zu sehen, diesmal wollte ich richtig reagieren. »Willst du zu mir kommen?«

»Falls du mich nicht aus Mitleid einlädst, ja.«

Ich hatte mich innerlich auf eine Marie eingestellt, die ich trösten müsse. Es kam ganz anders. Unternehmungslustig sah sie aus, breites Lächeln, langer schwarzer Wollrock, dazu Stiefel und Rollkragenpulli, unterm Arm trug sie eine in Packpapier eingewickelte Flasche. »Weil du ja nie was zu trinken im Haus hast.«

»Na ja, Kakao, Malzbier . . . Milch.« Das Wort Milch hatte

ich mit kleiner Verzögerung angehängt, prompt reagierte sie mit einem noch breiteren Lächeln. Bei verschlabberter Milch, die ihr über den Hals lief, waren wir uns näher gekommen. Damals, vor einer Ewigkeit.

»Stell sie in den Kühlschrank.« Sie reichte mir die Sektflasche, dann stolzierte sie durch meine Wohnung. »Viel hat sich ja bei dir nicht geändert.« Dann, beim Blick in die Küche, fragte sie so über die Schulter: »Keine Frau, keine Freundin, keine Geliebte?«

Sie ging ziemlich forsch ran. Doch aus Erfahrung mit depressiven Menschen und mit Klienten, die unter Druck stehen, wusste ich, wie schnell deren aufgeräumte Stimmung in Schwermut umschlagen konnte.

Marie setzte sich mir gegenüber an den Küchentisch, stützte ihr Kinn in die Hände, sah mir in die Augen und sagte: »Eben bei dem Wort Milch hast du deinen speziellen Blick bekommen. Ja, ich denke auch oft daran.« Sie machte eine übertriebene Geste, als müsste sie etwas abschütteln. »Sag mal, Elmar, würdest du mir je bewusst weh tun?«

»Nein, niemals.«

»Schön, ich will dir einen Traum erzählen, der mich seit einigen Nächten verfolgt. In diesem Traum gehe ich durch den Landschaftspark, eigentlich ist es mehr ein Schweben, denn ich sehe die Dinge unter mir. Plötzlich steht da auf dem Gang über den Kletterwänden eine Gestalt, die mit einem Gewehr auf einen Mann zielt, der am Fuß der Mauer steht. Ohne ihn richtig zu erkennen weiß ich, dass der Mann, auf den gezielt wird und der mit einem zweiten Mann spricht, Rainer ist. Ich springe oder fliege hinunter zu dem Mann mit dem Gewehr, der mich, als ich auf ihn zufliege, mit einer Taschenlampe blendet. Wir kämpfen, aber es ist fast ein Ballett wie in den japanischen Schwertkämpferfilmen – und die Gestalt stürzt in den Schacht. Ich schaue hinunter, sehe eine Taschenlampe blinken, aber mir kommt es vor, als ob es die Atembewegungen der Gestalt wären.«

Bei dem Wort Taschenlampe lief mir ein Schauder über den Rücken. Bis dahin war es nur ein Traum gewesen, der sich im Wesentlichen mit dem deckte, was ich Marie von dem Leichenfund im Erzlagerbunker berichtet hatte. Dass man bei dem Toten eine große Stablampe gefunden hatte, das jedoch hatte ich nicht erwähnt. Verschwiegen hatte ich auch die Waffe, zwar kein Gewehr, aber eine schwere Pistole mit langem Lauf und aufgeschraubtem Schalldämpfer.

»Ein Traum, Marie, ein böser Traum.«

»Aber ich komme davon nicht los. Manchmal endet er damit, dass ich trotz großer Anstrengungen nicht mehr fliegen kann und schließlich abstürze.«

»Ich werde dich halten.« Ich streckte über den Tisch hinweg die Arme nach ihr aus.

Sie kam zu mir, doch als ich sie auf meinen Schoß ziehen wollte, sagte sie: »Komm, wir trinken einen Schluck, der Sekt müsste jetzt kalt sein.«

Ich sagte ihr, dass sich in den Jahren nichts geändert hätte.

»Immer noch keinen Alkohol?«

Ich nickte.

»Und das andere ist auch geblieben, ich meine, dass du mich . . . ?«

Ich legte ihr die Hand auf den Mund. »Ja, das auch.«

Nach dem ersten Schluck Sekt wurde sie regelrecht übermütig. Nach dem zweiten wollte sie wissen, wie ich meine Exfrau kennengelernt hatte. Als ich ihr sagte, dass es während einer Kunstausstellung war, sagte sie: »Ach, Elmar, ich meine kennenlernen doch im biblischen Sinne von er-ken-nen.«

Ich räusperte mich. »Das war auf dem Hochofen.«

»Nein! Du schwindelst.« Und nach einer Weile: »Würdest du mit mir dort hinfahren?«

»Jetzt? Marie, es ist gleich Mitternacht.«

»Ja, jetzt! Oder hast du Angst, dass ich dich verführe?«

Das war meine geringste Sorge. Sie zog sich ihren Mantel an, wir setzten uns in meinen Wagen und fuhren los. Während der Fahrt lehnte Marie ihren Kopf an meine Schulter, worauf ich ein lang vermisstes Gefühl der Vertrautheit verspürte, dem eine gehörige Portion Begehren – oder weniger biblisch: Geilheit – beigemischt war.

Wir fanden den Parkplatz an der Emscherstraße, abgesehen von einem Liebespaar, menschenleer. Eine Führung war allem Anschein für diese Nacht auch nicht vorgesehen, denn nirgendwo konnten wir den Schein einer Taschenlampe entdecken.

»Toll, wir sind ganz allein.« Marie ließ ihren Blick zur Spitze des Hochofens schweifen. »Dann komm!«

Ich ließ ihr den Vortritt. Ging es ihr wirklich nur darum, von dem schlimmen Traum loszukommen? »Vielleicht hilft es mir«, hatte sie während der Fahrt gesagt. »Frauen, die Angst vor Mäusen haben, schaffen sich eine Springmaus an, Frauen, die von Gefahren im Wald träumen, übernachten in Blockhütten. Bei mir ist es eben dieses alte dunkle Eisenwerk.«

Na großartig, hatte ich in dem Moment gedacht, nix Schäferstündchen, sondern Therapie.

Jetzt ging sie vor mir die Treppenstufen hoch, und mich beschäftigen ganz andere Gedanken. Ich hatte Maries Duft in der Nase und ihren Körper vor meinen Augen. Ich kam mir vor wie ein Rüde, der einer Hündin folgt und auf die Chance hofft, dass sie ihn ranlässt. Du machst dich zum Idioten, sagte die kleine Stimme. Und wenn schon! Sie ist die Klientin, sie gibt den Ton an.

Ticktack! Ticktack! Ihr Hintern bewegte sich wie ein Pendel. Weiter zur nächsten Plattform. Ab und zu blieb Marie stehen, lehnte sich ans Geländer und warf einen Blick nach unten. Als wir die Spitze erreicht hatten, griff sie nach meiner Hand, deutete mit dem Kopf zu einem der schlanken Hochkamine, denen der von Jonathan Park installierte Neonkranz eine Art Heiligenschein gab.

Sie zog mich näher an sich heran, durch ihren Mantel hindurch spürte ich ihre Wärme.

»War das die Situation mit deiner Exfrau?«, fragte sie leise. Ich rieb meine Nase in ihr Haar und hörte ihr leises Schnaufen, das mich wie früher regelrecht hypnotisierte.

Und dann spürte ich, dass in ihrer Manteltasche ein Handy vibrierte.

»Tut mir leid, Elmar. Ich hätte es ausstellen sollen. Wir kümmern uns nicht drum.«

Beim zweiten Anruf, kurz danach, rückte sie etwas von mir ab. Ich sah noch, dass sich ihr Gesicht verzerrte, bevor sie ein paar Schritte in den Schatten der stählernen Konstruktion machte.

Dann hörte ich einen Schrei.

Dann sah ich im Schein der Neonbeleuchtung etwas zu Boden stürzen.

Tagelang war ich wie gelähmt, was für niemanden gut ist, für einen Einmannbetrieb wie mich aber die Katastrophe bedeutet. Ich nahm keinen Auftrag an, verdiente kein Geld, hatte niemanden, dem ich von meinem Schicksalsschlag erzählen konnte. Sollte ich mich etwa an meine ehemaligen Kollegen wenden? Habt ihr gehört, Jungs, hörte ich sie feixen, Mogge kann seine Klientin nicht finden ... na ja, dann muss er eben mal einen Detektiv engagieren, aber einen guten.

Von wegen Klientin, ihr Scheißkerle! Sollte ich so reagieren? Sollte ich ihnen die Wahrheit entgegenschleudern, dass sie meine Geliebte war? Dass sie die Frau war, die ich einst aufgegeben, nach vielen Jahren aber wieder gefunden hatte und die ich dann, als alles gut schien, zum zweiten Mal verloren habe? Diesmal allem Anschein nach für immer. Sollte ich ihnen, den Lästermäulern, gestehen, dass ich litt wie ein Hund?

Und Marie blieb verschwunden.

Spurlos. Das heißt bis auf ihren Mantel, den ich am Morgen nach jener Nacht unterhalb des Hochofens auf dem Dach der Gießhalle gefunden hatte. Mit einer gewissen Erleichterung gefunden, denn ihren Körper hatte ich nirgendwo entdecken können. Und solange ich nichts von einem Leichenfund im Landschaftspark hörte, so lange hatte ich die Hoffnung, dass sie eines Tages wieder auftauchen würde.

Immer wieder ging ich den Ablauf des Abends durch. Und immer häufiger blieb ich bei der Suche nach Anhaltspunkten für ihr Verschwinden bei dem Traum hängen, den sie mir erzählt hatte.

Es dauerte lange, bis ich mir den Verdacht selbst eingestand: Was sie mir da erzählt hatte, das war gar kein Traum gewesen, es war die Wirklichkeit. Und wenn es so war, dann hatte ihr jemand auf dem Hochofen aufgelauert. Oder jemand hatte sie mit einem Anruf derart verschreckt, dass sie geflohen war. Geflohen vor dem Rollkommando, das den Handel mit den Bildern abwickelte? Oder doch vor Laflörs zornigen Anlegern?

Dass ein Liebhaber seine verschwundene Geliebte sucht, kommt häufig vor. Dass er sich in so einem Fall an einen Privatdetektiv wendet, ist auch nicht selten. Aber dass er mit diesem Problem zum Ehemann der Geliebten geht, das ist eher ungewöhnlich.

Ich tat es trotzdem.

»Der Patient ist schon vor Tagen entlassen worden.« Ich legte den Hörer auf und fuhr nach Walsum.

Um Rainer Laflör zu überraschen, parkte ich meinen Wagen in einem Seitenweg und ging zu Fuß weiter. Schon von Weitem bemerkte ich, dass es das frei stehende Taubenhaus nicht mehr gab. An seiner Stelle sah ich eines dieser Glashäuser, wie man sie im Baumarkt bekommt, und hinter den Scheiben eine Frau, blondes Haar, mittleres Alter . . .

Es traf mich wie ein Stromschlag. Doch dann, als ich mich dem Gewächshaus näherte, sah ich, dass es eine fremde Frau war, die nur eine gewisse Ähnlichkeit mit Marie hatte.

Ich wollte mich schon wieder umdrehen, als die Frau mich heranwinkte. »Suchen Sie jemanden?«

»Ja, ich hatte gehofft, Herrn oder Frau Laflör anzutreffen.«

»Ach, die früheren Hausbesitzer, stimmt, Laflör hießen sie, aber die haben wir gar nicht mehr kennengelernt. Wir haben den Kauf nämlich über einen Makler abgewickelt.«

»Und wo die Laflörs jetzt hin sind, wissen Sie das?«

Sie wusste es nicht, gab mir aber die Telefonnummer des Maklers.

Es wurde ein sehr kurzes Gespräch, eigentlich bestand es nur aus einem Wort: »Datenschutz!«

Es verschwinden in Deutschland jedes Jahr viele Tausend Menschen. Die meisten davon tauchen innerhalb einer Woche wieder auf. Einige werden tot aufgefunden, eine größere Anzahl bleibt verschwunden. Von Marie war mir außer der Erinnerung nur ihr Mantel beblieben. Hin und wieder nahm ich ihn in die Hand, hielt ihn an meine Nase, doch auch der Duft verschwand nach einer Zeit.

Natürlich hatte ich den Mantel schon an dem Tag, als ich ihn nach einer waghalsigen Kletterei gefunden hatte, gründlich untersucht. Auf Blutspuren, auf irgendetwas. Im besten Fall wäre ich bei der Untersuchung auf ihr Mobiltelefon gestoßen, mit allen Telefonnummern und den letzten Anrufen, die sie empfangen hatte.

Gefunden hatte ich einen Zettel mit Maries Handschrift: Obst, Nudeln, Butter, Eier. Ungewöhnlich kam mir jetzt vor, nachdem ich wusste, dass Laflörs Haus verkauft worden war, dass auf dem Zettel Geranien 5 stand und noch etwas, das sich wie eine Pflanzanleitung las: Harmonie 2 k, 3 l fest.

Es soll ja Leute geben, die vor dem Weltuntergang noch ein Apfelbäumchen pflanzen. Aber wer pflanzt noch Geranien, bevor sein Haus verkauft wird?

Ich gehöre nicht zu denjenigen, die sich ständig im Internet tummeln. Jetzt aber rief ich die Suchmaschine auf, gab das Wort Harmonie sowie ein paar weitere Begriffe ein – und drückte die Eingabetaste.

Wenig später hatte ich es sehr eilig.

Ich nahm die Achse bis zum Autokreuz Ruhrschnellweg, fuhr ein Stück am Ruhrdeich entlang, bog in die Fährstraße ein, noch mal rechts ab und dann sah ich auch schon das Schild Kleingartenverein Harmonie.

Ich stellte meinen Wagen ab, ging durch den mit Kletterrosen überwachsenen Torbogen und las die auf Schildern säuberlich geschriebenen Blumennamen. Sehr schnell fand ich den Geranienweg und auf der Parzelle 5 ein Gartenhäuschen. Es war schon fast ein Sommerhaus, umgeben von einer Hecke aus Johannisbeer- und Stachelbeersträuchern. Hinter der Hecke ein Apfelbaum, der schwer an seinen rotgelben Früchten trug. Wind zerrte an den Ästen, Nieselregen, von fleißigen Schrebergärtnern keine Spur. Neben dem Gartenhaus standen ein Bottich für organische Abfälle und ein Fass zum Auffangen des Regenwassers, am Eingang lehnten Spaten und Harke.

Ein sehr harmonisches Bild.

Die Fenster des Häuschens waren verschlossen, die Tür ebenso. Ich klopfte zweimal kurz, und dreimal lang, und zwar recht fest, so wie es auf Maries Zettel stand: Harmonie 2 k, 3 l fest

Und es wurde mir aufgetan.

»Was machen die Dahlien, Herr Laflör?«

Er hatte sich erstaunlich gut in der Gewalt. »Ah, der Schnüffler, der mir im Restaurant den Schlüssel entwendet hat und mir zuvor schon auf den Fersen war.«

»Darf ich eintreten?« Eine Antwort wartete ich nicht ab.

Der Vorteil von Gartenhäuschen ist, dass sie recht übersichtlich sind. Es gab einen Hauptraum, möbliert mit Plüschsesseln und Dingen, die man auf dem Sperrmüll findet, und einen Nebenraum, dessen Tür offen stand. Eine Liege konnte ich erkennen und eine alte Truhe mit einer Leselampe. In ihrem Schein lagen ein paar Bücher und ein schwarzer Aktenkoffer, der sicher aus jenen Tagen stammte, als Laflör noch als Finanzberater unterwegs war. Genau wie sein Anzug, der nun etwas mitgenommen aussah und auch so gar nicht zu irgendwelcher Gartenarbeit passte.

Ich deutete auf die Truhe. »Darin haben Sie das Nazi-Zeugs gefunden?«

»Wovon reden Sie?«

»Von dem Zeugs, das Sie im Bahnhofsschließfach deponiert haben. Von der Aktion, bei der ein Mann umgekommen ist. Von den Bildern, für die Sie bereits kassiert haben. Wo ist das Geld?«

Achselzucken. »Fragen Sie mal was Leichteres.«

»Wo ist Ihre Frau?«

Er grinste mich nur an.

Mir rutschte die Hand aus, einmal, zweimal, und weil er, um lässig zu wirken, seine Hände in die Hosentaschen gesteckt hatte, konnte er sich nicht einmal wehren.

Er fiel zu Boden, ich hob ihn auf und stieß ihn in den Sessel. »Wo? Ich geh hier nicht raus, bevor ich weiß, was gespielt worden ist.«

Meine erste Wut war verflogen. Fast tat er mir leid, wie er da vor mir saß, der Blender, der sich mit Gangstern einließ, obwohl er nicht das Zeug dazu hatte. Aus René La

152

Fleur, dem gewieften Betrüger, der mit Bankern am großen Rad drehen wollte und dabei kleine Leute in den Ruin
getrieben hatte, war Rainer Laflör geworden, ein Mann auf
dem Nullpunkt, der nun zu erzählen anfing. Und als er
mit seiner Vorgeschichte, die ich großen Teil schon kannte, zu Ende war und auf den Punkt kam, der mich interessierte, da musste auch ich mich erst einmal setzen.

»Ja, meine treue Ehefrau Marie, es war von Anfang ihre
Idee gewesen. Da, schauen Sie mal!« Er zeigte auf einen
Zeitungssauschnitt, den er aus seinem Aktenkoffer ge-
kramt hatte und vorzulesen begann: ». . . Duisburger Privatdetektiv findet wertvolles Gemälde, das sich jedoch als
Fälschung erweist. Das Kirchner-Bild stammte aus der
Sammlung des Bauunternehmers Stauffer, aus dessen Villa
es gestohlen worden war. Die Versicherung hatte den privaten Ermittler Elmar Mogge angeheuert . . .«
»Der Fall ist abgeschlossen«, fiel ich ihm ins Wort. »Was
soll das?«
„Diesen Artikel hat mir meine Frau gezeigt, als ich ihr
von den Nazi-Porträts aus dem Erbe meiner Großtante
erzählte und von der Schwierigkeit, solche Sachen an den
Mann zu bringen. Lass mich das mal machen, hat sie gesagt, mit Mogges Hilfe, ziehen wir das Ding durch. Wie
das geschehen ist, wissen Sie ja selber. Sie waren bei dem
Deal, ohne es zu wissen, mein Leibwächter. Das war zwar
gegen die Abmachung, doch die anderen hatten ebenfalls
ein falsches Spiel vor, sie wollten mich umbringen. Einer
der Männer hatte sich oberhalb der Bunkerwände postiert.
Zum Glück ist Marie, mit der ich per Handy in ständigem
Kontakt war, dem Killer zuvorgekommen.«
»Die Leiche im Bunkerschacht?«
»Ja, ein Stoß hatte genügt. Bei einer Frau sind selbst
Gangster unvorsichtig.«
Da hatte er recht. Laflörs Aussage, fast eine Beichte, deck-

te sich mit Maries angeblichem Traum. Doch noch fehlte etwas. »Wo ist das Geld?«

»Herr Mogge, Sie sind ein schlechter Ermittler.« Ich hob die Hand, er zuckte zusammen. »Schon gut, schon gut, was soll's. In der Verwirrung nach Maries Schubser, ich nenne es mal so, bin ich samt Geldtasche und Bilderrolle im Klettergarten verschwunden. So weit, so gut. Da ich jedoch, wie Ihnen bekannt sein dürfte, über keinerlei Vermögen verfügen darf, weil es sonst sofort an meine Anlageklienten ginge, habe ich das Geld meiner Frau gegeben, damit sie es auf ein ausländisches Konto eingezahlt.« Er verzog das Gesicht. »War übrigens auch Maries Idee. Wir wollten einen neuen Anfang wagen, im Ausland, später. Ich hielt mich hier versteckt und Marie versorgte mich mit Lebensmitteln. Wir telefonierten jeden Tag, alles lief bestens. Bis zum letzten Telefonat. Sie hatte mich angerufen und gesagt, wann ich zurückrufen sollte. Als ich es dann tat und ein wenig Druck machte, weil ich die Warterei hier leid war, sagte sie, dass alles keinen Zweck habe und dass sie müde sei. Sie klang wie jemand, der Selbstmord machen will.«

»Und?«, schrie ich. »Hat Sie sich was angetan, reden Sie oder ich sorge dafür, dass Sie wieder im Krankenhaus landen.«

»Sie hat uns beide an der Nase rumgeführt, mehr weiß ich nicht. Warum Sie? Keine Ahnung. Warum mich? Nun, ich hatte ein paar Affären, aber das liegt lang zurück.« Er räusperte sich: »Unterschätzt habe ich wohl, dass Frauen sehr nachtragend sein können.«

Sein Gesicht war noch immer von meinen Schlägen gerötet, er versuchte ein Grinsen, das ihm aber misslang. Der Mann war am Ende und er wusste es, sie würde ihn erwischen, entweder die Gangster oder seine geprellten Anleger.

Ich pflückte einen Apfel von Laflörs Baum und verließ den Kleingartenverein Harmonie.

Zu Hause legte ich mich aufs Bett und stierte an die Decke.

Es kamen Tage mit Sturm und Regen, Nächte, in denen sich Raureif auf die Dächer der Nachbarhäuser legte, und Tage, an denen wieder die Sonne schien und man im Radio prompt vom goldenen Herbst sprach, der die Zeit der Ernte symbolisiere. Doch um mich herum gab es nur Verluste und Verlierer. Dazu zählten Rainer Laflörs Anlagekunden, er selbst und nicht zuletzt auch ein Privatdetektiv, dessen ehemalige Geliebte verschwunden blieb oder sich womöglich das Leben genommen hatte.

Irgendwann, um nicht völlig untätig zu sein, warf ich meinen Computer an und schaute in mein elektronisches Postfach.

Ein Hauptgewinn im Casino wurde mir versprochen, fünfhundert Visitenkarten als sogenanntes Gratis-Geschenk, also für umsonst, wie man im Revier sagt, und Viaaagra mit drei a zum Sonderpreis. Der übliche Schrott. Und dann kam eine Nachricht, die mir das Blut in die Wangen trieb:

Lieber Elmar,

hast Du schon mal Kängurus in freier Wildbahn gesehen? Interessieren Dich der Ayers Rock, das seltsame Schnabeltier und, jetzt lach nicht, der Beutelwolf? Na dann . . .

Herzliche Grüße

Marie & Austauschschüler Sebastian

»Genial! Verfickt noch mal ist das genial!« Das rutschte mir so raus.

Eine weitere Überraschung erlebte ich, als ich mir, immer noch online, mein Bankkonto ansah. Unter dem Stichwort Honorar Nordpark war ein Betrag überwiesen worden, ein großer Betrag, viel höher als ich ihn verdient hatte. Er deckte meine Auslagen einschließlich des Schlemmeressens in dem Restaurant am Kaiserberg und er würde, ich klickte die Internetseite der Qantas Airline an, und er würde sogar für ein Flugticket nach Sydney langen.

Eine Weile überlegte ich noch, dann wusste ich, was ich Marie überreichen könnte – ihren Mantel, den sie im Industriepark verloren hatte.

Der Jaguar im Bunten Garten

Richard betrachtete die Informationen, die er zu diesem Auftrag bekommen hatte. Viel war es nicht. Der Name der Zielperson mit Adresse, Arbeitsplatz und das Datum, bis zu dem die Sache erledigt sein musste. Ein Foto der Zielperson, aus einer Zeitung, schlechte Qualität. Mönchengladbach also diesmal, warum nicht. Überall auf der Welt waren Menschen anderen Menschen im Weg. Natürlich auch in Mönchengladbach. Ein weiterer Ort, den er aufsuchte, weil jemand ihn gerufen hatte. Gerufen, um ein Problem zu lösen. Gerufen, um einen Menschen zu beseitigen, der für irgendjemanden ein Hindernis auf dem Weg zu irgendeinem Ziel darstellte. Er interessierte sich nicht für die Gründe, nicht für die Auftraggeber, nicht für die Zielpersonen. Er tat einfach seinen Job, zog weiter, erledigte den nächsten Auftrag. Er suchte im Internet eine Zugverbindung heraus, kaufte das Ticket am Fahrkartenschalter und bezahlte bar.

Unauffällige Wohngegend, dachte Richard zwei Tage später. Er ging zur Eingangstür, betrachtete Briefkästen und Klingelschilder. Die zweite Klingel von oben war die der Zielperson. Vermutlich eine der beiden Wohnungen im zweiten Stock. Auf dem rechten Balkon standen Kübelpflanzen dicht an dicht, die ersten Spitzen von Stangenbohnen waren an der seitlichen Sprossenwand zu erkennen, auf dem linken Balkon stand ein Wäscheständer. Ob die Zielperson rechts oder links wohnte, war nicht festzustellen. Balkone jedenfalls waren immer gut.

Auch der Rest stimmte ihn positiv. Keine Videoüberwachung an der Tür, noch nicht einmal eine neugierige Nachbarin, die hinter dem Erdgeschossfenster hockte und beobachtete, wer wann kam und ging. Die Zielperson schien eine normale Frau in einer normalen Mietwohnung zu sein. Kein ummauertes Grundstück, keine gesicherte Villa, schon gar kein Wachdienst. Im Wohnumfeld ergäbe sich sicher eine Möglichkeit, den Auftrag auszuführen. Die endgültige Entscheidung würde er natürlich erst treffen, wenn er die gesamten Lebensumstände der Zielperson kannte. Vorbereitung ist alles.

Also auf zum Arbeitsplatz, dem Bunten Garten. Kindischer Name. Er schaute auf dem Stadtplan nach und fand einen Park, der diese Bezeichnung trug. Am nördlichen Ende der Innenstadt, zwischen zwei Einfallstraßen und einem Friedhof. Richard hatte es nicht eilig, schlenderte durch die Innenstadt, die bis auf die nicht unerhebliche Steigung der Einkaufsstraße aussah wie tausend andere Innenstädte auch. Er trank einen Kaffee auf dem Alten Markt, auf dem Motorradfahrer ihre dicken Bikes vorführten, und ging weiter nach Norden.

Den Bunten Garten betrat er an der Vogelvoliere, blieb stehen und betrachtete die Graupapageien, die Blaustirnamazone, Wellen- und Nymphensittiche, Amsel, Drossel, Fink und Star. Ein lautes Meckern lockte ihn zum nächsten Abteil. Ein Ziegensittich blickte ihn herausfordernd an. Ihr sagt, ihr liebt die Vögel, und sperrt sie ein. Seine Lippen verzogen sich fast unmerklich zu einem verächtlichen Lächeln. Wundern konnte er sich über diese Geisteshaltung nicht mehr, dafür lebte er nun schon zu lange in diesem Land. Geliebte Hunde an der Leine, geliebtes Nackenkotelett, geliebte Schnittblumen. Der Selbstbetrug blüht und gedeiht zu jeder Jahreszeit bei jedem Wetter. Er wandte sich ab, als ein lautes »Hallo du«, ihn zurückrief. Richard blickte sich um. Kein Mensch zu sehen. Nur ein

Beo, der ihn beobachtete. »Hallo«, sagte der Vogel nochmal und legte den Kopf schief. Richard nickte ihm freundlich zu.

Er wandte sich nach rechts. Ein Teich, in dem die Zielperson ertrinken könnte, wenn sie stolperte und mit dem Kopf auf einen Stein schlug, entlockte ihm ein zufriedenes Nicken. Der Auftraggeber wünschte einen Unfalltod. Einen, der keine Fragen aufwirft, keine Ermittlungen nach sich zieht, als tragisch empfunden aber schnell vergessen wird. Die teuerste Variante im Dienstleistungsangebot, weil sie besonders geduldige und sorgfältige Planung voraussetzte. Geduld hatte er. Meist mehr als seine Auftraggeber. Bisher war er immer erfolgreich gewesen.

Vom Teich schlenderte Richard ziellos weiter, bis der laue Wind einen würzigen Duft herantrug, den er kannte. Aber es war lange her, dass er dieses Aroma wahrgenommen hatte. Auf einem anderen Kontinent, in einer anderen Zeit, er selbst ein anderer Mensch. Verwundert lenkte er seine Schritte in die Richtung, aus der der Duft kam. Tatsächlich! Auch ohne das sorgfältig beschriftete Schildchen zu lesen, das vor dem kleinen Strauch in der Erde steckte, erkannte er den Räuchersalbei sofort. Er stand wie erstarrt davor, während die Erinnerungen an das letzte Mal, als er einer Räucherzeremonie mit dieser mächtigen Pflanze beiwohnte, ihn überwältigten.

Es war der Tag, an dem sein Vater die Familie verlassen hatte. Hans-Richard Birkhoff, Anthropologe aus Tübingen, der während einer Studienreise bei ihrem Stamm gelebt und sich in die Schamanin verliebt hatte. Der seinen Urlaub beendete, unter Tränen Abschied nahm und vier Monate später wiederkehrte, um für immer zu bleiben. Der die Schamanin schwängerte und dem gemeinsamen Sohn seinen Namen gab: Richard Birkhoff. Natürlich akzeptierte er auch den Stammesnamen, den das Kind aus offensichtlichen Gründen bekam: Red Hair, zu deutsch: Rotes Haar. Richard Red Hair Birkhoff – so hieß er, bis . . .

»Sie dürfen hier nichts ausreißen«, zeterte eine weibliche Stimme hinter ihm. Langsam drehte Richard sich um. Nein, diese kleine Frau im grünen Lodenmantel, der am Niederrhein gänzlich fehl am Platze und für die Jahreszeit viel zu warm wirkte, war nicht die Zielperson. Diese hier war deutlich älter und sah mit ihrer seltsam toupierten Haarpracht aus wie ein Gartenzwerg, der statt seiner Mütze einen Berg aus Zuckerwatte auf dem feisten Kopf trägt. Ihr Dackel pinkelte ungeniert an den Schnittlauch. Richard steckte die Blätter ein, die er ganz in Gedanken gepflückt hatte, und ging in sein Pensionszimmer zurück. Der Salbei wäre frühestens morgen getrocknet, erst dann würde er ihn verbrennen können. Er stellte überrascht fest, dass er sich darauf freute.

Schon früh am nächsten Morgen war Richard wieder im Bunten Garten. Jogger überholten ihn, Hundebesitzer führten ihre verfetteten, gelangweilten Tiere an langen Leinen aus.

»Mädchen oder Junge?«, rief ein älterer Herr einer Halterin zu.

»Hund«, gab diese zurück.

Der Herr verzog das Gesicht, zischte »Zicke« und zerrte seinen Hund hinter sich her.

Guten Morgen in Deutschland.

Offenbar war die Winterpause vorbei, denn jetzt standen mindestens zehn große Kübelpflanzen am Weg, die gestern noch nicht da gewesen waren, und Arbeiter in grünen Jacken oder karierten Hemden schleppten weitere Pflanzen heran. Echter Lorbeer, echter Pfeffer, Myrte, ein Kaffeestrauch. Aber auch Blütenpflanzen wie Indische Canna, Wandelröschen, die schon nicht ganz ungefährliche Engelstrompete und sogar – ihm stockte der Atem –

ein Stechapfel. Im richtigen Moment an der Blüte gerochen, ging die Zielperson auf einen haluzinogenen Trip ohne Wiederkehr. Leider war die Frist für den Auftrag knapp, noch vor der Stechapfelblüte musste die Frau tot sein. Das schied also aus. Schade. Er liebte es, die Todesart den Lebensumständen der Zielperson anzupassen. Nur dann war ein Unfalltod auch glaubwürdig. Wie bei dem Bauern, der von seinem Zuchtstier zu Tode getrampelt worden war. Leben und Tod mussten zueinander passen, sie waren zwei Seiten einer Medaille, wie man in diesem Land sagen würde, in dem das Leben als ständiger Konkurrenzkampf und der Sieg als höchstes Ziel galt.

Aber auch ohne den Stechapfel mangelte es nicht an Giftpflanzen, wie Richard feststellte. Eiben, deren Nadeln ein unaufmerksamer Koch mit Rosmarin verwechseln könnte und von denen schon hundertfünfzig Gramm tödlich sind. Rizinus, dessen dekorative Samen zu Pulver gemahlen und verzehrt innerliches Verbluten bewirken und die, als Kette getragen, ihr Gift langsam durch die Haut in den Körper abgeben. Die üblichen Verdächtigen wie Fingerhut, Eisenhut und unglaubliche Massen an Efeu, viele Pflanzen davon mit reichlich Beeren, waren natürlich auch vertreten.

Er hatte gerade erst einen winzigen Bruchteil dieses Parks durchstreift und genug Gift gefunden, um die ganze Stadt zu töten. Seltsamer Humor, den die Gärtner hier pflegten. Allerdings war eine unbeabsichtigte Vergiftung kein sehr glaubhafter Tod für eine Frau, die täglich mit diesen Pflanzen zu tun hatte. Also weiter durch den Park.

In einem ruhigen Winkel, unter großen Bäumen an einer Ziegelmauer stand Richard unvermutet vor einem großen Grabmonument. Ja, er war sich sicher, dass es sich um ein Grab handelte. Kein Gedenkstein für Kriegsopfer, wie man sie häufig in öffentlichen Parks findet, sondern ein Familiengrab. Seltsam. Aber für seine Zwecke nicht ungelegen. Das Monument bestand aus einem niedrigen,

rötlichen Sandstein-Sockel, einem hohen, geraden Namens-
stein und einem Kreuz obendrauf, das Ganze etwa drei
Meter hoch. Schön verziert mit Ornamenten, die man eigentlich an einem Kirchenfenster erwarten würde. Das
Grabmal konnte schon einen Menschen erschlagen, wenn
es umfiel. Richard blickte über die Schultern, niemand
beobachtete ihn. Er ging zu der Grabstelle und prüfte deren Standfestigkeit, indem er sich mit sanftem Druck dagegen lehnte. In dem Moment, in dem er den kalten, rauen
Stein berührte, spürte er den Geist der Toten. Richard zuckte zurück. Niemals, seit er seine Heimat und sein altes Leben verlassen hatte, hatten die Geister einen solch direk-
ten, unvermittelten und ungebetenen Kontakt zu ihm aufgenommen. Hier hingegen fühlten sie sich offenbar wohl
und waren kraftvoll und frei. Natürlich, hier waren sie
nicht in rechteckigen, abgezirkelten Parzellen mit pflege-
leichtem Dauergrün gefangen, sondern konnten unter riesigen Bäumen frei umherstreifen. Dieser Ort hatte Kraft,
deshalb wuchsen die Bäume in den Himmel und – Richard stutzte. Ja, sogar Mammutbäume standen hier. Er
ging hinüber zu einem dieser Lebewesen, die die Welt seit
tausenden von Jahren bevölkern, und lehnte sich an die
weiche Rinde. Sie gab dem sanften Druck seiner Hände
und seiner Stirn nach, ohne zu brechen. Dieser Ort ist
voller Magie, dachte er.

Der Gedanke verwirrte ihn. So etwas hatte er seit vielen, vielen Jahren nicht mehr gedacht. Er hatte die Magie
aus seinem Leben vertrieben und war ohne sie besser dran.
Er musste sich konzentrieren, immerhin hatte er einen
Auftrag zu erfüllen. Im Moment allerdings fühlte er sich
unruhig, verwirrt und ganz bestimmt nicht kaltblütig genug, um einen unauffälligen Mord zu planen. Er beschloss,
in seine Pension zu gehen und den Räuchersalbei zu verbrennen.

Der Aschenbecher in dem kleinen Einzelzimmer trug einen abblätternden Werbeaufdruck. Das würde die Zeremonie nicht stören, nach der er sich nun regelrecht sehnte. Zwar war das Zimmer nach gängigen Maßstäben sauber, aber noch voller schlechter Energie seiner Vormieter. Negative Gedanken, Unzufriedenheit und Wut hinterließen ihre Spuren in einem Raum, auch ohne dass man sie sehen oder riechen konnte. Spüren jedoch konnte sie derjenige, der mehr wahrnahm als das, was die fünf Sinne ihm offenbarten. Lange hatte Richard diese Fähigkeiten, die er von seiner Mutter geerbt und in denen sie ihn später unterwiesen hatte, nicht mehr genutzt. Hatte sie verdrängt. Mit seinem alten Leben abgelegt. Warum kam er jetzt darauf zurück?

Er riss ein Streichholz an und legte es an die getrockneten Blätter des Räuchersalbeis. Im selben Moment stieg der reinigende Rauch auf. Richard schloss die Augen.

»Leb wohl, Richard«, hatte sein Vater damals gesagt und dem zwölfjährigen Sohn die Hand gegeben. Dann hatte er versucht, die Mutter zu küssen, aber sie wandte sich ab. Einen Augenblick später war der Vater gegangen und die Mutter hatte alle Spuren von ihm in einer sechsstündigen Räucherzeremonie getilgt. Das war ihre letzte Handlung als Schamanin, danach hatte sie ihre alte Kunst nie wieder ausgeübt. Ihr Ansehen bei ihren Leuten schwand, und im gleichen Maße war auch Richard nicht mehr der Sohn der Schamanin, sondern nur noch der Sohn des Fremden mit den roten Haaren. Richard wusste nicht, welches Gefühl stärker war: die Trauer über den Verlust seines Vaters oder die Verachtung für seine gebrochene Mutter, die wenige Monate später aufhörte, zu sprechen. Nach zwei stummen Jahren erhob sie sich nicht mehr von ihrem Lager und als Richard sechzehn wurde, ein Alter, in dem ein junger Mann in seiner Heimat als erwachsen gilt, drehte sie ihr Gesicht zur Wand und starb.

Richard, der mit seinem rotem Haar und der europäischer Nase in seinem eigenen Volk ein Außenseiter war, verließ seine Heimat und arbeitete als Helfer in einer Tierklinik für die Schoßhündchen der Reichen. Aber auch unter den Weißen blieb er ein Fremder, ein Mitglied der ungeliebten Minderheit, die das schlechte Gewissen der großen, freiheitlichen Nation verkörperte und entweder mit Verachtung gestraft oder mit gespielter Freundlichkeit beschämt wurde. Er sparte eisern, bis er den Flug nach Deutschland bezahlen konnte. Dort suchte er seinen Vater.

Was er fand, war eine oberflächliche Gesellschaft ohne Sinn und Ziel und vor allem ohne Geister. Hier war alles weltlich. Es zählte das Zählbare. Richard empfand die Konzentration auf die materiellen Dinge als Erleichterung. Nichts und niemand störte ihn dabei, seine eigenen Gefühle zu verschließen. Der Geist seiner Mutter verfolgte ihn nicht mehr, es gab keine uralten Regeln und Werte, an denen er sich bei seinem Volk noch hatte orientieren müssen und keine fanatischen Religionsgemeinschaften wie bei den Weißen drüben auf dem Riesenkontinent. Hier war das Leben eindimensional schlicht. Konsum, Ansehen und Macht waren die Götter, ihre Gebote leicht verständlich. Mehr. Noch mehr. Von allem immer mehr. Die Menschen überfraßen sich maßlos und ließen ihre Seelen verhungern. Bis auf Ausnahmen, natürlich, aber die blieben im Hintergrund. In dieser hohlen, oberflächlichen Welt kam Richard zur Ruhe. Vermauerte seine Seele und seine Verbindung zu den Geistern seiner Vergangenheit in einer dunklen Ecke seiner selbst und konzentrierte sich auf das Ziel, mit dem er nach Deutschland gekommen war: seinen Vater zu finden.

Die Wiedersehensfreude war auf beiden Seiten verhalten, aber man einigte sich auf einen Deal.

»Ich will Deutscher werden«, erklärte Richard. »Beschaff

mir die Papiere, dann siehst du mich nie wieder.«

»Das lässt sich machen«, sagte sein Vater erleichtert. Er erkannte die Vaterschaft an, führte die Korrespondenz mit den Ämtern und bezahlte alle notwendigen Gebühren.

An dem Tag, an dem Richard seine neuen Papiere in der Hand hielt, tötete er seinen Vater. Seine Mutter war gerächt, seine Vergangenheit bereinigt. Jetzt konnte sein neues Leben beginnen.

Immer noch leicht benommen, kam Richard wieder in der Gegenwart an. Der Salbei war verbrannt, das Zimmer gereinigt, nur er selbst fühlte sich schmutzig. Dabei hatte er geglaubt, jegliche Empfindung mit seiner Mutter begraben zu haben und in der sinn- und geistlosen Welt seines ‚Vater-Landes' seine Bestimmung gefunden zu haben. Woher kam nun diese plötzliche Unruhe?

Richard schob die lästigen Zweifel beiseite. Er hatte einen Auftrag auszuführen, da konnte er sich keine Gefühle leisten. Er schaltete seinen Laptop ein und suchte auf der Internetseite der Stadt Mönchengladbach nach dem Namen seiner Zielperson. Aha, die Frau war die Leiterin des Bunten Gartens. Also keine kleine Angestellte, die die Beete harkte, sondern diejenige, die bestimmte, was dort ablief. Schade. Je weniger sie selbst im Park arbeitete, desto geringer wären die Chancen, ihren Tod unauffällig als Arbeitsunfall zu tarnen. Am Schreibtisch stirbt es sich so schlecht. Er nahm den Hörer und wählte ihre Büronummer. Mal sehen, ob sie tatsächlich gleich neben dem Telefon saß.

Eine Ansage verriet ihm, dass sie zurzeit nicht erreichbar und erst am Montag in acht Tagen wieder im Büro wäre. Urlaub, vermutlich. Nun, er würde seine Planung daran ausrichten müssen. Vielleicht fand sich doch noch eine geeignete Idee für einen Arbeitsunfall, wenn er sich vor Ort nochmal umschaute. Ja, das würde er tun. Jetzt gleich. Richard fuhr den Laptop herunter und machte sich wieder auf den Weg zum Bunten Garten. Diesmal betrat er ihn von der Kaiser-Friedrich-Halle aus.

Die monströse Veranstaltungshalle war ein weiteres Beispiel für die götzenanbetende Gigantomanie dieser Nation, die mit dem Bauwerk einem längst verstorbenen Kaiser huldigte, aber gleich dahinter zog der Park ihn wieder in seinen Bann. Er mied die geraden Wege und folgte den kleineren, verschlungenen Pfaden, die durchs Unterholz führten. Plötzlich fand er sich in einem wahren Blütenrausch wieder. Rhododendren standen zu Dutzenden, ach was, zu Hunderten neben dem Weg, unter großen Bäumen halb verborgen oder als Inseln im Frühlingssonnenlicht und blendeten ihn förmlich mit ihren Farben. Alle Töne von weiß über rosa, violett, orange und rot waren vertreten. Daneben, darüber, dazwischen sowie davor und dahinter bildeten Bodendecker, Klettergewächse, Bäume und Frühlingsblumen den Rahmen für diese Pracht. Richard spürte, wie die Farbe in seine Seele drang. Das übliche schwarz-weiß der egoistischen Welt, in der der Mensch sich für die Krone der Schöpfung hielt, trat in den Hintergrund. Er atmete tief ein und schüttelte den Kopf. Kein Abschweifen jetzt. Er musste seinen Auftrag planen.

Einige Schritte weiter stand er plötzlich vor einer Gruppe von Kunstwerken, die so aussahen, als stammten sie von einem Naturvolk. Primitiv wurde diese Kunst in dem ach so hoch entwickelten Deutschland genannt, dabei spürte Richard die Kraft dieser Kunst schon, während er sich den Stelen vorsichtig näherte. Als er die Hand an das harte Holz legte, durchzuckte ihn eine Welle von Empfindungen aus der Anderen Welt. Ja, diese Kunstwerke waren lebendig. Der Geist des Lebens, der in Menschen, Tieren, Pflanzen und Steinen ist, der das Wasser und die Luft beseelt und Alles mit Allem verbindet, war auch in diesem Holz präsent. Richard schloss die Augen und überließ sich für einen Augenblick dem Gefühl des Geborgenseins. Und da geschah es.

Mit geschlossenen Augen sah er den Jaguar zwischen den Stelen auf sich zukommen. Ein Krafttier, das Kontakt zu ihm aufnahm! Ihm Führung anbot. Es war nicht sein Totem-Tier, das ihn seit seiner Geburt begleitet hatte, denn das war der Waschbär, ein Anpassungskünstler, der in verschiedenen Welten leben kann. Passend für den Sohn einer Schamanin und eines Deutschen. Der Waschbär hatte ihn begleitet, bis er alle Verbindungen zu seinem alten Leben gekappt hatte. Und nun zeigte sich der Jaguar, der den Kampf zwischen Herz und Geist symbolisiert. Der für Machtmissbrauch, Irreleitung und die Schwarze Magie steht. Wenn der Jaguar erscheint, fordert er dich auf, deiner inneren Stimme zu folgen. Richard spürte trotz seiner geistigen Entrücktheit eine seltsame Klarheit in all seinen Empfindungen. Er zitterte.

»Hey Sie da, das ist Kunst, lassen Sie das los.«

Die Stimme hätte er überall wiedererkannt. Er öffnete die Augen. Der Dackel pinkelte an eine Stele.

»Respektloser Wilder.«

Richard murmelte eine Entschuldigung und ging zurück auf den Weg. Für einen Mann mit seinem Beruf war es besser, nicht aufzufallen.

Die Begegnung mit dem Jaguar hatte ihn aus der Bahn geworfen. Krafttiere zeigten sich selten von allein. Vielen Menschen erschienen sie gar nicht, den meisten nur in Trance. Jahrelang hatte Richard keinen Kontakt zu den anderen Existenzformen des Lebens gehabt. In diesem Land war ein Stein ein Stein, kein vom Geist durchdrungenes Mitgeschöpf. Und nun das. Innerhalb kürzester Zeit hatte er über einen Grabstein Kontakt zu den Toten aufgenommen, eine Räucherzeremonie gehalten und ein Krafttier gesehen. Was hatte das zu bedeuten?

Die Erkenntnis traf ihn wie ein Schlag. Es lag an diesem Ort. Diesem Park, in dem Pflanzen aus seiner Heimat standen, Bäume aus einer anderen Zeit, die den Geistern und den Mächten der Welten und der Zwischenwelten einen Ort boten, an dem sie existieren und sich entfalten konnten. Ein Ort, an dem die Kunst eines Naturvolkes auf einer blühenden Wiese stand. Ein Ort, an dem überwucherte Gräber, an die jemand Krokusse und Frühlingsblumen gepflanzt hatte, tatsächlich den Eindruck erweckten, dass der Tote wieder in den unendlichen Kreislauf einging – und nicht in einer abgezirkelten Parzelle vorkompostiert wurde, bis der Platz für den Nächsten gebraucht wurde.

Dieser Park war ein Ort der Kraft. Es war vielleicht Zufall, dass er hier gelandet war, aber er konnte die Macht, die dieser Ort hatte, nicht abstreifen und so tun, als sei nichts gewesen. Schon gar nicht, nachdem ihm der Jaguar erschienen war. Er konnte diesen Ort nicht durch einen Auftragsmord entweihen, er würde die Zielperson außerhalb des Bunten Gartens töten müssen.

Aber - warum überhaupt töten? Hatte der Auftraggeber einen privaten Grund oder hatte etwa der Park etwas damit zu tun? Richard stellte zu seinem eigenen Erstaunen fest, dass er sich diese Fragen überhaupt stellte. Er beschloss, mehr über die Zielperson in Erfahrung zu bringen.

Am nächsten Morgen gegen fünf Uhr fuhr Richard seinen Laptop hoch. Er checkte kurz seine E-Mails, nichts Wichtiges, dann suchte er im Internet alle verfügbaren Informationen über den Bunten Garten und seine Zielperson. Historische Daten seit 1842, als die erste Fläche als Friedhof genutzt wurde, Flächengrößen der einzelnen Erweiterungen, Nutzungsänderungen vom Friedhof zum Kaiserpark, der Botanische Garten für die Oberschüler der Stadt, ein Kunstatelier im Klohäuschen. Dieser Garten war Zeugnis einer wechselvollen Geschichte. All das aber war oberflächliches Zeug, das ihn nicht interessierte. Von dem, was diesen Ort zu etwas ganz Besonderem machte, stand in all den Quellen nichts. Von der Kraft, der Magie, dem Zusammenspiel der verschiedenen Existenzformen des Großen Geistes. Dafür hatte er bald herausgefunden, dass die Zielperson erst seit einigen Jahren die Leitung innehatte. Das war interessant. Hatte sie den Apothekergarten angelegt? Nein, vermutlich hatte es den vorher schon gegeben, einige Quellen enthielten Hinweise darauf. Aber den Räuchersalbei – ob sie den gepflanzt hatte? Die Grabstellen vom Überwuchs befreit, den Geistern Luft und Raum gegeben? Hatte sie die Kunstwerke an den jeweiligen Orten platziert? Den über den Weg gespannten Vogelzug, der die Gedanken in die Lüfte mitnahm und zu neuen Erkenntnissen drängte? Hatte sie die Metallbank an dem Kraftplatz unter der großen Platane abgebaut, weil sie spürte, dass dieses kalte, tote Gestell den Fluss des Geistes behinderte? Konnte das sein? Wusste sie etwa, was sie da tat? Oder waren ihre Pflanzpläne rein zufällig an den Kraftachsen ausgerichtet? Hatten die alten Grabsteine einfach irgendwo im Weg gestanden und jemand hatte sie zur Seite geräumt, dorthin, wo sie nun an vibrierenden, vom Geist durchdrungenen Orten wieder Anteil an der allgegenwärtigen Lebensenergie hatten? Aber warum lag die bedauernswerte Louise-Gueury immer noch unter einer Monstrosität in Form eines grauen Granitklotzes, der ihre Grabstelle bedeckte und sie förmlich erdrückte? Nun, vielleicht hatte die Zielperson einfach das, was die Deutschen einen Grünen Daumen nennen.

Diese Fragen mussten zurückstehen. Jetzt hieß es, den Grund für den Auftrag zu finden. Dazu war etwas mehr nötig, als nur ein Wort in eine Suchmaske einzugeben.

Richard arbeitete zwei Stunden konzentriert und gewissenhaft, bis er die Adresse herausgefunden hatte, an der der Computer stand, von dem der Auftrag an ihn gekommen war. Die Adresse lag im Einzugsbereich des Postamtes, bei dem das Päckchen mit dem Geld aufgegeben worden war. Die Adresse lag in Mönchengladbach, nicht weit vom Bunten Garten. Es handelte sich um ein Einfamilienhaus, wie Richard feststellte, als er gegen halb acht vor dem Grundstück stand. Auf dem Klingelschild hatten zwei Vornamen und der Nachname der Bewohner gestanden, aber den weiblichen Vornamen hatte jemand mit einem harten Gegenstand wegzukratzen versucht. Die tiefen, weit ausgreifenden Kratzer gaben beredtes Zeugnis von Wut und Enttäuschung. Es waren nur Kleinigkeiten, die den Vorgarten und den Hauseingang ungepflegt wirken ließen. Ein paar alte Blätter, die sich in der Ecke des Windfangs gesammelt hatten, die Fußmatte, die schief lag und das Holzschild mit dem freundlichen ‚Willkommen', dessen Farben ausgebleicht und dessen Holz gerissen war. Hier lebte ein verlassener Mann, das war offensichtlich.

Vielleicht war der Auftrag wegen einer Eifersuchtsgeschichte gegeben worden. Richard würde es herausfinden.

Er richtete sich auf eine langwierige Beschattung ein, hatte jedoch Glück. Um acht Uhr siebzehn öffnete sich das Garagentor, ein teures deutsches Nobelfahrzeug glitt heraus, das Garagentor schloss sich, das Tor zur Straße öffnete sich. Der Auftraggeber blinkte rechts, bog ab und verschwand. Richard ging zielstrebig durch das Tor, während es langsam wieder zuglitt. Das Garagentor ließ sich nicht öffnen, also ging er ums Haus herum. Die rückwärtige Tür zur Garage stellte kein Problem dar, auch die Verbindungstür aus der Garage ins Haus war mit einem einfachen Einbruchwerkzeug leicht zu öffnen. Er streifte durchs Haus. Eine riesige Küche, die sicher niemand mehr benutzte, so dick war die Staubschicht auf den meisten Oberflächen. Ledersofas im Wohnzimmer an der großen Fensterfront, die gegen die einfallende Sonne mit Bettlaken abgedeckt waren. Der ganze Raum in schwarz-weiß. Sehr schick, sehr modern, sehr kalt. Und nicht sehr sauber. Wollmäuse umspielten Richards Füße, als er zur Treppe ging. Im Arbeitszimmer im ersten Stock fand er, was er suchte. Den Rechner, von dem der Auftrag gekommen war. Ohne Passwortschutz. Richard schüttelte den Kopf. Wie leichtsinnig die Menschen waren.

Eine gute Stunde später hatte Richard gefunden, was er suchte. Er überschlug die Informationen noch einmal um zu sehen, ob ihm ein wichtiger Aspekt fehlte, fand aber alle Fragen beantwortet. Der Auftraggeber war Immobilienmakler mit einem großen Büro in der Stadt. Angesehen, aber überschuldet. Die Bar-Abhebungen von fünf großen Beträgen in der letzten zwei Wochen, die zusammengenommen Richards Honorar ergaben, hatten sein Konto noch tiefer in die Miesen gebracht. Der Makler war gut vernetzt in Stadtverwaltung und Politik, aber nicht gut genug, um seinen großen Deal unauffällig und schnell über die Bühne zu bringen. Den Deal seines Lebens. Den Neubau einer 6-Millionen-Euro-Villa mitten im Bunten Garten. Interessent: Eine Gladbacher Fußball-Legende, dem die Terrassenbebauung am Bökelberg nicht exklusiv genug war. Gewünschtes Grundstück: die sogenannte Heide, ein eher sandiges Stück Boden mit der steinernen Skulptur eines Schäfers, dessen absolut zentrale Lage zwischen Lettow-Vorbeck- und Porzeltstraße sich vor allem durch zwei Aspekte auszeichnete: die unglaubliche Ruhe, die durch die leichte Senke entstand, und die Vielzahl an Raritäten-Gehölzen, von denen der blaue Säulenwacholder nur eines war – wenn auch eines der bemerkenswertesten. Die öffentliche Meinung: gespalten. Der größte Unterstützer: Die städtische Entwicklungsgesellschaft, die in ihrer unendlichen Gewinnsucht bereit war, das Grundstück zu verkaufen. Die schärfste Gegnerin: seine Zielperson. Sie argumentierte klug, konnte auf Erfolge in der Entwicklung des Parks verweisen und Ängste schüren, dass alle Dämme brechen, wäre erst der Anfang gemacht. Wäre sie aus dem Weg, wäre der Makler saniert. Ein erstklassiges Mordmotiv. Und als Unfall getarnt, würde ihr Tod den großen Deal letztlich doch noch ermöglichen.

Zum ersten Mal seit vielen Jahren spürte Richard, dass diese Angelegenheit ihn nicht unbeteiligt ließ. Er hatte einen Standpunkt, er hatte eine Meinung. Schlimmer noch: Er fühlte, dass hier Unrecht geschah. Wenn er dem nachgab, war der Auftrag für ihn gestorben. Er war unschlüssig und nervös, daher beschloss er, spazieren zu gehen. Wirklich überrascht war er nicht, als er sich bald darauf im Bunten Garten wiederfand. Seine Anspannung legte sich. Er wanderte ziellos umher, sah ungemein hässliche Wasserbecken mit dem Charme vergangener Jahrzehnte und die herzergreifende Plastik eines Kindes, sah versteckt im Unterholz stehende Bänke, die aus einem einzigen, dicken, gefällten Stamm herausgeschnitten waren, tankte Energie auf dem Kraftplatz und stand am Ende wieder im Apothekergarten. Zwei weitere Salbeiblätter fanden ihren Weg in seine Tasche, und als er den Park verließ, stand sein Entschluss fest.

Als erstes verlegte er sein Hauptquartier an das Zentrum des Geschehens. Welcher Ort wäre besser als Operationsbasis geeignet als das Hotel, das direkt am Bunten Garten und nur einen Steinwurf vom Büro des Maklers entfernt lag?

»Ein Zimmer mit Blick in den Park«, verlangte Richard und reinigte den Raum mit zwei Salbeiblättern. Dann entwarf er einen Plan.

Die erste Nachricht versandte er am Freitagabend gegen zehn Uhr als E-Mail an den Rechner, von dem der Auftrag gekommen war. Sie lautete: »Ich weiß von deinem Auftrag.«

Die Antwort kam prompt: »Wer sind Sie?«

Richard nickte. Die Antwort zeigte ihm, dass er den Richtigen gefunden hatte.

Die zweite Mail lautete: »Es gibt Zeugen.«

Die Antwort: »Was wollen Sie?«

Richard schaltete seinen Computer aus. Ein paar Stunden Funkstille würden seinen Auftraggeber nervös machen. Er ging spazieren.

0:15 Uhr: Damit kommst du nicht durch.

0:18 Uhr: Wer sind Sie?

2:00 Uhr: Hast du wirklich geglaubt, dass die Sache mit so einem Auftrag in Ordnung zu bringen ist?

2:07 Uhr: Was wollen Sie?

5:33 Uhr: Die Presse wird es erfahren.

5:40 Uhr: Ich habe nicht viel Geld, aber ich biete Ihnen 10.000 €.

5:43 Uhr: Wofür?

5:45 Uhr: Ihr Schweigen.

Das kann er haben, dachte Richard grinsend. Er lehnte sich zurück und nickte ein.

6:00 Uhr: Hallo? Sind Sie noch da?

Richard beschloss, ihn noch etwas zappeln zu lassen.

7:00 Uhr: Hallo? Melden Sie sich!

7:10 Uhr: Du hast mir doch Geld für mein Schweigen geboten ...

7:11 Uhr: Aber doch nicht so!

Um acht Uhr traf Richard vor dem Haus seines Auftraggebers ein. Seinen Laptop hatte er ausgeschaltet. Er war gespannt, was der Jäger, der zum Gejagten geworden war, nun tun würde.

Er musste nicht lang warten, bis der Hausherr vor die Tür trat, um die Zeitung hereinzuholen. Er sah mit seinen ungekämmten Haaren und den Schatten unter den Augen beinahe mitleiderregend übernächtigt aus.

Gegen elf Uhr rief Richard von einer Telefonzelle aus seinen Auftraggeber an. Er sagte nichts, hörte nur, wie der andere immer wieder »Hallo? Hallo!« rief und legte nach einigen Sekunden wieder auf. Das wiederholte er gegen vierzehn und siebzehn Uhr, dann ging er essen.

In dieser Nacht erschien ihm wieder der Jaguar im Schlaf. Das Tier blickte ihn unverwandt an und in seinen Augen spiegelte sich das Leben, das Richard in den letzten Jahren geführt hatte. Ein Leben ohne Sinn, ohne Gefühl, ohne Halt, ohne Ziel. Ein Leben ohne Hoffnung. Ob er tot oder lebendig war, machte keinen Unterschied. Er wandelte als geistloser Schatten über die Erde, hatte keine Freunde, empfand nichts. Im Traum spürte Richard, wie er in Tränen ausbrach. Der Jaguar wandte sich um und ging voraus, Richard folgte ihm zum Grab seiner Mutter, zu dem Ort, an dem sie ihn zum ersten Mal mit in die Geisterwelt genommen hatte, dann war er plötzlich im Bunten Garten. Er stand auf der Wegekreuzung, an der drei Mammutbäume wuchsen. Klein noch, in den letzten Jahren gepflanzt, offenbar als Viereck angelegt, aber der vierte Baum war vermutlich eingegangen. Kein Wunder, dachte Richard, dieser Ort ist kein Rechteck, da hat jemand die Kraftader übersehen, die die untere Ecke abschneidet. Er folgte dem Jaguar zu den Holz-Kunstwerken und beobachtete, wie das Tier sich noch einmal umwandte und dann zwischen den Stelen verschwand. Er erwachte mit dem Bewusstsein, dass auch sein zweiter Lebensabschnitt unwiderbringlich hinter ihm lag. Jetzt musste er diese Situation bereinigen und dann konnte er noch einmal ganz von vorn anfangen.

8:00 Uhr: Gut geschlafen? Es ist Sonntag. Gehst du beichten?
8:01 Uhr: Soll ich? Lassen Sie mich dann in Ruhe?
8:02 Uhr: Nein.

Richard verbrachte fast den ganzen Sonntag in Sichtweite des Maklerhauses an seinem Laptop. Gelegentlich antwortete er auf die verzweifelter werdenden E-Mails, zwischendurch ging er spazieren. Als es dunkel wurde, wartete er vor dem Haus. Kurz vor Mitternacht erschien der Makler. Er schloss die Haustür ab, stutzte und warf den Schlüssel in den Vorgarten. Dann ging er zum Bunten Garten. Unter der Buche in der Nähe der Gräber blieb er stehen und schaute hinauf. Er kletterte auf den untersten Ast und knotete das mitgebrachte Seil an den Ast darüber. Dann holte er einen Zettel aus der Tasche, den er mit einer Sicherheitsnadel in Brusthöhe an den Pullover steckte. Er legte sich das Seil um den Hals und sprang.

Richard beobachtete, wie der Mann pendelte, wie die Hände an die Schlinge griffen und versuchten, das Seil vom Hals zu ziehen, wie die Beine strampelten. Nach dreißig Sekunden wurden die Bewegungen kleiner, nach wenigen Minuten war alles vorbei.

Richard stand auf, löste das Seil vom Baum und begrub seinen Auftraggeber an der Stelle, an der der vierte Mammutbaum verkümmert war. Die Erde war noch locker von der Pflanzgrube, die für den Baum ausgehoben und nach seinem Absterben mit neuer Erde aufgefüllt worden war. Dort würde wohl so schnell niemand versuchen, etwas Neues zu pflanzen. Er zog die Erde glatt, säuberte den Spaten und brachte ihn zurück in den Werkzeugstand des Betriebshofes, von dem er ihn früher geholt hatte. Das lächerliche Vorhängeschloss drückte er mit links wieder zu. Niemand würde jemals erfahren, was in dieser Nacht hier geschehen war.

». . . fehlt weiter jede Spur von Stefan B. . . .«
». . . die städtische Gesellschaft dementiert, je einem Verkauf des Geländes als Bauland für die Luxus-Villa zugestimmt zu haben . . .«

».. . bedankt sich das Netzwerk Bunter Garten e.V. auf diesem Wege für eine anonyme Spende in fünfstelliger Höhe . . .«

»So viel Presse hatten wir seit Jahren nicht«, fasste ihr Stellvertreter die Zeitungsausschnitte zusammen, die er in den letzten acht Tagen ausgeschnitten und seiner Chefin gerade im Sonnenschein vor dem Teich vorgelesen hatte. Die Frühjahrssonne hatte alle zur Mitarbeiterbesprechung nach draußen gelockt, jetzt standen die Männer und Frauen auf und gingen wieder an ihre Arbeit.

Richard beobachtete die Chefin, wie sie im Apothekergarten an Kräutern roch, wie sie hier ein Blatt abpflückte und dort über einen Strauch strich, wie sie mit Zornesfalten auf der Stirn die abgeschnittenen Stängel der frisch ausgetriebenen Petersilie betrachtete. Er wäre gern noch etwas geblieben, aber sein nächster Auftrag wartete bereits auf ihn. Den Auftraggeber hatte er bereits herausgefunden, als nächstes würde er den Konflikt untersuchen und dann beurteilen, wer von den beiden Kontrahenten dem Großen Geist am meisten Schaden zufügte. Als Henker war er gerufen worden, doch als Richter würde er kommen.

Das Leben ohne Moral, ohne Gesetz, ohne Verantwortung lag hinter ihm. Ab sofort würde er zwischen Recht und Unrecht unterscheiden und das Richtige tun. Und dazu gehörte, dass er diesen Park, der ihm ein neues, mit Sinn erfülltes Leben geschenkt hatte, regelmäßig besuchen würde. Er stand nun unter seinem Schutz.

»Auf Wiedersehen, Bunter Garten«, murmelte Richard. »Ich bin bald zurück.«

Die Tchibo Connection

»Im Jacobipark geht die erfolgreiche Ausstellung 'Parcour interdit' zu Ende. Wie wir erst heute erfahren, kam es beim Abbau des als ‚Passagem' bekannt gewordenen Stahlkunstwerks des portugiesischen Künstlers Rui Chafes gestern zu fatalen Ausschreitungen.«

Elke Bornheim, Antenne Düsseldorf

Jabulani läuft. Jabulani läuft immer. Das liegt in seinen Genen, sagen die, die übers Laufen reden. »Joggen« nennen sie es, und es ist eine große Sache hier. Darf nicht unterbrochen, muss gemessen werden, »evaluiert«, wie alles andere. Marathon, Halbmarathon, Klausuren, Examen.

Jabulani lacht auf. Er läuft, weil er immer gelaufen ist. Zu Hause in Namibia war dies die einzige Fortbewegungsart, und hier, in der Fremde, gibt das Laufen ihm Halt. Jabulani blickt auf die gelben Chucks. Sie tauchen in seinem Blickfeld auf wie die Läufe der Antilope. Die Sohlen sind schon fast durch, aber das macht nichts. Im Sommer läuft er barfuß, wie zu Hause, auch wenn der Asphalt der Bürgersteige und der Schotter auf den Wegen des Hofgartens deutlicher zu spüren sind als der Sand der Namib.

Spüren, Jabulani muss den Boden fühlen, damit er weiß, dass er noch in der Welt ist, dass die Geister es immer noch gut mit ihm meinen und er durchhalten muss, seinem Dorf den Fortschritt bringen, Lehrer werden, den Anschluss an die industrialisierte Welt schaffen.

Jabulani blickt auf die fallenden Blätter im Hofgarten und reibt sich über die Arme. Unter dem Schweiß fühlt er die Gänsehaut. Düsseldorf ist eine kalte Stadt, blitzend und donnernd wie die Flugzeuge am grellen Himmel über der Wüste. Wäre es nicht für sein Dorf, er würde sich sofort auf den Heimweg machen.

Fortschritt! Jabulani wünscht, sein Stamm wüsste, was ihm bevorsteht.

Er blickt auf, vorbei an den Rentnern auf ihren Parkbänken und den Müttern mit ihren Kinderwagen, in denen die Babys nicht zu sehen sind. So viel Abstand!

Seine Augen werden angezogen von der Mauer des Jacobigartens. Jabulani muss sich etwas recken, aber dann sieht er es, sieht »sein« Kunstwerk, seinen Anker in dieser beängstigenden Welt, die Skulptur eines anderen Fremden in dieser Stadt, eines Portugiesen, der offenbar auch nicht heimisch hier war. Rui Chafes, Jabulani singt den Namen innerlich, wieder und wieder, bis ihm die Gaumenplatte summt, und er fühlt, wie seine Lippen weich werden.

Das portugiesische Kunstwerk, ein gewaltiger Stahlkranz, ähnelt der Sonne über der Namib, doch hier hat sie ihre Strahlen eingezogen, nach innen gekehrt, alle Freiheit verloren, als wolle sie am liebsten sofort von hier verschwinden – wie der Portugiese, wie Jabulani.

Er läuft über die Straße, er hat Glück, dass die Fußgängerampel den dichten Verkehr für ihn anhält. Locker läuft er, voller trister Vorfreude, vorbei an einem Pulk Frauen, die vor dem gläsernen Eingang des Künstlervereins stehen. Sie verströmen Zufriedenheit wie ein Kessel Maisbrei am Abend, wie seine Großmutter, wenn die ganze Familie um sie versammelt ist und sie Geschichten erzählen kann. Jabulani umläuft die Frauen und spürt den vertrauten Stich ins Herz.

Hinter dem Hauptgebäude des ‚Malkasten' nimmt er mit einem einzigen Satz die kleine Treppe und läuft zwischen dem Pavillon und dem Jacobihaus hindurch zum Eingang des Parks, zum Drehkreuz, spürt einen Moment die feuchte

Wärme der Münze in seiner Hand, wirft sie ein und betritt den Garten.

Jabulani überquert die Düssel, wie immer ein wenig misstrauisch auf der Brücke, nimmt ganz selbstverständlich den Weg rechts herum, auf die Terrasse des Jacobihauses zu. Im Oktober ist sie nicht mehr bestuhlt. Eine Gruppe Frauen steht auch hier. Ihre Gewänder erinnern Jabulani an zu Hause, nur sind die der Frauen hier nicht bunt, sondern sandfarben, weiß, ein paar sind dunkel.

Er nimmt den Weg an der Wiese vorbei und eilt Richtung Teich, ohne zu rennen. Der Gärtner des Parks, ein knurriger Rentner, steht halb verdeckt zwischen ein paar Büschen. Er stützt sich neben einem Laubhaufen auf seinen Rechen und starrt zu den verkleideten Frauen. Jabulani nickt ihm zu, wie immer. Aber der Mann bemerkt ihn nicht.

Jabulani schreitet jetzt, er muss an Nurejew denken, den Graureiher, der hier im Park zu wohnen scheint, jedenfalls ist er immer hier, obwohl keine unsichtbare Kuppel über dem Park seine Flucht verhindert.

Jabulani atmet ruhig und spürt, wie auch sein Herz zur Ruhe kommt. Er schaut nicht zu den Skulpturen, die er schon so oft gesehen hat. Sie haben keine Bedeutung. Sein Magnet ist die Bank am Venusteich. Sanft streicht er über die abbröckelnde Farbe der Rückenlehne, lässt sich auf die Sitzfläche sinken, ganz vorsichtig, als sei es eine heilige Handlung. Und das ist es schließlich auch. Jabulani weiß sich in heiliger Gesellschaft.

Das Kunstwerk »Passagem« schwebt auf der anderen Seite des Teiches über dem Fußweg, doch es spiegelt sich auch in der glatten Oberfläche des Teiches und umspannt so einen kleinen Raum des Parks. Gehalten wird die liegende Sonne von fast unsichtbaren Stahlseilen, die zwischen den gewaltigen Graupappeln gespannt sind.

Jabulani legt den Kopf in den Nacken und atmet tief ein. Der Duft von Harz und Laub, das schon beginnt zu verrotten, ist fremd, doch beruhigend. Und das Flüstern des Windes in den bunten Blättern, die vereinzelt noch in den Baumkronen flattern, könnten auch die Stimmen der Geister sein, die in diesem Park zwangsweise wohnen.

Jabulani richtet sich auf seiner Bank auf und starrt über den Teich wie jeden Tag, den er es hierher schafft. Der Stahlkranz des Passagem hängt unerschütterlich und richtet seine Strahlen nach innen und unten. So bildet er eine Reuse, einen Trichter, einen »Durchgang«, wie ihm das portugiesische Online-Wörterbuch verraten hat. Einen Durchgang, durch den die Geister zwar in den Park gelangen können. Aber hinaus? Der Rückweg ist von den Strahlen der Sonne versperrt, die wie Schwerter wirken und die Geister am Boden halten.

Arme Geister, denkt Jabulani, doch gleichzeitig fühlt er sich geborgen hier, weil er weiß, dass die Geister wie er gefangen sind. Sie geben ihm Trost, er ist nicht allein. Ohne das Passagem werden die Geister verschwinden. Dann ist er verloren.

Irgendwann werden sie das Kunstwerk abbauen, genau so überraschend, wie sie es installiert haben. Jabulani lauscht dem Wind, der an den Drahtseilen zupft wie an einer Harfe.

Doch das Geräusch ist jetzt nicht mehr sanft und klar, es zischt wie eine Klapperschlange in der Namib.

Und Jabulani ahnt, dass seine Zuflucht in Gefahr ist.

»Mensch, Egü, Tchibo Connection, das klingt nach Mafia! Mal ehrlich, das passt doch gar nicht zu diesem überkandidelten Künstlerschuppen!«

Kurt reißt seine wasserblauen Augen auf. Durch die Glasbausteine seiner Brille sieht es aus, als fielen sie ihm gleich aus dem Kopf. Würden gut zu den Soleiern im Glas am Ende der Theke passen, denkt Erich-Günther.

Die Kneipe duftet noch nach dem Rotkohl vom Mittag

und ein wenig nach Rauch. Rouladen sind leider aus. Egü nickt vehement, tunkt eine der zwiebellastigen Frikadellen in den Klecks Löwensenf am Rand des angekitschten Steinguttellers und antwortet kauend:

»Aber wenn ich es dir doch sage! TCM! Steht ganz groß auf dem Plakat am Haupteingang vom ‚Malkasten'. Ein riesiges Transparent hängt im ersten Stock quer hinter der Glasfassade vom Hentrichhaus. Kannst du sogar von der Straße aus sehen, original: TCM!«

Kurt wischt sich einen Frikadellenkrümel von der Backe und starrt anklagend zwischen dem klebrigen Bröckchen auf der Spitze seines Zeigefingers und Erich-Günthers Mund hin und her.

Egü legt die Frikadelle aus der Hand und hebt mühsam den Hintern von dem unbequemen Kunststoff-Barstuhl. Die Frau vom Wirt seiner Stammkneipe hat diese Dinger in ihrem Erneuerungswahn gegen den Willen der Männer gegen die in jahrelanger Tradition und unter großem, auch persönlichem Einsatz geschmeidig gesessenen Lederhocker ausgetauscht.

Egü stellt sich vor Kurt, unterdrückt ein Stöhnen und greift seinem Freund seitlich an den Hals. Kurt zuckt zurück, dabei sollte er Egü kennen. Er tut doch keiner Fliege was zu Leide.

Egü schüttelt beruhigend den Kopf und greift unter Kurts Ohr vorbei in den Kragen von dessen whiskyfarbener Wildlederjacke.

»Ey, was soll denn das für 'ne schwule Nummer werden?«, knurrt Kurt. Er versucht, Egü abzuschütteln und sich zu seinem Altbier zu drehen. Aber Egü zerrt weiter an seinem Kragen. Bis Kurt begreift und seinen Widerstand aufgibt.

Die Jacke rutscht ihm von den Schultern. Bei dem Versuch, das Kleidungsstück möglichst rasch auch noch über Kurts Hände zu kriegen, zerrt Egü den Freund versehentlich vom Hocker. Unsanft knallt Kurt gegen den Tresen.

»Nu lass doch«, meckert er, aber Egü spannt triumphie-
rend die Krageninnenseite vor Kurts Augen.

»Is ja gut«, knurrt der, »bin ja nicht blind. Hat Marlies
letzten Herbst bei Tchibo gekauft. Gute Qualität.« Er reibt
sich über die lädierte Hüfte und wischt sich über die Glatze. Dann nickt er. »Okay, TCM versteh ich ja, ist eine Mar-
ke von Tchibo. Aber ‚Connection'? Wie in diesen Filmen
über die Mafia?«

Egü streicht sich über das schmerzende Kreuz und hofft,
dass Kurt diese kleine Schwäche nicht bemerkt. Den ganzen Tag Laub gefegt, das geht auf die Knochen! Und die
vielen Weiber gehen ihm auf den Keks! Aber er ist ja froh,
dass er durch den Job als Gärtner Traudels Fürsorge und
pädagogischer Restenergie entkommen kann. Macht sich
keiner ein Bild von, was für einen Stress der vorgezogene
Ruhestand sein kann. Hätte er das geahnt, wäre er bis zum
bitteren Ende im Büro geblieben!

Der Job im Jacobipark war seine Rettung. An der frischen
Luft fühlt er sich wohl, kriegt ständig neue Anregungen,
die ihn jünger halten als alle Bekehrungsversuche seiner
Frau. Außerdem bekommt er auch noch ein Taschengeld
für seine Arbeit.

Aber heute war es zu viel. Der Herbst ist nicht seine Jahreszeit. Egü liebt den Frühling, wenn alles blüht, besonders Tulpen und Osterglocken liebt er. Außerdem liegt irgendwas in der Luft, die Weiber im Park, Egü glaubt nicht
an Schwingungen, aber heute hat er etwas gespürt, was
Unheil verspricht.

Aniello, der kleine Italo, den die Chefin ihm aufs Auge
gedrückt hat, der ihm helfen soll, war wie meistens mehr
mit Telefonieren beschäftigt und auffällig oft nicht zu sehen. Wozu er den bekommen hat, versteht Egü beim besten Willen nicht. Alles bleibt an ihm hängen.

Er streckt sich und sieht Kurt in die Augen. Der hat ja
keine Ahnung von seinem Park, hockt immer noch im
Büro und fiebert dem Feierabendbier entgegen.

»Mensch Kurt«, sagt Egü endlich, »nicht ,Connection',
,Convention'!«

»Hä?«

»Convention, das ist so'n Treffen von Leuten, die alle
das Gleiche wollen und sich gern verkleiden, hat Torsten
gesagt. Und der muss es ja wissen!«

Egüs und Traudels Sohn Torsten studiert seit zwei Jahren Physik in Bonn, aber das weiß Kurt ja. Also fährt Egü
fort: »Torsten sagt, die treffen sich immer in der Beetho-
venhalle und spielen Computerspiele, nur eben im echten Leben.«

Kurt guckt verständnislos, also setzt Egü geduldig hinterher: »Na, sie verkleiden sich als Figuren aus den Spielen. Verstehst du?«

Jetzt nickt Kurt langsam und nimmt einen langen
Schluck aus seinem Altglas, dann gibt er dem Wirt ein
Zeichen. Der schaut fragend in Egüs Richtung, und auf
sein Kopfnicken zapft er gleich die nächste Runde.

»Und als was verkleiden sich die Tchibo-Fans in deinem
,Malkasten'? Als Kaffeebohnen? Oder als . . .«, Kurt kratzt
sich die Pläte und wiegt den Kopf von rechts nach links,
ein eindeutiges Zeichen für die Suche nach weiteren Gedanken.

Egü kommt ihm zuvor, Kurts Gedanken in allen Ehren,
aber er ist heute mal wieder einfach zu langsam.

»Nee, die laufen alle in weiten Gewändern rum. Sehen
ziemlich mopsig aus und irgendwie – ich weiß nicht –
sonderbar. Verdächtig? Eine hat sowas Seidiges in knall-
blau an, mit Stickerei, dazu so Hippieschlappen, sehen aus
wie aus Samt. Ein bisschen . . . wie die Kellnerin im Chi-
na-Imbiss.«

Kurt reibt sich über die Hüfte und greift zum Glas. »Und
was sollen die nun spielen auf deiner Convention?«

»Das ist es ja gerade, ich weiß es nicht! Nach Spiel sieht
das aber nicht aus! Und es sind an die Hundert, alles Weiber, in Traudels Alter, kein einziger Mann, die Menge

macht mir einfach Angst. Und die Kombination mit Tchibo. Was der alles verkauft: Bügeleisen, Messerblöcke, Astscheren, Sägen . . .«

»Aber auch Jacken und Socken«, meint Kurt und deutet in seinen Nacken. »Außerdem: Mit Traudel wirst du doch auch fertig«, nuschelt er.

Egü nickt. Aber tief in seinem Inneren hat er seine Zweifel, und er ahnt, dass diese Tchibo Convention ihm keine Freude bereiten wird.

»Dann musst du morgen eben mal im Haus werkeln, um rauszufinden, was die vorhaben«, meint Kurt und spuckt ein »verdammte Weiber« hinterher.

Egü gibt dem Freund Recht und bestellt noch eine Lage. Lieber hier im renovierten Lokal hocken, als sich zu Hause weitere Vorträge über »erweiterte Horizonte« und »neue Ziele im Leben« anhören.

»Weißt du noch, wie schön wir es hatten, als die Kinder noch im Haus waren?«

Kurt klingt weinerlich und Egü nickt.

Der Rest Senf am Tellerrand färbt sich dunkel und wird rissig, wie ein Gleichnis auf diesen Tag – oder auf Egüs Leben insgesamt. Sein Hals zieht sich zusammen und Egü schluckt krampfhaft. Dann ordert er zwei Killepitsch.

Am nächsten Morgen steht Egü trotz seines dicken Schädels eine halbe Stunde früher auf, um dem Treiben im ‚Malkasten' auf den Grund zu gehen. Er macht sich fertig und nähert sich vorsichtig dem Frühstückstisch.

»Bravo«, singt Traudel ihn an.

Er kann sie kaum erkennen hinter ihrem dampfenden Dinkelbrei mit beinahe ausgestorbenen Äpfeln aus dem Bioladen, den sie seit Wochen auch ihm vorsetzen will. Es riecht irgendwie – staubig.

Aber er hört sie klar und deutlich: »Du durchbrichst eine Routine, das ist der Anfang von etwas Neuem!«

»Ich durchbrech gleich die Schallmauer wie das HB-Männchen, wenn ich nicht wenigstens ein Brot mit Fleischwurst kriege!«

»Dann geh in die Metzgerei und hol dir ein Brötchen. Ich kauf kein totes Tier mehr. Und du solltest auch darauf verzichten! Wenn schon nicht aus Mitleid mit der Kreatur, dann wenigstens wegen deiner Rückenprobleme. Das ganze Fleisch macht dich doch fertig! Du bist ja völlig übersäuert!«

»Übersäuert, so'n Scheiß!«, brüllt Egü. »Sauer bin ich! Bin doch 'n ganzer Kerl, ich brauch Fleisch!«

»Naja, naja . . .«, sagt Traudel und einen Sekundenbruchteil lang hofft Egü, dass sie doch noch einlenkt, weil sie begreift, wie ernst es ihm ist. Doch sie sagt: »Dann nimm mal deine Keule und jag dir ein Mammut.«

Ohne ein weiteres Wort dreht Egü sich auf dem Absatz um und zieht ab. Er knallt die Wohnungstür zu und stapft los.

Beim bayerischen Bäcker um die Ecke kauft er sich zwei Brötchen mit dicken Scheiben warmem Leberkäse und nimmt sich vor, mittags eine Currywurst zu essen. Mit Fritten und Mayo!

Auf dem Weg zur Arbeit überlegt er, ob Traudel etwas mit den Weibern da zu tun haben kann, der Tchibo Convention – im Geiste nennt er sie aus Versehen schon selbst erst ‚Connection', als seien sie eine Unterabteilung der italienischen Camorra. Aber – wer weiß – vielleicht sind sie es sogar? Was, wenn sich alle Frauen in dem gefährlichen Alter zusammentun, kaum dass die Kinder aus dem Haus sind, um die Weltherrschaft an sich zu reißen?

Im Vorbeieilen sieht er, wie eine Rentnerin ihren Mann auf einer Bank absetzt und Richtung Einkaufsstraße läuft, ohne sich auch nur einmal umzuschauen. Und das bei dem trüben, frischen Wetter!

Und wenn die planen, alle Männer auszusetzen wie Hunde? Oder unterzubuttern? Mit Dinkelbrei zu ersticken?

Oder gar mit Gartenscheren zu entmannen, falls sie sich wehren?

Er hat den letzten Bissen Leberkäse gerade geschluckt, da kreuzt diese asiatisch gekleidete Walküre mit ihrer Zopfschnecke um den Hinterkopf seinen Weg und öffnet die Tür zum Hentrichhaus. Sie geht aufrecht wie eine Generalin und sieht aus wie eine chinesische Version dieser ukrainischen Präsidentin, nur ist sie faltenreicher und üppiger, außerdem nicht blond, sondern eher verschimmelt. Neben ihr ein Rothaarige und eine dicke graue Maus, na eher – ein Biber.

Egü gluckst und folgt ihnen in gemessenem Abstand, schließlich will er nicht sofort achtkantig wieder rausgeschmissen werden.

In der letzten Nacht hat er geträumt, Traudel wäre bei dieser Versammlung dabei gewesen und alle hätten sich als Hexen verkleidet: lange schwarze Kleider mit dunklen Schürzen, rote Kopftücher über den meist grauen Haaren, und sie haben ihn und Kurt kreischend, auf ihren Besen reitend, durch den ganzen Park gehetzt. Als er und Kurt völlig kaputt und hechelnd beim Venusteich angekommen sind, ist er aufgewacht, gerade noch rechtzeitig, um dem Tod durch Ertränken zu entgehen.

Egü schluckt und betritt das Hentrichhaus. Er drückt sich an die Wand des Foyers. Der weite Raum ist leer, aber von oben, wo der große Tagungsraum ist, dringt das Geschnatter der Gänseschar zu ihm herunter. Egü blickt sich um und stiehlt sich zur Treppe wie ein Einbrecher. Fehlt ihm noch, dass die Chefin ihn hier erwischt und wieder ein Riesendrama macht. Aus jeder Fliege macht sie einen Elefanten. Oder eher: aus jeder Osterglocke einen Mammutbaum.

Egü beeilt sich, unbemerkt nach oben zu kommen, was mit seinen Gartenstiefeln gar nicht so einfach ist. Auch der sich anbahnende Hexenschuss macht ihn nicht gerade wendiger.

Auf der Mitte der Treppe nimmt er einen sonderbaren Geruch wahr, bitter und penetrant, bestimmt ein Gesundheitstee.

Egü atmet flacher. Was die da wohl zusammenbrauen? Von Traudels neuester Fünf-Elemente-Küche ist er einiges gewöhnt, aber dieser Gestank ist ihm zum Glück noch fremd.

Egü beißt die Zähne zusammen, nimmt die letzten Stufen. Der Treppe gegenüber sieht er einen unbewachten Tapeziertisch. Er ist mit gelber Seide abgedeckt, darauf diverse Dinge, die er nicht sofort identifizieren kann, und Bücher. Er reckt den Hals, um sich einen schnellen Überblick zu verschaffen, ohne entdeckt zu werden. Eine Menge kleiner Fläschchen steht da, Dosen mit Kräutern und dickwandige Messingschalen in unterschiedlichen Größen mit Klöppeln darin. Er sieht Glaskugeln, die auf wulstigen Hälsen stehen wie durchsichtige Bäumchen, schimmernde Silberkugeln und merkwürdige Metallkörbchen an Stielen, etliche kleine Drachenfiguren und Gipsköpfe. Buddhas?

Egü pirscht näher. Buddhas, klar, neben kleine Statuen, über die Striche laufen. Irgendwas mit Akupunktur, schließt er und schüttelt sich.

Jetzt übertreiben die bei Tchibo aber wirklich, denkt er und sieht wieder die kleine Buddhafigur vor sich, die bei Kurt seit kurzem das Wohnzimmer bereichert. Sie hält eine gläserne Kugel im Schoß, die mal grün leuchtet, mal lila, dann sogar rosa, während Wasser darüber sprudelt und die Luft befeuchtet.

»Zimmerspringbrunnen, von TCM«, hat Kurt entschuldigend geflüstert und hinter vorgehaltener Hand hinzugefügt, »husten tu ich immer noch, dafür muss ich jetzt auch noch andauernd pinkeln.«

Egü kratzt sich am Ohr. Luftbefeuchter, okay, kann man machen, sinniert er und zuckt zusammen, als ein Gong sein Trommelfell in Vibrationen versetzt.

Aber Akupunktur zum Selbermachen? Das geht doch wohl etwas zu weit. Obwohl alles hier auf eine Verkaufsveranstaltung von Tchibo hindeutet. Aber wo sind dann die Männer?

Nur vier, fünf Schritte noch und Egü wird um die Ecke des Tagungsraumes blicken können und rausfinden, was das für sonderbare Klänge sind und was die Weiber da tatsächlich treiben.

Er legt die Hand an den Rahmen der Schiebetür und beugt sich vor, hält die Luft an, zieht den Bauch ein und fasst mit der anderen Hand ins schmerzende Kreuz, als ein bedrohliches Räuspern hinter ihm erklingt.

Egü gefriert das Blut in den Adern, einen Augenblick lang fürchtet er, dass ihm die Knie nachgeben und ihm im Sturz endgültig der Wirbel im Rücken verspringen wird. Die Klänge und das Stimmengewirr aus dem Saal weichen einem schmerzhaften Klopfen in seinem Kopf, die Trommelfelle drohen ihm nach außen aufzuplatzen – wie überreife Äpfel, in deren Innerem es gärt. Auch Bioäpfel faulen . . .

Dann spürt er, wie das Eisgefühl in seinem Inneren sich langsam in eine Gänsehaut auf Rücken und Armen entlädt und das Pochen in seinem Schädel abebbt zu einem panischen, doch nicht lebensbedrohenden Herzklopfen. Schon hat er sich wieder gefangen. Was bleibt, ist eine bittere Übelkeit und eine minimale Sehstörung.

Die lange, dürre Gestalt der Chefin in ihrem anthrazitfarbenen Bleistiftkostüm erkennt er eindeutig, ihr kantiges, ebenmäßiges und stets makellos geschminktes Gesicht und die straff nach hinten gekämmten Loreleyhaare kommen ihm verschwommen vor.

Egü lehnt sich mit dem Rücken gegen die Wand und versucht, sich zu konzentrieren. Was könnte seine Anwesenheit hier rechtfertigen? Ist er auf der Suche nach seiner Gartenschere? Braucht er Akupunktur für seinen Hexenschuss?

»Herr Meyer!«, zischt ihn die Chefin an, bevor Egü anfangen kann herumzustammeln, und rudert mit den Armen, was vermutlich eine Aufforderung sein soll, den Rückzug anzutreten.

»Herr Meyer, was treiben Sie hier? Wechseljahre des Mannes?« Sie grinst hämisch. »Darüber sind Sie doch wohl schon hinaus, oder? Außerdem gehören Sie eindeutig nicht zur Zielgruppe des Workshops ,Den Drachen reiten'. Raus mit Ihnen, an die Arbeit!«

Egü drückt sich ab von der Wand und wieselt wortlos zur Treppe, so rasch und würdevoll, wie es seine Gummistiefel und sein Kreuz erlauben.

Zwanzig Minuten später, pünktlich zum vereinbarten Arbeitsbeginn, schiebt sich Egü mit dem Laubbesen Richtung Rasenfläche. Der kleine Italo steht direkt hinter der Brücke und telefoniert. Egü hört mehrfach ein enthusiastisches »Si, Mama, mache ische!« und geht kopfschüttelnd weiter. Hier vorne hat er gestern aufgeräumt, heute kommt der hintere Teil des Parks dran.

Er war rasch noch bei Tchibo, um nachzusehen, was die gerade im Angebot haben, hat Kreuzfahrtprospekte und Regenbekleidung für Radfahrer gefunden, aber eine Broschüre zu einem Drachenworkshop war nicht dabei. Kurt wird meckern, wenn Egü abends bei Kalle nicht mehr über den Weiberhaufen zu berichten weiß als den Rausschmiss durch die Chefin.

Was kann die nur gemeint haben?

Eine Anspielung auf sein Alter und »Den Drachen reiten«, das klingt verdammt nach Hexenkram und Kräuterweiblein, was zu dem Geruch passen würde.

Egü kichert. Eigentlich müsste ein Workshop mit Drachen sich an Männer richten, an Männer wie ihn. Viele haben Drachen zu Hause. Obwohl mit dem Reiten, da hat die Chefin Recht, über das Alter scheint er drüber weg zu sein. Traudels Rittmeister ist er schon lange nicht mehr, denkt Egü und schaut betrübt Nurejew hinterher, dem

Graureiher. Den Namen hat er von der kunstversessenen Chefin. Egü muss zugeben, dass der Vogel tatsächlich Tänzerbeine hat. Aber ihm fehlen natürlich Strumpfhosen und Hasenpfötchen, ein Gedanke, der Egü zurückführt zu seiner eigenen Manneszier. Brüderlich nickt er Nurejew zu, doch der dreht graziös den Kopf weg.

Egü seufzt. Wie soll er auch seinen Drachen reiten, bei der Ernährung: Dinkelbrei oder Tofuburger, Salat – »Schlappofix« haben sie beim Bund dazu gesagt – Polentaauflauf mit Eieinlage oder Krautrouladen, schlappe Blätter um irgendein anderes Gemüse gewickelt! Das ist entwürdigend für einen Kerl wie ihn, für alle Männer, und da wird auch Erich-Günther, der Riesenrammler, zum . . . Er sucht nach dem passenden Wort und wird inspiriert von einem vorbeihuschenden Eichkater, der seinen flauschigen Körperschmuck aufrecht trägt wie eine Fahne. Mit mildem Neid denkt Egü: . . . zum Weichhörnchen kochen einen diese Schnepfen. Mit einem ordentlichen Steak sieht die Sache schon ganz anders aus!

Das Eichhörnchen huscht durch raschelnde Blätter, klettert flink eine Eiche hinauf und sieht über Egü hinweg.

Egü tastet in der Tasche seines grünen Kittels herum und findet die tröstlichen Knollen. Er blickt sich um, aber außer Nurejew und dem Eichkater ist niemand zu sehen. Also kratzt Egü mit der Spitze seines Stiefels ein Loch in den Rasen. Er bohrt noch ein wenig nach, dann versenkt er eine Tulpenknolle in dem Loch und beeilt sich, die ausgebohrte Erde wieder darüber zu schieben.

»Herr Meyer«, durchkreuzt zum zweiten Mal an diesem Tag die Stimme der Chefin sein Vorhaben. Egü zuckt zusammen und stellt den Fuß auf das Loch.

»Herr Meyer . . .«

Egü weiß, was jetzt kommt, denn diese Diskussion haben sie schon oft genug geführt.

»Herr Meyer, ich habe Sie schon mehrfach aufgefordert, das zu unterlassen! Tulpen und Osterglocken haben in diesem Künstlerpark nichts zu suchen! Sie passen einfach nicht ins Gesamtkonzept! Wir sind hier nicht auf dem Keukenhof! Warum bloß können Sie das nicht respektieren? Hier ist alles geplant! Erst im vergangenen Jahr hat das Land viel Geld in die Neugestaltung des Gartens gesteckt, hier passt eins zum anderen!«

Die Chefin nimmt Haltung an und Egü weiß, dass nun ein Vortrag folgt. Er erinnert sich, wie schön es hier war, als noch der alte Professor den Laden geleitet hat. Da gab es keine Drachenseminare, keine Weibertreffen, keine Vorträge. Sondern Grillfeste.

Die Chefin zitiert aus der Broschüre der aktuellen Ausstellung ‚Parcours interdit', was verbotener Weg heißen soll. Egü unterdrückt ein Seufzen.

Die Chefin wirft sich in die magere Brust und legt los: »In die Choreografie des Parks haben sich landschaftsgärtnerische Haltungen, künstlerische Eingriffe wie auch gesellschaftliche Ereignisse verschiedenster Epochen eingeschrieben und ihn zu einem heterogenen Parcours durch die Jahrhunderte verdichtet. Eingeschrieben und verdichtet, mein Bester! Das sind höhere Zusammenhänge, da gehören Ihre Blühzwiebeln sicher nicht dazu! Außerdem habe ich andere Aufgaben für Sie!«

»Drachenjahre! Hättest du gedacht, dass diese Zeit auch was Positives hat?«, fragt Eleonore ihre Freundin Gudrun und schaut aus den Augenwinkeln zu, wie sich das weite Leinenhemd über deren Bauch wölbt und bei jedem Schritt im Takt mit dem Busen wippt.

Gudrun löffelt aus ihrem blauweißen Schälchen Reisbrei in sich hinein und nuschelt: »Yang-Mangel, so einfach ist das? Nur die Ernährung umstellen und ein bisschen Klangschalentherapie und Yoga, und damit werd ich meine Kilos los? Wenn das mal funktioniert! Wär ja zu schön, um wahr zu sein!«

Gudrun reibt sich über die Hüfte und Leo fühlt mit ihr. Auch sie selbst hat ein Hormonpflaster getragen, gegen ihre Hitzewallungen und Schlafstörungen. Die Freundin hat es gegen ihr Gewichtsproblem geklebt und die Stimmungsschwankungen, die ihre Ehe an den Rand der Trennung geführt haben. Und trotzdem ist sie aufgegangen wie ein Germknödel auf der Heizung und Leo hat geschwitzt wie ein Käse in der Sonne.

»Und du?«, reißt Gudrun sie aus ihren Gedanken, »was hat die Beraterin dir gesagt, was du gegen deinen Ying-Mangel tun sollst?«

»Gleicher Ansatz«, sagt Leo, die ihre Portion kühlende gedünstete Gemüse schon intus hat und sich jetzt entscheiden soll zwischen sportlicher und künstlerischer Betätigung, um ihre Lebensenergie wieder ans Fließen zu kriegen. »Wir können den Drachen nur reiten, wenn wir ihn vorher zähmen. Es geht in der Traditionellen Chinesischen Medizin doch immer um die Gesamtheit von allem: Licht und Schatten, Gut und Böse, Körper und Seele, Mann und Frau . . .«

»Hunger und Lust, Ying und Yang eben«, vollendet Gudrun Leos Vortrag.

»Eben«, knüpft Leo an, »es geht um Ausgleich, auch in den dämlichen Wechseljahren. Ist doch das gleiche Theater wie in der Pubertät. Deshalb haben die Chinesen ja auch das gleiche Tier für beide Phasen. Den Drachen. Und er steht für positive Kraft. Wir müssen ihn nur richtig zu nehmen wissen.« Sie fährt sich mit der flachen Hand über den nicht allzu vorgewölbten Unterbauch und horcht in sich hinein. Nach Sport ist ihr überhaupt nicht, dafür scheint die Ernährungsumstellung ihre Kreativität anzukurbeln. »Ich werde den Drachen malen, während du ihn klingen lässt. Ich brauche nur ein Objekt . . .«

»Ist hier nicht genug zu malen?«

Leo schüttelt den Kopf und schließt die Augen. Sie sieht einen jungen Mann auf einem Ast hocken, schön wie ein

Gott. Er ist nackt, hat die dunklen Locken in den Nacken geworfen. Sie sieht sein Profil, das Ohr ist etwas zugespitzt und wirkt behaart. Dann dreht er ihr das Gesicht zu, baumelt mit den Beinen und zwinkert verschmitzt. Ein Faun! Den will sie malen!

Sie öffnet die Augen und – glaubt zu träumen. Ein paar Schritte neben dem Fußweg steht er: ein junger Mann von etwa dreißig mit auffallend dunklen Augen, die von innen her zu glühen scheinen. Er hat schwarze Locken, die ihm bis auf die Schultern reichen. Seine Ohren sind zwar unbehaart und normal geformt, trotzdem ist Leo sicher, dies ist ihr Faun! Noch trägt er einen Blaumann und Gummistiefel, aber das wird sich ändern. Sein Spaten steckt in einem Erdhaufen und er hält ein Handy an sein Ohr.

»Si, Maama, si, si! Ische komme, versproche! Si, si, so fruh wie moglische.« Er nickt vehement, schaut auf und sieht Leo und Gudrun. »Ische musse mache Schlusse, Maama, musse Arbait! Si, Maama, si, si, ische dische auche!«

Er legt auf und seufzt, wirft Leo einen feurigen Blick zu und zuckt entschuldigend die Schultern. »Mama wille imma, dass ische komme . . .«

Ich auch, denkt Leo und schüttelt die erst vor ein paar Tagen frisch mit Pflanzenfarbe gefärbten roten Locken, ich brauch dich auch. Zu Gudrun gewandt flüstert sie: »Es ist wirklich mal Zeit für etwas Neues.«

Jabulani läuft. Er ist dem Seminar ‚Weibliche Lebenzusammenhänge in der deutschen Romantik am Beispiel der Caroline von Günderode' entkommen und läuft, weil er es sonst nicht aushält. Was hat das Studium hier mit dem Leben seines Stammes zu tun?

Die feuchte Münze in seiner Hand öffnet ihm das Drehkreuz und Jabulani läuft heute mal links herum, dem kleinen Flüsschen nach, das dieser Stadt den Namen gegeben hat.

Jabulani braucht Rückhalt, er muss die Nähe der Geister spüren, sonst dreht er schlichtweg durch. Er schaut nicht links und nicht rechts, seine Beine laufen von alleine, und Jabulani versucht, sich auf das Gefühl von Ruhe zu konzentrieren, das er gleich erfahren wird. Nur noch eine Ecke, dann wird er den Durchgang sehen ...

Er macht die entscheidenden Schritte und sieht weiter auf den Boden vor sich, um die Vorfreude noch zu steigern. Dann ist seine Position richtig, bei der Bank am Venusteich hebt er den Kopf und – bleibt stehen, als sei er vor eine Glaswand gelaufen.

Auf der anderen Seite der Wasserfläche steht eine riesige Klappleiter. Der alte Gärtner steht darauf und hantiert mit einer Zange, mit der man Weidezäune durchtrennen könnte, an einem der Stahlseile herum, die den Durchgang der Geister im Gleichgewicht halten. Er ist dabei, das Passagem zu zerstören!

»Nein!«, schreit Jabulani.

In diesem Augenblick drückt der Gärtner schon die Arme der Zange zusammen und das Passagem ruckt wie ein kräftiger Ziegenbock an seinem Pflock. Ein Knirschen geht durch die Bäume, an denen die verbleibenden drei Stahlseile befestigt sind, ein paar Blätter trudeln auf den Teich wie die Seelen von Verstorbenen.

Dann ist es still, unheimlich still. Jabulanis Herz setzt aus. Er steht wie von einem Fluch der Geister gelähmt.

Der Gärtner sieht ihn an, greift sich in den Rücken und beginnt, von der Leiter zu steigen. »Sind denn jetzt alle durchgedreht?«, fragt er, schüttelt den Kopf. »Erst die Chefin, dann der Abbau, als ob ich dafür zuständig wäre, dann diese Schnepfe, die meinen Gehilfen vernaschen will, jetzt ein Schwatter, der mir sagt, was ich nicht tun soll?«

Jabulani versteht kein Wort, er weiß nur, er muss sein Kunstwerk verteidigen gegen diesen Mann. Jabulani tastet in der Jackentasche nach dem Messer, das er immer bei sich trägt. Er ist nur noch ein paar Meter von dem Gärtner entfernt und versucht sich zu konzentrieren – wie bei der Jagd in der Namib. Aber es gelingt ihm nicht, eine Frage lenkt ihn ab: Was wird sein, wenn der Gärtner fort ist? Da sind andere, die diesen Park gestalten. Jabulanis Füße werden langsamer, gegen seinen Willen.

Und dann hört er dieses Lachen. Es bringt ihn endgültig aus der Fassung.

»Noch ein Grad kälter und Aniello ist nicht der Waldgott, sondern die Göttin«, kichert eine Frau.

Der Gehilfe des Gärtners lehnt an einem Baumstamm in Blautönen. Die aufgemalten Totenköpfe und Teufelsgesichter sind Anziehungspunkte für die Geister. Vor dem Gehilfen steht lachend eine dicke grauhaarige Frau. Der schwarzhaarige Mann trägt lediglich ein großes fünffingeriges Blatt vor seiner Männlichkeit und Jabulani denkt voller Heimweh an die Wärme zu Hause.

Eine andere Frau steht hinter einer Staffelei. Ihr Haar glänzt wie ein Sonnenuntergang hinter Sandhügeln. Sie hebt den Pinsel und schwenkt ihn lächelnd in Richtung der anderen Frau. »Finger weg.«

»Die bringen sich noch gegenseitig um in ihrer dämlichen Altweibergier«, knurrt der Gärtner, nur für Jabulani hörbar. »Und dieser kleine Mafioso schürt noch ihre Eifersucht.«

Jabulani sieht, wie der Italiener sich grinsend über die Lippen leckt und der grauhaarigen Frau mit dem Zeigefinger andeutet, zu ihm zu kommen.

Der Gärtner dreht ihnen jetzt den Rücken zu und macht Anstalten, wieder auf die Leiter zu klettern. Wie soll Jabulani das verhindern?

Er kommt nicht dazu, Pläne zu schmieden, denn eine Frauenstimme hinter ihm ruft: »Egü, ich bringe dir was Feines zum Naschen: Salbeitee und Leinsamenkekse!«

»Oh, wie wunderbar«, rufen die beiden anderen Frauen gleichzeitig und wenden sich ab von dem nackten Mann hin zu einer rundlichen Frau, die mit einem Korb in der

Hand aus der entgegengesetzten Richtung um den Venusteich näher kommt.

Jabulani fühlt sich wie der eingekreiste Menschenfres-
ser, der alte Löwe in der Steppe. Er hatte keine Chance
gegen die Übermacht der Jäger, die ihr Dorf schützen
mussten. Jetzt muss Jabulani das Passagem schützen. Die
Muskeln seiner Arme vibrieren, seine Schultern sind gespannt, er ist bereit.

Die Malerin und ihre Freundin samt Motiv sind links
hinter ihm, der Gärtner mit dem Passagem direkt vor ihm,
dahinter nähert sich diese Frau mit dem Korb.

Jabulani spürt jetzt das Rauschen des Blutes der Jäger,
aber er darf nichts überstürzen. Dies ist falsch. Er fühlt es
am Druck in seinen Adern und am Geschmack der Bitter-
keit. Diese Menschen sind nicht seine Gefährten. Hier kann
er nichts ausrichten!

Aber der Gärtner kann sein Werk auch nicht vollenden!

Jabulani kehrt der Szene den Rücken und läuft zum
Ausgang. Zum ersten Mal, seit er den Park entdeckt hat,
verlässt er ihn enttäuscht, ungetröstet, einsam. Er wird
später zurückkommen müssen, um das Passagem zu retten.

Als ob sie neuerdings eine Antenne für den absolut falschen Zeitpunkt hat, denkt Egü und bildet sich einen Duft
von Brathähnchen ein. Was will Traudel im Park? Als die
Kinder noch im Haus waren, hatte sie ein untrügliches
Gespür für den rechten Augenblick, noch bevor er oder
die Kinder auch nur eine Ahnung davon hatten.

Was ist nur aus uns geworden, denkt er und schließt
die Hände zu Fäusten. Wieso tut sie mir das an?

Egü wendet sich ab von der Leiter. Schon jetzt weiß er,
dass er einen Rüffel bekommen wird von der Chefin, wenn
dieses dämliche Kunstwerk noch nicht demontiert ist. Er
weiß, dass sie den kleinen Spaghettifresser in Schutz neh-

men wird und auch die Weiber, weil die schließlich Kunst produzieren, während er nicht mal seine läppischen Aufträge abarbeiten kann.

Nicht eine Sekunde länger erträgt er Traudels demonstratives Strahlen. Sie kommt auf ihn zu, die beiden anderen Frauen rücken ihm auch auf die Pelle. Das hält er nicht aus. Egü kneift die Augen zu. Doch auch vor seinem geistigen Auge sieht er die drei Frauen mit dem Italo, jedoch ohne sein Feigenblatt, dafür säuselt er: »Ische habe gar keine Mutta.« Egü wird schlecht.

Plötzlich spürt er etwas Weiches unter den Händen. Er schlägt die Lider auf und sieht Traudel direkt in die weit aufgerissenen Augen. Ein Gurgeln quillt aus ihrem Mund. Hände liegen um ihren Hals. Es dauert einen Augenblick, bis er registriert, dass es seine Pranken sind.

Dann zuckt ein Blitz durch sein Bewusstsein, er hört Holz bersten. Sein Kopf explodiert und knickt zur Seite. Seine Knie geben nach und Egü sieht noch, wie der Fußweg näher kommt. Bevor er aufschlägt, springt ihm ein Wirbel aus der Reihe.

Dann ist es still.

Jabulani läuft. Er ist schneller als sonst und er reckt den Hals höher. Über der Mauer des Hofgartens sieht er das Passagem und schreit auf. Etwas hängt daran und macht den Durchgang unbenutzbar. Jabulani atmet schneller und sprintet los. Er hat gedacht, dass die verrückten Weißen im Park nichts mehr anstellen können, als er vorhin weggelaufen ist, um sich zu beruhigen. Aber hier ist alles möglich. Sie haben es verdorben, er kommt zu spät.

Er wirft seine Münze in die Düssel und springt über den Zaun der Einfahrt zum Park, verlässt den Weg und rennt geradeaus durch das Gebüsch auf den Venusteich zu. Er ist vollkommen allein, selbst der Gärtner ist nicht da, und auch der kleine Nackte fehlt.

Aber schon von Weitem sieht er, dass die Leiter noch immer bei seinem Kunstwerk steht. Das ist seine Chance. Er wird hochklettern, die Decke abnehmen, die sie vermutlich schon für den Transport darauf gelegt haben, wird ein weiteres Stahlseil kappen und den Durchgang an den zwei verbleibenden Seilen hochkant hängen lassen. Dann können die Geister ungehindert durch, beide Welten sind dann auf einer Ebene, das wird sie gnädig stimmen. Wird ihnen Jabulanis guten Willen zeigen. Dann bleiben sie bestimmt im Park, auch wenn der Durchgang abmontiert wird. Dann hält er die restliche Zeit hier auch noch aus.

Jabulani greift nach der Zange, die neben der Leiter am Boden liegt, klettert empor und packt die Decke, die bei näherer Betrachtung eher ein Bündel aus Säcken oder Stoffresten ist. Doch es ist nicht nur Stoff. Da ist etwas Festes. Er sieht genauer hin.

Eine Hand ragt über den Stahlrand. Jabulani kann nicht erkennen, zu wem sie gehört, nur dass der Arm unbekleidet ist. Was hat das zu bedeuten? Könnte er das Kunstwerk drehen, wäre alles einfacher.

Jabulani steigt von der Leiter, verschiebt sie und steigt wieder rauf, schlägt die Ecke des Stoffbündels zur Seite und blickt in die Augen – des Italieners. Er hat einen Apfel im weit aufgerissenen Mund stecken und wirkt deutlich weniger feurig als noch vor ein paar Stunden.

Jabulani ist ratlos. Er zerrt an dem Bündel, doch irgendwie ist der Mann darin eingewickelt. Immerhin bewegt er sich, wackelt mit dem Kopf, zuckt mit den Händen und Füßen. Warum richtet er sich nicht auf?

Jabulani greift nach dem Apfel und versucht, ihn aus dem Mund des Mannes zu ziehen, doch dessen Zähne haben sich in die Frucht gebohrt und er kann offenbar weder loslassen noch abbeißen. Erst als Jabulani daran dreht, bricht ein Stück ab und er zieht den Apfel weg. Im gleichen Augenblick fängt der Italiener an zu würgen. Er läuft blau an und windet sich, dass das Stoffbündel verrutscht.

Jetzt sieht Jabulani, dass seine Hände an dem Stahlkranz festgebunden sind. Jabulani schüttelt den Kopf und tastet nach seinem Messer.

Schließlich hustet der auf dem Durchgang liegende Mann und das Stück Apfel fliegt in hohem Bogen zur Seite. Der restliche Stoff löst sich und fällt zu Boden. Der Mann darunter ist nackt. Er ist auch mit den Beinen an das Rad gebunden und hängt kaum durch. Mehrere Nadeln stecken in seinem Körper. Jabulani wundert sich.

Voodoo? Er hat davon gehört, allerdings immer angenommen, dass man Puppen sticht, um ihre Verkörperung in einem Feind zu verletzen. Ist dieser Mann die Puppe, der Stellvertreter eines anderen? Ist alles verdreht und die Geister selbst sind hier am Werk?

Ein lautes Stöhnen von unten lenkt ihn ab. Bei den Büschen richtet sich der Gärtner mit krummem Rücken auf. Er drückt eine Hand gegen den Hinterkopf, mit der anderen klopft er sich Blätter von seinem Kittel.

»Wer war das?«, krächzt er und stolpert.

Jabulani beeilt sich, nach unten zu kommen. »Sie müssen mir helfen«, stößt er hervor, »der Mann da oben ist voller Nadeln, wir müssen ihn runterholen.«

Der Gärtner stöhnt nur und sieht nach oben.

»Nadeln sind gut für den Energiefluss«, ertönt da eine Frauenstimme hinter ihnen.

Sie drehen sich um. Von oben erklingt ein verzweifeltes »Maama«.

Die Malerin mit den roten Haaren tritt näher, ihr folgen eine Frau mit Haaren, die einer grauen Schnecke ähneln, die dicke Grauhaarige und die Frau, die vorhin mit dem Korb gekommen ist. Alle vier sehen zufrieden aus.

»Traudel«, stößt der Gärtner hervor und stützt sich auf Jabulanis Unterarm, »du gehörst auch zu der Tchibo Connection?«

Die Korbfrau schüttelt den Kopf. »Du redest wirr, dabei war der Schlag von Leo doch als Denkanstoß gemeint. Hast du jetzt endlich begriffen, dass der viele Fleischkonsum aggressiv macht? Welchen Grund solltest du sonst haben, mich zu würgen?«

Die Rothaarige nickt. »Akupunktur würde auch Ihnen nicht schaden!«

Die Frau mit der Haarschnecke lächelt dem Gärtner zu. »Was bei dem einen negative Energie bremst, kann bei dem anderen positive zum fließen bringen . . .«

Jabulani blickt von einem zum anderen und begreift nichts. Er schnalzt die Zunge und zeigt nach oben.

»Genau«, sagt die rothaarige Malerin, »der musste lernen, dass er seine sexuelle Energie nicht an jeder austoben kann. Macht allen fürchterliche Avancen, nur weil man ihn als Model mag. Dabei könnten wir gut und gerne seine Mütter sein. Aber der Denkzettel wird ihm im Gedächtnis bleiben, da könnt ihr drauf wetten.«

Darauf schieben die Graue und die Rothaarige Jabulani zur Seite und steigen jede auf einer Seite der Leiter empor. Sie zupfen die Nadeln aus dem Körper, durchtrennen die Fesseln an den Füßen, lassen den Mann hinabgleiten, bis er an den Handgelenken hängt. Sie versetzen die Leiter und schneiden auch die Handfesseln durch. Die beiden anderen Frauen stehen mit verschränkten Arme dabei und schauen zu. Sie machen keine Anstalten, den Mann aufzufangen. Jabulani springt hinzu und packt den fallenden Körper. Der Mann hat die ganze Zeit keinen Mucks von sich gegeben. Jetzt schüttelt er den Kopf und bedeckt mit beiden Händen seinen Unterleib.

»Eine Hand hätte wohl auch gereicht«, sagt die Rothaarige und schlägt dem Nackten aufs Hinterteil.

Jabulani versteht nicht und sieht dem Italiener hinterher, der wie von bösen Geistern gejagt in den Büschen verschwindet.

Dann hört er das Knirschen. Die anderen haben es auch vernommen. Alle schauen nach oben, wo mit einem Stöhnen das dritte Stahlseil vibriert.

Jabulani hält die Luft an. Die Geister sind hier, er spürt ihre Gegenwart zwischen den Bäumen. Sie haben die gleiche Idee gehabt wie er.

Das Seil dreht sich, eine Stelle dicht am Kunstwerk ribbelt auf, rasend schnell, der Rest wird immer dünner, dann ein Knall wie der Schuss eines Jagdgewehrs – und die eine Seite des Passagem sackt herunter. Der Durchgang pendelt hin und her wie die Glocke eines Doms. Wie eine Einladung an die Geister.

Jabulani atmet auf und schüttelt die Arme aus.

Der Gärtner bläst die Wangen auf und geht zu der Korbfrau. Er fasst nach ihrer Hand.

Jabulani fühlt den Stich in seinem Herzen. Dann spürt er etwas auf seiner Schulter. Die Hand der Rothaarigen, warm wie die Sonne selbst.

Die Frau lächelt. »Und Sie, junger Mann, kommen mit uns. Sie scheinen etwas aus dem inneren Gleichgewicht, wir bringen ihr Ying und Yang schon wieder in Ordnung.«

Die Bärlauchsammler

I

Sie hielten sich an der Hand. Wie zwei Kinder, die sich in einem unheimlichen Wald verlaufen hatten. Dabei waren sie keine Kinder, diese Zeit lag schon weit hinter ihnen. Und es gab auch keinen unheimlichen Wald. Stattdessen erstreckte sich hinter dem Kassenbereich ihr Park. Natürlich gehörte er nicht ihnen, denn sie lebten von einer spärlichen Rente aus seiner Zeit im Braunkohletagebau und dem, was sie als Putzfrau dazu verdiente. Doch trotzdem fühlte es sich so an, als sei dies der eine Platz auf Erden, der nur für sie geschaffen worden war.

Mit einem freudigen Glucksen überschritten sie die Grenze und es kam ihnen vor, als sei die Luft gleich eine andere, und das Licht hier von ganz besonderer Qualität. Dabei war es ein verhangener Nachmittag Ende März, der Himmel war ein einziges kriechendes Grau, und der Park deshalb nahezu menschenleer.

So hatten sie ihn am liebsten.

Sie wussten alles über den Park, vor allem er, Hans, hatte sich alles angelesen, was die wechselvolle Historie des Schlosses Dyck und seiner Gärten betraf. Wie der Schotte Thomas Blaikie den Park Anfang des 19. Jahrhunderts gestaltete, eine große Wiese platzierte, stille, spiegelnde Gewässer, und überall Sichtachsen erdachte, die wundervolle Blicke auf das Schloss ermöglichten. Es war, als habe er die Landschaft in eine einzige Bildergalerie verwandelt.

Waltraud hatte sich alle Pflanzen eingeprägt, das Aussehen ihrer Blüten im Kopf gesammelt wie andere Briefmarken in einem Album. Sie wusste, wo der Taschentuchbaum stand, dessen Blätter Ende Mai wie weiße Papierfahnen aussahen, wo die Magnolienwiese lag und sie kannte sogar den Platz, an dem früher der Riesenmammutbaum stand, bevor ihn ein Sturm umknickte wie ein Streichholz. Doch ihre wertvollsten Erinnerungen stammten vom Bärlauch. Hans und Waltraud liebten Bärlauch in jedweder Form. Sie liebten seinen würzigen Geruch, seinen leicht scharfen Geschmack, sie liebten Bärlauch-Knöpfle, ein einfaches aber köstliches Gericht aus Waltrauds süddeutscher Heimat, Bärlauch-Speckbrot, Bärlauch-Quiche oder frischen Bärlauch-Salat.

Die zwei folgten dem immergleichen Weg durch den Park, wie zwei alte Dampfloks auf ihren Schienen. Sie redeten währenddessen nicht viel miteinander. Es war alles gesagt, und sogar alle Streits hatten sie längst ausgetragen. Sie schauten sich seitdem viel mehr an, in die Augen, manchmal reichten schon kleine Bewegungen, um zu wissen, was der andere dachte. Seitdem waren sie viel glücklicher miteinander. Die Sprache hatte bloß zwischen ihnen gestanden. Nur ab und zu sagte Hans noch etwas, aber mehr aus Gründen der Tradition. Waltraud wusste, dass es gleich wieder so weit sein würde.

»Die Bäume tragen so wenig Blätter, wie ich Haare auf dem Kopf.«

Er machte diesen Scherz jeden Frühling und jeden Herbst, und Waltraud lächelte stets. Schließlich gehörte dies zu den Pflichten einer guten Ehefrau.

Als sie sich der Bärlauchwiese näherten, konnte Waltraud aus den Augenwinkeln sehen, wie Hans sich über die Lippen fuhr. Auch das machte er immer. Sie mochte, wie er sich auf ihr Essen freute. Das hatte sie immer schon an ihm geliebt. Niemand außer Hans hatte jemals ihr Essen gelobt. Ihre Eltern hatten nicht einmal gewollt, dass sie kochen lernte. Dafür gab es schließlich Personal. Und dass sie sich mit einem einfachen Arbeitersohn einließ, hatten sie erst recht nicht gewollt.

Das hatte Waltraud erst recht angestachelt.

Doch dies war alles lange her und nicht mehr wichtig. Der Bärlauch dagegen war es für Waltraud. Die Blätter mussten alljährlich vor dem Erblühen der Pflanze eingesammelt werden, sonst schmeckten sie bitter.

Ihr Blick fuhr suchend über den Boden. Doch eigentlich wäre dies gar nicht nötig gewesen, denn sie wusste genau, wo der Bärlauch stand und wie er aussah. Wie er ganz genau aussah. Viele verwechselten ihn mit Maiglöckchen oder Herbstzeitlosen, doch Waltrauds Blick war geschult. Was gut war, denn die dem köstlichen Bärlauch zum Verwechseln ähnlichen Gewächse waren hochgiftig. Wenn Waltraud, deren Augen an Kraft sehr verloren hatten, sich nicht sicher war, zerrieb sie die Blätter zwischen den Fingerspitzen. Entströmte ihnen dann der typische Knoblauchgeruch, konnte sie guten Gewissens weitersammeln.

Hans hielt an. Er tat so, als betrachte er eine prächtige Buche. Doch Waltraud wusste, dass ihm die Luft ausgegangen war. Sie sagte nichts dazu. Nach einiger Zeit brummte er und sie setzten sich wieder in Bewegung.

Nie würde Hans sich auf eine Bank setzen, um auszuruhen. Dafür war er viel zu stolz. Doch Waltraud hatte gelernt, die kleinen Zeichen der Schwäche zu erkennen und vorzugeben, sie selbst brauche eine Pause. Dabei war sie weitaus besser auf den Beinen als er, der sich die Knochen im Tagebau zerschunden hatte. Mit Überstunden und noch mehr Überstunden. Für sie, damit sie es gut hatte, und niemals daran dachte, was sie für ihn aufgegeben hatte.

Doch das hätte sie eh nie getan.

Sie bogen an der Säuleneiche ab.

Der Bärlauch liebte den Schatten von Laubbäumen. Eschen, Ahorn, Eichen und natürlich Buchen. Waltraud ließ Hans den Bärlauch entdecken, dabei hatte sie ihn nicht nur längst von Weitem gesehen, sondern seine Schritte

unbemerkt in diesen wenig besuchten Winkel des Schloss-
parkes gelenkt.

»Schau, Waltraud. Da steht er, unser Bärlauch. Als hätte
er auf uns gewartet. Schau, ich pflücke ihn dir. Reich mir
das Weidenkörbchen.«

Zärtlich hielt sie seine Hand. »*Wir* pflücken ihn, gönn
mir diese Freude.«

Waltraud hatte Gartenkissen eingepackt, auf denen sie
knien konnten. Die zwei sammelten viel der geliebten Köst-
lichkeit. Was sie heute nicht aßen, würde Waltraud pürie-
ren und einfrieren. Früher, da waren sie jeden Tag in den
Park gekommen, da war der Bärlauch immer frisch gewesen. Doch heute ging es einfach nicht mehr. Der Weg von
ihrer Wohnung hierher war nicht weiter geworden, nur
anstrengender.

Waltraud wollte gleich wieder zurück gehen, denn Hans
war abermals kurzatmig geworden. Doch er schlug einen
anderen Weg ein. Als sie ihm nicht folgte, sah er sie an,
mit seinen blassblauen Augen, in die sich Jahr für Jahr
mehr Grau schlich.

»Zur Buche gehen wir noch, ja? Wir müssen doch zur
Buche gehen, mein Schatz.«

Und sie nickte. Die Buche. Ihre Buche. Es war der ältes-
te Baum im ganzen Park. 1730 wurde er gepflanzt, das
wussten sie genau, sie hatten extra bei der Parkleitung
gefragt und nun gab es auch eine kleine Tafel, auf der alles über ihn stand. Eigentlich hätte er nicht älter als 250
Jahre werden dürfen, die Altersgrenze für Buchen. Doch
diese wuchs einfach weiter und weigerte sich standhaft,
zu sterben. Dafür liebten die beiden sie noch mehr. Ihr
Blätterdach erstreckte sich von der Krone nahtlos bis zum
Boden – und bedeckte ganze 160 Quadratmeter. Hans hatte
die Zahl ungläubig wiederholt, als er sie erstmals hörte.
Das war mehr Platz, als ihre ganze Wohnung maß, fast
dreimal so viel. An einer Stelle standen die Zweige heute
merkwürdig gewölbt nach vorne ab. Vermutlich fiel nur

den beiden solch eine kleine Veränderung auf. Hans wollte schon nachschauen, was der Grund dafür war, doch Waltraud zog ihn weiter, ein schwaches Funkeln in ihren Augen.

Ganz nah gingen sie zu dem alten Baum und traten schweigend ein. Das dichte Blattdach bildete eine Kuppel, und im Dunkel darunter fühlten sie sich wie in einer Kirche. Hier herrschte eine besondere Stille, der Boden war braun und weich wie ein Teppich.

»Unsere Buche«, sagte Hans und nahm Waltraud in den Arm.

Doch dann zuckte er zusammen und sein Herz schlug ihm bis zum Hals. Dort war jemand! Ein Mann, er saß auf den Zweigen, die kreuz und quer wuchsen, sogar in den Boden und wieder empor, so dass man meinen konnte, es sei nicht eine einzelne Buche, sondern eine ganze Kolonie. An einer Stelle bildeten die Äste eine Art Schaukel. Still saß der Mann dort, von ihnen abgewandt, den Kopf leicht gesenkt. Er war eingeschlafen, dachte Waltraud. Sie mussten ihn wecken, der Park würde bald schließen.

»Gehst du zu ihm?«, fragte sie Hans.

Und er ging. Vorsichtig tippte er dem Mann auf die Schulter. Er trug einen Smoking, und seine schwarzen Lederschuhe glänzten selbst im Zwielicht. Die Haare waren leicht gewellt und sahen feucht aus.

»Entschuldigen Sie bitte«, sagte Hans. Und tippte nochmals. Seine Fingerspitze wurde nass. Er griff die Schulter des Mannes, vorsichtig, und schüttelte ihn leicht.

Wie in Zeitlupe bewegte dieser sich nun.

Und fiel nach vorne. Kopfüber. Krachte durch einen der Äste und landete auf dem Boden.

Nun konnten die beiden sein Gesicht sehen. Es war blutüberströmt. In seinen Zügen war kein Leben mehr. Und seine gesamte Kleidung war nass.

Waltraud hielt sich die Hände vor den Mund, um den Schrei zu ersticken. Hans zitterte am ganzen Leib. Doch dann drehte er sich entschlossen um. »Wir müssen der Polizei Bescheid geben.«

Waltraud schüttelte den Kopf. »Das gibt nur Ärger. Sie werden uns befragen, und wir kommen nicht mehr rechtzeitig nach Hause zum Essen. Vielleicht denkt die Polizei auch, wir hätten etwas damit zu tun. Und dann kommen wir in die Zeitung. Alle Nachbarn würden davon erfahren.«

»Wir müssen Bescheid geben«, wiederholte Hans.

Waltraud schüttelte wieder den Kopf.

»Wir können ihn nicht einfach hier liegen lassen«, sagte Hans. »Das gehört sich nicht.«

Waltraud sagte nichts mehr, presste nur die Lippen so fest aufeinander, dass sie weiß wurden.

»Ich gehe jetzt zum Schloss. Und sage Bescheid. Und dann nehmen wir den nächsten Bus nach Hause. Ja? So machen wir es. Bleib du hier.«

»Nein«, sagte Waltraud, und dann nochmals lauter »Nein! Ich bleibe nicht alleine bei dem Toten.«

»Dann komm mit.«

Er streckte seine Hand aus und Waltraud ergriff sie.

Das Schloss lag nah, sie mussten nur den Wassergraben überqueren. Hans wollte schnell gehen, doch Waltrauds Schritte waren langsam, als müsste sie bergauf wandern.

»Eine Leiche in unserem Baum«, flüsterte sie.

Und dachte zurück an den Tag, diesen ersten Tag, als sie sich unter der Buche geküsst hatten – wo sie niemand der Sonntagsgesellschaft sehen konnte. Leidenschaftlich und ungelenk war der Kuss gewesen, in der ständigen Angst, entdeckt zu werden. Nie wieder war sie so geküsst worden. Und bei jedem Besuch im Schlosspark hatten sie diesen goldenen Augenblick wiederholt. Selbst, als ihre Lippen trocken und dünn geworden waren wie altes Herbstlaub. Heute war das erste Mal seit Jahrzehnten, dass sie sich nicht unter den Zweigen der alten Buche geküsst hatten.

Sie kamen an die neue, viel zu moderne Brücke, die sie zur Landesgartenschau gebaut hatten. Es war nur ein paar Jahre her, doch sie wirkte schon ergraut und aus der Mode, wogegen die alten Brücken mit der Zeit nur an Schönheit gewonnen hatten.

Die Gatter standen auf und so gelangten sie auf die kleine kiesbedeckte Terrasse vor dem Schloss, auf der nun Tische und Stühle standen, bunte Girlanden gespannt waren und sogar eine Theke aufgebaut worden war. Ein junger Mann saß auf einem Barhocker vor dieser, er trug wie der Tote einen teuren, dunklen Anzug, und auch sein Kopf war nach vorn gesunken. Doch er lebte noch, denn sein Oberkörper hob und senkte sich.

Hans tippte ihm trotzdem nicht auf die Schulter.

»Entschuldigen Sie bitte«, sagte er. »Wir haben einen toten Mann gefunden. Dort drüben unter der alten Buche. Wir müssen die Polizei benachrichtigen. Besitzen Sie vielleicht ein tragbares Telefon?«

Der Mann hob seinen Kopf und blickte die beiden an. Seine Augen waren rot von zerplatzten Äderchen, die Wangen aufgequollen von Tränen.

Hans schob Waltraud hinter sich und sagte etwas, womit sie niemals gerechnet hätte.

»Sie waren es! Sie haben diesen Mann getötet. Ich kenne den Blick.«

Der Mann stand auf. Er war jung und kräftig. Und erst jetzt erkannte Waltraud, dass er den Anzug eines Bräutigams trug. Er trat auf Hans zu, schnell, die Arme zu Fäusten erhoben.

Doch dann hielt er inne und fiel ihrem Mann heulend um den Hals.

Hans sagte nichts. Er selbst weinte nie. Nur als ,Der kleine Lord' erstmals Weihnachten im Fernsehen lief, hatte Waltraud gesehen, wie er sich verdächtig die Augen rieb. Doch sie mochte sich auch getäuscht haben.

Nach einigen Minuten fing der Mann sich wieder und

wischte seine Tränen ab. Ausgelaugt ließ er sich auf einen Stuhl fallen.

»Ich . . . ich heirate doch heute. Und er«, seine Stimme wurde plötzlich wütend, »er hat sie mir nie gegönnt! Er war ihr erster Freund, jahrelang waren die beiden ein Paar. Seine Familie, die hat Geld. Die stinken vor Geld, aber ich? Bei mir ist nichts zu holen. Gar nichts. Dafür liebe ich Susanne. Er nicht. Er wollte sich nur mit ihr schmücken. Und eben, da hat er gesagt, er würde allen erzählen, was ich für einer wäre. Er hatte einen Privatdetektiv auf mich angesetzt, und so einer findet immer was. Gott, ich bin kein Unschuldsengel. Wer ist das schon? Er wollte mir mein Glück zerstören. Meine große Liebe wegnehmen. Da bin ich ausgerastet. Völlig ausgerastet. Ich . . .«, er drückte die Fäuste so fest gegen seinen Kopf, als könnte er die Erinnerung herauspressen. ». . . habe das nächstbeste genommen und auf ihn eingeschlagen. Da war so eine Vase. Die sah gar nicht so gefährlich aus! Ich dachte, die zerspringt einfach. Ich wollte ihn doch nicht töten!«

Waltraud und Hans sagten nichts, sie rührten sich keinen Zentimeter. Was würde dieser Mann mit ihnen anstellen, wenn sie jetzt losgingen und die Polizei riefen? Sie kannten nun sein Geheimnis. Ein Geheimnis, von dem niemand wissen durfte.

Der Bräutigam stierte den Boden an. Jeden Augenblick konnte jemand kommen, doch das schien ihn nicht zu stören, er sprach weiter. »Dann hab ich ihn in den Wassergraben geworfen. Ich dachte er geht unter, die Fische fressen ihn und alles ist gut. Doch er trieb oben, wegen diesen ganzen Algen, viel zu viele Algen.« Er schüttelte den Kopf. »Da hab ich mich ausgezogen und bin ins Wasser, hab ihn rausgeholt und ins nächstbeste Gebüsch gezogen. Hab ihn extra so in die Äste drapiert, dass es aussieht, als sitze er da und wolle in Ruhe gelassen werden. Und sie haben ihn gefunden. Nach nicht einmal«, er blickte auf seine Armbanduhr, »zwanzig Minuten. Läppische zwanzig Minuten konnte ich hoffen, dass es gut geht. Aber eigentlich hab ich gar nicht gehofft. Ich hatte nur Angst davor, dass es auffliegt.«

Er reichte ihnen sein Handy. »Rufen Sie ruhig die Polizei. So kann ich sowieso nicht leben. Es ist alles aus, oder? Und dabei sollte das der schönste Tag meines Lebens werden. Der schlimmste, das ist er geworden.«

Hans hielt das Telefon in seiner Hand wie einen fremdartigen Knochen. »Ich werde die Polizei nicht rufen. Zum einen weiß ich nicht, wie man so ein Ding bedient. Und selbst wenn ich es wüsste, würde ich es nicht tun.«

»Aber Hans, der Mann in der Buche ist . . .«

». . . tot. Ich weiß, Liebes. Und nichts wird ihn wieder lebendig machen. Dieser Bursche hier hat einen Fehler begangen, aber einen guten Grund hatte er dafür. Ein Mann, der eine Frau wirklich liebt, ist gut genug für sie. Wenn sie ihn auch liebt. Das ist das Wichtigste. Tut Ihre Verlobte das?«

»Ja«, der junge Bräutigam schluckte hörbar. »Da bin ich mir sicher. Ganz, ganz sicher.« Er lächelte etwas. Er sah nett aus, wenn er lächelte, fand Waltraud. »Sonst würde sie das alles auch nicht durchstehen. Ihre Eltern haben das Schloss hier für die Hochzeit gemietet, das teuerste Essen bestellt, und die ganzen neureichen Freunde eingeladen. Denen muss sie mich jetzt als Bräutigam präsentieren. Da muss sie mich doch lieben, oder?«

»Ja, das muss sie.« Hans sah Waltraud tief in die Augen. »Und sie kennt sicher genau die richtige Stelle, wo die Leiche Ihres Widersachers niemals gefunden wird.«

Waltraud wusste nicht, was sie darauf sagen sollte. Es war Unrecht, einen Mord zu vertuschen. Doch sie hatte den Ernst in der Stimme ihres Mannes gehört. Es war eine Bitte gewesen. Und Hans war sonst kein Mann, der um einen Gefallen bat. Dafür war er viel zu stolz. Es musste ihm wichtig sein. Sehr, sehr wichtig.

„Was? Wie bitte?", fragte der Bräutigam.

Doch niemand antwortete ihm.

Waltraud nickte. Sie wusste, wann ihr Mann kein Nein akzeptierte. Dass eine Mal war gewesen, als er sie um ihre Hand gebeten hatte. Und heute war das zweite Mal.

In jedem Park gab es vergessene Ecken, wo die Gärtner den Kampf gegen die wuchernde Natur aufgegeben hatten, in denen das Gestrüpp so dicht war, dass selbst Suchtrupps mit ihren Stöcken auf keine Leiche treffen würden, und die so bewachsen von aromatischen Wildkräutern und duftenden Blumen waren, dass keine noch so feine Spürhundnase dort etwas erschnuppern konnte. Waltraud kannte auch die Wege im Schatten, wo niemand sie sehen würde, die uneinsehbaren Abschnitte des Parks, der doch überall Schneisen aufwies, die den Blick auf das Schloss preisgaben.

Hans half dem Bräutigam sogar beim Tragen der Leiche, wenn dieser nicht mehr konnte. Immer nur ein paar Schritte, doch er ließ es sich nicht nehmen. Sie sprachen die ganze Zeit kein Wort miteinander.

Es war fast so friedlich und still wie auf einem ihrer Spaziergänge zu den Bärlauchwiesen.

Hans und Waltraud brachten den Bräutigam nicht zurück zum Schloss, sie wollten lieber nicht mit ihm gesehen werden. Er bedankte sich mit einem verstörten Nicken, in seinem Blick stand Unverständnis über diese unerwartete Hilfe. So, als wäre ihnen beiden nicht zu trauen, als könnten sie ihn im nächsten Augenblick ebenfalls verschwinden lassen. Er lief davon, zurück zu seiner Hochzeitsgesellschaft, in die Arme seiner Braut.

Hans führte seine Waltraud zurück zur alten Buche, an den Platz, genau an die Stelle, wo es damals geschehen war, dieser erste Augenblick der Zärtlichkeit. Der Baum hatte sich in all den Jahrzehnten nur wenig verändert, die Wurzeln waren tiefer und die Äste stärker geworden, einige aber auch morscher, das Blätterdach erschien ihnen lichter als früher. Doch der Geruch nach Wald war immer

211

noch der Gleiche, wie vor so vielen Jahren.

»Weißt du noch damals, bei unserer Hochzeit?«, fragte Waltraud, denn diese Frage war in ihr aufgestiegen, wie ein misstrauischer Mond. »Als mein Großcousin aus Finkenwerder nicht eintraf? Und ab diesem Tag nie wieder gesehen wurde? Er war meine Jugendliebe, weißt du das eigentlich? Das hat mich heute so daran erinnert. Wer weiß, was dem Armen damals zugestoßen ist.«

Hans sagte nichts, küsste sie stattdessen. Und es fühlte sich wieder an wie damals.

II

So hatte Susanne sich das nicht vorgestellt. So nicht. Es war ihr Hochzeitstag, aber statt sich nervös zu fragen, ob sie an alles gedacht hatte, die Sitzordnung jedem Verwandten gerecht wurde oder die Hochsteckfrisur aus der ‚Brigitte’ auch hielt, für die sie am Morgen eine Ewigkeit lang still sitzen musste, hatte sie sich im Badezimmer eingeschlossen. Seit über zweieinhalb Stunden. Ihrer besorgten Mutter hatte sie erzählt, ihr sei übel. Da hatte diese kurz, wenn auch nervös, aufgelacht. Das wäre ihr damals auch so gegangen, ein gutes Zeichen sei das. In den Hollywoodfilmen wäre den Bräuten auch immer schlecht. Und da gäbe es schließlich stets ein Happy End.

Doch dies war kein Hollywoodfilm, dachte Susanne. Es war ihr Leben. Sie hatte das gestickte, belgische Strumpfband mittlerweile vor Nervosität so oft durch die Hände gleiten lassen, dass es ausleierte.

Wie schnell alles passiert war. Marcel hatte sie im Urlaub kennengelernt. Nach einem wunderschönen Tag – und etlichen Gläsern Wein – hatte er die Frage gestellt. Sie war schutzlos gewesen, und hatte im Überschwang ja geantwortet. Er hatte direkt einen Termin gemacht – das Datum, an dem seine Eltern sich getraut hatten. Nach der Rückkehr aus Mauritius war alles ein einziger Rausch gewesen. Es galt so viel vorzubereiten, dass sie gar nicht mehr dazu gekommen war, darauf zu horchen, was ihr Herz eigentlich zu der Hochzeit sagte.

Eine Lage Tabletten wurde unter der Tür hindurch geschoben. »Wir müssen, Rehlein! Nimm gleich drei, die helfen sofort.«

Susannes Mutter besaß gegen alles eine Tablette. Sie hatte ihr auch welche gegeben, als Susanne ihr die Liebe zu Marcel gestanden hatte. Erst als sie erfuhr, dass er aus Liechtenstein stammte, war sie mit der Wahl einverstanden. Liechtenstein, das klang für sie, als gehöre er allein per Staatsangehörigkeit zum europäischen Hochadel. So oberflächlich war Susanne nie gewesen. Marcel hatte einen Zauber. Wie er ihre Hand hielt, so zärtlich und kräftig zugleich, und dass er genau wusste, was er in seinem Leben erreichen wollte. Susanne bewunderte diese Gewissheit – sie war ungemein beruhigend.

Außerdem hatte er einen verdammt süßen Po.

Und trotzdem.

Es war alles wie im Flug gegangen. Kurzstrecke. Dabei war sie doch keine von der schnellen Truppe.

Ihre Mutter klopfte entschlossen gegen die dünne Badezimmertür.

Susanne nahm vier Tabletten und hielt ihren Mund unter den Wasserhahn.

Eine gute Viertelstunde später ging es ihr besser.

Das heißt, von da ab war ihr alles egal. Als sie auf Schloss Dyck ankam, ging sie ohne Umschweife in den Park. Sie stahl sich nicht davon, doch in dem ganzen Trubel, in all den Begrüßungen, den letzten Vorbereitungen, fiel ihr Fehlen zuerst gar nicht weiter auf. Als sie von Weitem einen Gärtner sah, versteckte Susanne sich hinter dem moosbewachsenen Stamm einer alten Eiche. Daneben erstreckte sich eine Bärlauchwiese. Von den Tabletten hatte Susanne einen unglaublichen Hunger bekommen. Und sie aß die Blätter büschelweise. Obwohl sie merkwürdig schmeckten. Gar nicht so, wie sie sich daran erinnerte. Unangenehm bitter. Aber sie musste etwas essen, ihr Magen schrie danach. Mitten auf der Wiese standen Maiglöckchen. Susanne freute sich, als sie diese entdeckte. Der Wind fuhr wie eine beruhigende Hand über ihren Rücken und die weiten Blicke über die Parklandschaft taten ihr gut, gaben ihr Luft, nahmen diesen Druck von der Brust, dieses Gefühl von Enge. Susanne fühlte sich frei – und es war nicht die Wirkung der Tabletten.

Hätte sie in diesem Moment jemand gefragt, was sie mit ihrem Leben anstellen wolle, Susanne hätte geantwortet, sie wolle spazieren. Bloß spazieren. Immer weiter. Ohne dass die Sonne unterginge, ohne dass ein Morgen käme.

Doch diese Frage stellte niemand.

Mit ihrer Ruhe war es trotzdem vorbei. Richard hatte sie entdeckt. Die Arme erhoben rannte er auf sie zu. Susanne erwartete, dass er sagen würde, alle suchten nach ihr, und was sie hier mache. Doch atemlos schloss er sie in die Arme. Drückte sie ganz fest an sich. Trotz des schweren Stoffs ihres Hochzeitskleides konnte sie spüren, wie sein Herz raste.

»Gottseidank hab ich dich noch vor der Hochzeit gefunden!«

»Bist du nicht gekommen, um mich zurückzuholen?«

»Du darfst Marcel nicht heiraten! Das klingt wie in einem schlechten Film, aber es ist so.« Er holte schnaufend Luft. »Ich hab einen Privatdetektiv engagiert, der hat Marcels Leben durchleuchtet. Sag jetzt nichts, ich weiß, dass du mich dafür verabscheust. Aber ich hab's nur für dich getan. Ich will nicht, dass du an den Falschen gerätst.«

»Nein, du willst, dass ich an den Richtigen gerate. Den einzig Richtigen. Dich. Nicht wahr?«

»Vertrau mir! Du konntest dich doch immer auf mich verlassen, oder? Hab ich dich jemals enttäuscht?«

»Nein, aber ich dich. Immer wieder.« Sie fuhr mit den Fingerspitzen über seine Wange. Ohne die Tabletten wäre

Susanne in diesem Moment ausgerastet. Doch nun sah sie alles wie von Ferne, durch einen sanften Nebel.

»Darum geht es doch jetzt nicht.«

»Ich weiß nicht, ob ich es rührend finden soll, dass du meine Hochzeit verhindern willst.«

»Hör mir bitte gut zu. Erst heute Morgen habe ich die Ergebnisse der Nachforschungen erhalten. Es ist . . .«

»Ich will es nicht hören.«

»Aber, du musst doch wissen, was für ein Mensch er ist!«

»Das weiß ich längst – und nichts aus seiner Vergangenheit könnte das ändern.«

»Susanne, ich flehe dich an, wirklich. Dieser Mann wird dich ins Unglück stürzen. Und ich sage dir jetzt genau, warum . . .«

Sie presste ihm die Hand auf den Mund. »Wenn du nur einen Ton sagst, ist unsere Freundschaft beendet.«

Richard öffnete den Mund, formte mit den Lippen bereits den ersten Laut – doch dann gab er ihr stattdessen sachte einen Kuss. Bevor er ging, holte er noch einmal tief Luft. »Ich hoffe, du kannst ihn ändern. Wenn du es nicht schaffst, dann . . .«

Susanne liebte Richard. Nicht wie einen Bruder, sondern eher wie einen, sie traute sich nicht es zu denken, doch so fühlte es sich an, wie einen . . . Hund. Einen treuen, besten Freund. Er war immer folgsam, gab nie Widerworte, und fraß ihr aus der Hand. Sie hielt ihn an der kurzen Leine, gab ihm immer soviel Zuneigung, dass er sich nie von ihr löste, doch auch niemals soviel, wie er begehrte. Immer, wenn eine andere Frau Interesse an ihm zeigte, verringerte sie den Abstand. So hatte Susanne ihn und seine bedingungslose Zuneigung niemals teilen müssen.

Sie wusste, es war grausam, doch sie hatte nie geschafft, es zu beenden. Die Ehe würde das nun leisten.

Trotz der Tabletten und der köstlichen Frühlingsluft des Parks fand sie diesen Gedanken schrecklich.

Doch sie liebte ja Marcel.

Susanne schlenderte weiter durch den Park, und bemerkte garnicht, dass sie mittlerweile verzweifelt gesucht wurde. Hochzeitsgäste strömten aus, um sie wieder einzufangen, in ihren Köpfen rotierte die Frage, ob die Braut es sich anders überlegt hatte. Würde sie den Bräutigam vor dem Altar stehen lassen? Einige fanden diesen Gedanken sogar amüsant. Sie hatten nur eine langweilige Hochzeit erwartet und schon die Jagd auf die Braut war ein angenehmes Extra.

Doch niemand fand Susanne, die abseits der Hauptwege ging und nahe der weiß blühenden Blumenbeete, vor denen sie mit ihrem Hochzeitskleid nicht auffiel.

Susanne war noch nicht so weit.

Nur Zeit, mehr wollte sie nicht.

Dann sah sie ihn. Ihren Bräutigam, sah die Sehnsucht in seinen Augen, die Verzweiflung, und wollte schon zu Marcel laufen, ihm die widerspenstige Haarsträhne zärtlich aus dem Gesicht streichen und danach ihren Kopf an seine Brust drücken – als sie bemerkte, was im Wassergraben trieb. Es war Richard. Tot.

Und Marcel blickte zu ihm.

Dann zog er sich aus und sprang ins kalte Wasser.

Susannes Knie gaben nach und sie landete im kurzen, frisch gemähten Gras. Ihr Kleid plusterte sich dabei auf und gab raschelnde Geräusche von sich. Mit seinem unbefleckten Weiß war es vorbei. Susanne beobachtete, wie Marcel den Leichnam aus dem Wasser und zu der alten Buche zog.

Sie stand auf.

Wer ließ eine Leiche verschwinden, statt die Polizei zu alarmieren? Nur ein Mörder.

Sie musste gehen. Einfach fortgehen. Niemandem etwas erzählen. Verschwinden aus diesem Leben. Ein ersticktes Schluchzen entfuhr ihr. Marcel blickte auf. In ihre Richtung. Doch Susanne hätte alles dafür gegeben, zu erfahren, was Richard ihr berichten wollte. Jedes Wort davon,

die ganze Wahrheit. Damit es leichter fiel, von dieser Liebe loszulassen. Denn jetzt, wo sie unmöglich geworden war,
spürte Susanne diese stärker als je zuvor. Es drängte sie,
zu ihm gehen und zu hören, dass sie sich täuschte. Selbst
wenn es eine Lüge wäre.

Sie ging zu der riesigen Buche. Das Blattwerk des Baumes war so dicht, dass Marcel sie weder kommen sah noch
hörte.

Er hatte Richard in eine Astgabel drapiert, wie eine
Schaufensterpuppe, fast lebendig wirkte dieser dort, als
würde er nur dösen.

So friedlich.

Und dann tat Marcel etwas, das Susanne niemals erwar-
tet hätte. Er gab Richard einen Kuss auf die Stirn. Wie eine
Mutter ihrem Kind zur guten Nacht, dabei hielt er Richards
Kopf in Händen, als sei er aus feinstem Meissner Porzellan.

Es brauchte keines Sonnenstrahls der durch das Blätterdach fiel, es brauchte keines singenden Vogels, es brauchte nichts weiter als diesen Kuss, um Susanne zu beweisen,
dass alles ein schreckliches Missverständnis gewesen sein
musste. Und dieser Mann kein Mörder, sonder nur ein lie-
bender . . . Ehemann war. Der nicht zulassen wollte, dass
Susannes Traumhochzeit zu einer Trauerfeier wurde. Weil
einer ihrer engsten Freunde just heute verstorben war.

Marcel war der Richtige. Nun wusste sie es. Jetzt wollte
sie nichts sehnlicher, als ihn heiraten.

Doch mit einem Mal krampfte sich ihr Magen zusammen, Susanne fiel wie ein Stein, die dichten Zweige der Buche umfingen sie, und die Welt wurde schwärzer als Kohle.

III

Richard trat auf die Bremse – doch die Stoßstange des
Vordermanns traf er trotzdem. Dieser wollte prompt die
Polizei holen. Erst nachdem Richard ihm alle Scheine aus

seiner Brieftasche in die Hand gedrückt hatte, gab er sich zufrieden. Es war nicht mal ein Kratzer an dessen 5er BMW gewesen!

Als Richard wieder im Wagen saß, versuchte er erneut, Susanne zu erreichen. Doch sie hatte ihr Handy immer noch ausgestellt. Natürlich. Wer wollte schon, dass es auf der eigenen Hochzeit klingelte? In ihrem atemberaubenden Hochzeitskleid gab es sicher auch keinen Platz dafür. Richard würde nie den Tag vergessen, an dem sie es gemeinsam ausgewählt hatten. Er hatte ihn nur überstanden, weil er sich während der ganzen Zeit im teuersten Brautmodeladen der Düsseldorfer Kö eingeredet hatte, es wäre für seine Hochzeit mit Susanne.

Seit Jahren schon bereitete er diese vor.

Seine Traumhochzeit. Heute fand sie nun statt. Ohne ihn. Susannes Familie hätte kein Geld dafür gehabt. Nicht für die Anmietung der Räumlichkeiten in Schloß Dyck, nicht für die Hotelzimmer der Gäste, nicht für das Essen des Grevenbroicher Sternekochs.

Noch nicht einmal für die Blumenarrangements hätte es gereicht.

Susannes Eltern hatten ihrem Prokuristen blind vertraut – und der wiederum den falschen Hedgefonds. Die mittelständische Firma für Gummidichtungen gehörte ihnen seitdem nicht mehr. Sie gehörte Richard. Susanne hatte es nie erfahren. Sie war immer so stolz auf das Lebenswerk ihrer Eltern gewesen. Und so sollte es bleiben.

Er wachte über ihr Leben. Als Kind wollte Richard Ritter werden. Irgendwie war sein Wunsch in Erfüllung gegangen. Doch ganz anders als gedacht.

Manchmal war es schlimm, wenn Wünsche wahr wurden.

Zu Susannes Hochzeit mit Marcel wäre er nie gefahren. Er hatte die Wodkaflasche im Tiefkühler schon bereitgelegt. Wäre heute Morgen nicht dieses Gespräch gewesen, läge er jetzt bereits sturzbesoffen auf seinem Sofa. Doch so hatte er alles erfahren. Richard hatte es garnicht glauben können, die Polizeiberichte verlangt, die eidesstattlichen Aussagen, die Fotos.

Es war alles viel schlimmer, als befürchtet.

Doch noch war Zeit, Susanne vor dem größten Fehler ihres Lebens zu bewahren.

Wenn nur nicht alle Ampeln auf dem Weg zu ihr rot wären!

Noch eine Stunde bis zur Hochzeit. Susannes Eltern hatten beschlossen, den Tag mit einem Sektempfang vor der Zeremonie zu beginnen. So machte man es auch in Liechtenstein. Hatte Marcel berichtet – doch war ihm vermutlich selbst in diesem Punkt nicht zu trauen. Bereits in dem Augenblick, als Marcel ihm erstmals die Hand reichte, hatte Richard ihm nicht getraut. Der Liechtensteiner hatte ihm dabei nicht in die Augen geblickt.

Richard schloss seinen Wagen nicht einmal ab, nachdem er ihn am Schloss geparkt hatte. Er rannte, fast ein altes Ehepaar umrempelnd, das einen Weidenkorb bei sich trug, zur Hochzeitsgesellschaft. Als er dort ankam, tropfte der Schweiß von seinen Augenbrauen. Einige starrten ihn fassungslos an, wussten auch um seine unerwiderte Liebe zu Susanne. In ihren Augen stand die Frage, ob er etwas Dummes tun würde.

Nein, er würde etwas Nötiges tun!

Er würde Susanne zur Vernunft bringen.

Diesen Teil stellte er sich einfach vor. Die Fakten lagen schließlich auf dem Tisch. Doch nachdem er Susanne endlich nahe einer ausladenden Rhododendren-Kolonie aufgespürt hatte, hörte sie ihm gar nicht zu, verbot ihm sogar den Mund.

Aber er würde sie trotzdem nicht in ihr Unglück rennen lassen! Wenn sie keinen Rückschritt machte, dann musste er eben Marcel dazu bringen. Er hatte schließlich alle Trümpfe in der Hand! Trotz Seitenstichen jagte er zurück zum Sektempfang.

Marcel sprach gerade mit einer der Brautjungfern.

»Wir müssen reden!«

»Was willst du denn hier? Du stehst meines Wissens nicht auf der Gästeliste.«

»Wir müssen reden. Und zwar sofort. Es sei denn, du willst einen Skandal.«

Marcel stellte sein Sektglas auf einem der marmornen Bistrotische ab. »Lass uns auf die Schlossterrasse gehen, da sind wir ungestört.«

Ohne ein weiteres Wort gingen sie hin. Alles war dort bereits für die Feier nach der Hochzeit vorbereitet, die Teller warteten nur darauf, mit Gänsestopfleberterrine oder Jakobsmuschel-Carpaccio gefüllt zu werden, die Suppentassen waren noch unbefleckt von heller Tomatensuppe mit Zitronengrasspießen. Über allem hingen teure japanische Papiergirlanden, und selbst die Schirme hatte Richard eigenhändig ausgewählt. Sie waren allesamt bordeauxrot, Susannes Lieblingsfarbe.

»Mach schnell«, sagte Marcel. »Ich muss gleich heiraten, wie du vielleicht mitbekommen hast.«

»Ein Detektiv hat sich deine Vergangenheit angeschaut.«

»Wahrscheinlich ein drittklassiger Schnüffler, der irgendwas ausgebuddelt hat, das gar nicht stimmt.«

»Nein, es war die beste und teuerste Agentur, die ich finden konnte. Vohwinkel. Der Chef selbst hat den Job übernommen. Er war schon mehrmals im Fernsehen.«

»Vohwinkel, hm? Noch nie von gehört. Aber danke für den Tipp. Könnte mal hilfreich sein.«

Richard richtete den Zeigefinger auf seinen Gegenspieler. »Du wirst Susanne nicht heiraten! Du wirst aus ihrem Leben verschwinden! Auf der Stelle!«

Marcel lachte und fuhr sich durch die dunklen Locken, die ihm etwas Mediterranes verliehen. »Und wenn nicht? Vermöbelst du mich dann?« Er machte einen schnellen Schritt auf Richard zu und stieß ihn so kräftig gegen die Schultern, dass er stürzte.

»Ich werde alles ans Licht bringen! Deine ganze Vergangenheit.«

»Mach doch was du willst. Sie wird dich trotzdem niemals lieben.«

Richard stand wieder auf, zog den gefalteten Untersuchungsbericht hervor und hielt ihn drohend in die Höhe. »Zweimal bist du wegen schwerer Körperverletzung verurteilt worden.«

»Nach Fußballspielen. Wir hatten verloren, der Frust musste raus.«

»Und du hast eine Frau vergewaltigt.«

»Quatsch, sie hat es gewollt. Glaub mir, das nachher war nur Show. Es ging ihr bloß um Kohle.«

»Sie hatte überall blaue Flecken, ich hab die Fotos gesehen. Und das ärztliche Attest!«

»Kann man heute doch alles fälschen.«

»Das sieht die Liechtensteiner Justiz aber ganz anders. Da wartet der Knast auf dich. Ja, jetzt guckst du, ich weiß nämlich alles! Du kannst nicht mehr in deine Heimat zurück.«

»Will ich auch gar nicht.« Marcel lächelte. »Was soll ich da? Bist du schon mal dort gewesen? Lohnt sich nicht, ehrlich.«

Er zündete sich eine Filterlose an.

»Was bist du nur für ein Mensch, in solch einem Moment seelenruhig zu rauchen?«

»Ich bin kein schlechter Kerl, wirklich nicht. Kannst meine Mutter fragen.«

»Du bist gewalttätig!«

»Ach, ja?« Marcel trat ganz nah vor Richard, die glühende Spitze der Zigarette an dessen Auge führend. »Wenn ich wirklich so gewalttätig bin, was mache ich dann wohl als Nächstes?«

Richard schlug das Herz im Hals. Doch er riss sich zusammen. Für Susanne. Alles für Susanne. »Sofort gehen. Und du lässt nie mehr von dir hören.«

»Wird das meiner hübschen Braut nicht das Herz brechen? Aber du würdest sie trösten, oder?«

»Ich werde mir irgendeine Geschichte einfallen lassen, warum du nicht aufgetaucht bist.«

»Vergiss es! Du verarscht mich doch. Wartest ja nur darauf, allen zu verklickern, was ich deiner Meinung nach für einer bin!«

»Nein, darum geht es mir doch gar nicht. Selbst Susannes Eltern habe ich nichts erzählt. Keiner weiß was. Ich will dich nicht diskreditieren. Ich will nur, dass Susanne . . .«

»Ich bin noch nie vor irgendwas weggerannt in meinem Leben. Und Susanne liebt mich so oder so.«

Richard sank auf die Knie und hob die Hände wie zum Gebet. Er war kein gläubiger Mensch, doch er wusste nicht mehr, was ihm noch blieb. »Bitte lass sie gehen! Ich gebe ich dir Geld. Soviel du willst!«

Marcel wandte sich ab und nahm auf der alten Terrassenmauer Platz. Er strich über die von der Morgensonne erwärmten Steine.

Richard versuchte in seinem Gesicht zu lesen, die Entscheidung an einer Veränderung der Mimik abzulesen, einem Zucken der Mundwinkel, einem Runzeln der Stirn. Es gelang ihm nicht.

Langsam trat er auf Marcel zu und legte einen Arm um dessen Schultern, obwohl sich alles in seinem Körper, selbst seine Muskeln dagegen wehrten. »Sieh mich als Freund, der dich vor einem Fehler bewahren will.«

»Nimm deine dreckige Pfote von mir, oder ich breche sie dir! Wir können niemals Freunde sein. Du bist ein elender Schnösel.«

»Lass uns die Hände reichen, wie Ehrenmänner. Darauf, dass du gehst. Und ich dich dafür finanziell fürstlich entlohne.«

»Ich werde dir niemals die Hand schütteln, dich nicht umarmen, und dir auch keinen Schmatzer aufdrücken. Es sei denn, du wärst tot. Dann könntest du das alles gerne haben. Sind wir im Geschäft?«

Richard kam nicht dazu, zu antworten. Marcel griff sich einen lockeren Mauerstein und schlug ihm diesen mit voller Wucht auf den Kopf. Genau an der richtigen Stelle.

»Mir steht keiner im Weg. Und wer es versucht, der stirbt. Dein Privatdetektiv hat nicht alles herausgefunden. Ich bin schon lange kein Schläger mehr. Ich hab Karriere gemacht.«

Er trat die Leiche in den Wassergraben.

»Und was Susanne angeht. Die liebe ich wirklich, du Wichser. Mir hat noch nie eine soviel bedeutet. Wenn sie nicht gewesen wär, hätte ich mir auf Mauritius längst die Kugel gegeben. Sie hat mich gerettet. Ohne sie will ich nicht mehr leben, und wenn ich dafür Dutzende von deiner Art aus dem Weg räumen muss. Gehst du jetzt verdammt nochmal endlich unter?«

Skulpturenmord in Viersen

»Das hier, das sind ‚die Wächter der Kinder'.« August Rotmark wies auf eine Gruppe lebensgroßer Stahlfiguren, die um einen kleinen Findling herum aufgestellt waren.

»Aha.« Kommissar Bader sah keine Kinder, aber er fragte nicht nach. Er konzentrierte sich auf den Künstler. Mörder sind nervös, dachte er. War Rotmark ein Mörder? Wenn er nervös war, so zeigte er dies nicht. Er wirkte eher ein kleines bisschen belustigt. Überheblich sogar. Sehr, sehr selbstsicher.

Künstler seien schwierige Leute, hatte sein Chef ihn ermahnt. Tatverdächtige Künstler seien besonders schwierig und mit äußerster Vorsicht zu behandeln. Besonders, wenn es um Mord ging. Oder Mordverdacht. Das einzige, was zum Ziel führen könne, sei eine sehr vorsichtige abtastende Vernehmung. Also ließ Bader den Künstler reden und wappnete sich mit Geduld.

Sein Assistent Krause lauerte auf eine Gelegenheit, sein frisch gelerntes Kunstwissen an den Mann zu bringen. Krause war schon über 30. Er wusste, er musste seinen Chef beeindrucken, wenn er jemals den Sprung zum Kommissar schaffen wollte. Und was bot sich da an? Das Internet! Google hatte sich in diesem speziellen Fall allerdings als nur bedingt hilfreich erwiesen. Krause hatte »Wächter«, »Viersen« und »Skulptur« eingegeben. Unter den 21.000 Antworten fanden sich wenige Fakten, dafür aber zahlreiche Kuriositäten. Unter den ersten 30 Einträgen stand allein sechsmal der Satz: ‚Sollten Wächter auf den Krefelder Friedhöfen patrouillieren?'. – Nachtwächter wahrscheinlich!

Sie gingen weiter. Der Kommissar fror. Warum hatte man ausgerechnet ihn nach Viersen geschickt? Und warum ausgerechnet mit diesem Krause?

Rotmark zeigte ihnen Zoltan Székessys Mahnmal. ‚Den Opfern von Unrecht und Gewalt' stand auf dem Sockel. Die Gewalt war schon zugewachsen. Wahrscheinlich würde das Unrecht demnächst auch vom jungen Grün verdeckt. Anne Frank sollte die Plastik darstellen, so hieß es. Rotmark kam die Figur vor allem klein und verloren vor. Unscheinbar neben imposanteren Kunstwerken, wie zum Beispiel der ‚Dame mit Armen'. Mit der konfrontierte er die Polizisten als Nächstes.

»Nicht schlecht, was? - Ja, wir haben durchaus namhafte Künstler hier, nicht nur mich. Der Ettl, der lebt hier schon seit 30 Jahren, das ist einer von unseren Einheimischen. - Für mich ist dies eines der größten Kunstwerke überhaupt.«

Der Kommissar sah den Künstler misstrauisch an. Wollte der Mann ihn auf den Arm nehmen? Groß war sie, die Dame aus Blech. Gut sieben Meter, vermutete er. Ja, das war wohl wirklich das größte Kunstwerk im Stadtzentrum.

»Er hat ja sonst viel so Kirchensachen gemacht«, wusste Krause. »Auf mich wirkt das Ganze wie ein Epitaph«, behauptete er. Nicht umsonst hatte er letzte Nacht Stunden damit zugebracht, im Internet zu recherchieren. Jetzt kam sein großer Auftritt. »Ein Epitaph«, wiederholte er.

»Ehrlich?«, fragte Rotmark.

Krause hatte den Eindruck, dass der Künstler ihn nicht verstand. Der Kommissar auch nicht. »Eine Grabinschrift«, fügte er deshalb erklärend hinzu, »eine Grabinschrift, die in eigentümlicher Ursprünglichkeit und darin - wenn ich das mal so sagen darf - schon wieder höchst artifiziell an einen sakralen Kontext erinnert.«

Rotmark sah die ‚Frau mit Armen' an. Was immer er darin gesehen haben mochte - dies jedenfalls nicht.

»Und ich habe den Eindruck, dass der Künstler diesen

sakralen Kontext zugleich in profanisierender Manie iro-
nisiert, ohne sich tatsächlich wirklich von ihm abzuwen-
den. - Sie wissen, was ich meine, oder?«

Der Kommissar schüttelte den Kopf. »Um auf das eigent-
liche Thema unseres Besuches hier in Viersen zurückzu-
kommen - ein Journalist ist verschwunden.«

Der Künstler kniff die Augen zusammen. »Dieser Kleinworth, den meinen Sie wahrscheinlich? - Ja, ich habe
davon gehört. Den kenne ich sogar persönlich.«

Der Kommissar nickte. Das wusste er schon. »Und - was
halten Sie von ihm?«

»Ach, er ist irgendwie - ich weiß auch nicht . . .«

»Provinziell?«, schlug Krause vor.

»Ja, provinziell. Er wäre sicher gern einer der ganz großen Sensationsreporter.«

Auch das hatte Bader schon vermutet. Allerlei Macho-
Filme hatte Kleinworth im Regal stehen, aber ,Die Unbe-
stechlichen' hatte er offenbar zuletzt geguckt. All the
President's Men. Die Scheibe steckte noch im DVD-Player.

Im Domizil des Journalisten hatten sie sich natürlich
zuerst umgesehen. Vergeblich. Es sah nicht so aus, als sei
die bescheidene Einzimmerwohnung der Schauplatz eines Verbrechens gewesen. Und der dunkle Fleck auf dem
Teppich, auf den sich die Experten von der Spurensicherung mit großem Eifer gestürzt hatten, hatte sich erwar-
tungsgemäß als Rotwein erwiesen.

Unter der Spüle standen fast zwei Dutzend leere Fla-
schen. Billigware, wie Kommissar Bader routiniert feststellte. Journalisten schienen nicht viel besser zu verdienen
als Kriminalbeamte.

»Ich hatte sogar kürzlich einen Termin mit ihm.« Rotmark überlegte. »War das nun am 11. oder 12. November?
Irgendein Montag jedenfalls. Oder Dienstag.«

»Wegen der Plastik?«

»Ja, wegen der Plastik. Er wollte darüber schreiben. Ein
neues Kunstwerk im Skulpturenpark - das ist schon et-

was, über das die Presse berichtet. Wir haben uns in der Sauna getroffen.«

»In der Sauna?«

»Ja. So spart er Zeit, der Kleinworth. Und außerdem liebt er es, seinen gestählten Körper vorzuführen.«

Sie standen jetzt im eigentlichen Skulpturenpark. Rotmark war der jüngste Künstler, dessen Werk hier ausgestellt worden war. Jetzt gehörte er mit dazu; er hatte es geschafft. Sein ‚männlicher Torso in Beton' war allerdings nur mit Mitteln des Landes Nordrhein-Westfalen hierher gelangt – gegen den Widerstand einiger prominenter Mitglieder des Viersener Heimatvereins.

Auch Bader fand, dass der helle Betonklotz einen unschönen Kontrast zu Erwin Heerichs vier Meter hoher Skulptur aus Basaltlava bildete und hier überhaupt fehl am Platz war. »Ich habe gehört, dass nicht alle von Ihrem Kunstwerk begeistert sind?«, sagte er.

»Ach, irgendwelche Kritiker gibt es immer. Zumindest am Anfang. Aber die sind jetzt allmählich verstummt«, behauptete Rotmark.

»Verstummt?«, fragte der Kommissar.

»Ja. Und Kunst ist schließlich nicht dazu da, um den Leuten zu gefallen.«

»Kunst kommt von Können«, konterte Bader. »Und wenn ich das richtig sehe, ist das genau der Punkt, bei dem die Kritik ansetzt. Dieter Kleinworth hatte jedenfalls keine besonders hohe Meinung von Ihrer Arbeit.«

»Wir stimmen nicht in allen Punkten überein«, gab Rotmark zu. Er konzentrierte sich offensichtlich darauf, von dem Verschwundenen in der Gegenwart zu sprechen. »Er ist Journalist, ich bin Künstler.«

»Mir scheinen die Unterschiede doch etwas gravierender zu sein«, widersprach Bader. »Ich zitiere: ‚Rotmark ist und bleibt ein von Provinz-Politikern protegierter Möchtegern-Bildhauer, dessen Werke eher an Gustav Vigeland als an Auguste Rodin erinnern, ohne jedoch dessen Klasse zu erreichen. Rotmarks bekanntestes Opus ist bei der Manufaktur Krasnal Ogrodowy in Nova Sól zu besichtigen – und da gehört es auch hin!' Das hat Kleinworth geschrieben, das stand in seinem Computer.«

»Das hat er aber nicht gedruckt«, stellte Rotmark fest. »Im Suff phantasiert er mitunter, aber das wird dann nicht veröffentlicht. Die WZ ist eine seriöse Zeitung, die würde so etwas nie schreiben.«

Der Kommissar registrierte, dass Rotmark rot geworden war. »Krasnal Ogrodowy – was meint er damit?«

Rotmark zögerte. »Gartenzwerge«, sagte er dann schließlich. »Ich habe polnische Gartenzwerge entworfen.«

»Im Ernst?« Der Kommissar war stehen geblieben.

»Ja, natürlich. Von irgendetwas muss man ja leben, wenn gerade kein Großauftrag wie der ‚Torso in Beton' vorliegt. Und die Osterweiterung der EU, der harte Zloty – da ist ein Markt für Kunst, den darf man nicht unterschätzen.«

Bader zog die Stirn kraus. Den Kunstmarkt für Gartenzwerge hatte er bisher nicht wahrgenommen.

»Wir haben alle irgendeinen Nebenjob. Gartenzwerge – Grabdenkmäler – Kunst am Bau. Das ist es, was für uns Jüngere übrig bleibt. Die meisten der Älteren arbeiten an der Uni. Anatol Herzfeld ist Professor, Wolfgang Nestler ist Professor, Georg Ettl ist Professor, Günter Haese ist Professor, Karl Horst Hödicke ist Professor. Anthony Cragg natürlich auch. Und Lauer, der war auch Professor, bis er sich dann zur Ruhe gesetzt hat. Und nun raten Sie, was Erwin Heerich gewesen ist.«

»Professor?«, fragte der Kommissar.

»Richtig. – Wir alle hoffen ja, dass irgendwann einmal auch für uns der große Durchbruch kommt. Und jeder von uns versucht, irgendetwas Sensationelles zu machen. Nehmen Sie Hödicke. Der ist dadurch berühmt geworden, dass er aus an der Wand und an der Decke hängenden Eimern und Tonnen schwarzen Teer hat ausfließen lassen. ‚Kalter Fluss' hat er das dann genannt. Bei Zimmertemperatur fließt Teer ziemlich langsam. In der Interpretation der Kritiker heißt es, dass dadurch der Prozesscharakter des Fließens betont wird.«

Der Kommissar nickte. Gestern war ihm das Honigglas vom Frühstückstisch gefallen und zerschellt. Der Effekt war vergleichbar. Nur schlechter bezahlt. »Der Auftrag für den ‚Torso' ist überraschend gekommen?«, nahm er den Faden wieder auf.

»Ja, vor ganz kurzer Zeit.«

»Es heißt, zwischen dem Auftrag und der Aufstellung der Skulptur hier in Viersen hätten nur wenige Wochen gelegen?«

»Ja, das stimmt. Ich hatte aber selbstverständlich Entwürfe. Die haben die Herrschaften begutachtet; die Figur hat ihnen gefallen, sie haben mir den Auftrag erteilt, und dann ging es los. In Beton kann man natürlich schneller arbeiten als zum Beispiel in Granit.«

»Und bei diesem Auftrag – da war nicht vielleicht irgendwelche Protektion im Spiel?«

»Protektion?« Der Künstler starrte ihn an, als habe er das Wort zum ersten Mal gehört.

»Könnte doch sein, oder?«

»Nein. – Natürlich nicht. Sie spielen wahrscheinlich auf die Doris an, nicht wahr? Die Schwester des Ministers ist zwar meine Tante, dadurch kenne ich selbstverständlich ein paar wichtige Leute in Düsseldorf, das bleibt ja nicht aus, aber von Protektion kann man da wirklich nicht sprechen. Das wäre völlig verfehlt.«

»Und – ich muss da noch mal nachhaken – wie würden Sie ihr Verhältnis zu Dieter Kleinworth charakterisieren?«

»Entspannt, würde ich sagen. Wir haben heute ein völlig entspanntes Verhältnis.« Rotmark lächelte.

»Bleibt aber die Tatsache, dass Sie offenbar der letzte Mensch gewesen sind, der den Journalisten lebend gesehen hat.«

»Das – das glaube ich nicht. Das kann doch gar nicht sein. Was haben wir jetzt? Doch schon Mitte Dezember. Und seit drei Tagen wird der Kleinworth erst vermisst.«

»Ja, das liegt daran, dass er immer noch über sein Handy mit der Redaktion in Verbindung stand. Per SMS. Aber die Nachrichten waren irgendwie seltsam, ganz anders als das, was der Kleinworth sonst von sich gegeben hat, und da haben die Herrschaften von der WZ dann die Polizei eingeschaltet.«

»Wenn er über Handy mit der Redaktion in Verbindung steht . . .«

»Stand. Die Nachrichten haben aufgehört.«

»Wenn er mit der Redaktion in Verbindung stand – kann man dann nicht herausbekommen, wo er steckt? Ich meine, mal gelesen zu haben . . .«

»Man kann das Handy orten, ja, das ist richtig.«

»Und? Haben Sie das nicht versucht?«

»Doch.«

»Und?«

»Das Handy lag in einem Papierkorb im Skulpturenpark hier in Viersen.«

»Ach!«, sagte Rotmark.

Aber der Kommissar hatte nicht den Eindruck, dass der Künstler sonderlich überrascht war. Er wartete, ob der Mann weitere Kommentare abgeben würde. Vergeblich. Sie gingen schweigend weiter. Bader registrierte, dass sie sich allmählich vom Stadtzentrum entfernten. Sie blieben schließlich vor einem eher unscheinbaren Einfamilienhaus stehen.

»So, hier wohne ich«, sagte Rotmark. »Sie haben jetzt fast alles gesehen, was es hier in Viersen an Kunst zu sehen gibt. Und wenn Sie nichts dagegen haben . . .«

»Um ehrlich zu sein, würden wir uns ganz gern noch Ihre Wohnung ansehen. Geht das?«

Rotmark schüttelte den Kopf. »Ich hab nicht aufgeräumt«, sagte er.

»Das ist uns auch viel lieber so«, freute sich der Kommissar. Er gab seinem Assistenten einen Wink, und gemeinsam machten sie sich an die Arbeit.

Rotmark beachtete sie nicht weiter. Er nahm demonstrativ einen Skizzenblock zur Hand und begann zu zeichnen.

Die Durchsuchung der Wohnung brachte keine konkreten Ergebnisse. Kommissar Bader war sehr rasch klar, dass es in der relativ engen Behausung keine Möglichkeit gab, eine Leiche zu verstecken. Der vermisste Journalist lag weder tot hinter dem kärglich dekorierten Weihnachtsbaum noch hinter einer der zahlreichen Leinwände. Wenn hier irgendwo eine Leiche läge, müsste man ihre Anwesenheit schon allein am Geruch bemerken. Immerhin war der Journalist schon vor zwei Wochen verschwunden. Aber hier roch es nur nach kaltem Zigarettenrauch.

Bader warf einen Blick auf die aktuelle Zeichnung des Künstlers. Zwei Männer ohne Kopf waren dabei, irgendetwas zu suchen.

»Das Bild heißt: Die Polizisten«, sagte Rotmark.

»Und das hier?« In einem kleinen Stapel im Regal fanden sich Aktzeichnungen eines sehr jungen Mädchens. Bader hielt eine davon in die Höhe: »Wer ist das?«

Rotmark sah kaum hin. »Die Laura«, sagte er.

»Was für eine Laura?«

»Laura Kleinworth natürlich.«

Bader starrte ihn an. »Die Tochter des Journalisten?«

Rotmark schüttelte den Kopf. »Seine Frau.«

»Der Fall ist klar«, murmelte Krause. »Rotmark bringt die Frau dieses Journalisten irgendwie dazu, sich für ihn auszuziehen. Der Journalist hört davon, stellt Rotmark zur Rede, es kommt zum Streit, Rotmark erschlägt den Journalisten und beseitigt die Leiche. Fertig.«

»Vielleicht.« Bader war nichts klar. »Jedenfalls haben wir es jetzt offenbar mit zwei verschwundenen Personen zu tun.«

»Die Frau hat er auch erschlagen.«

Bader schüttelte den Kopf. Das gab keinen Sinn. Sie würden nach der Frau suchen müssen. Schade, dass Rotmark kein Foto von ihr hatte. Die Aktzeichnungen waren zwar so naturnah, dass man ahnen konnte, dass es sich jeweils um dieselbe Frau handelte, doch hatte der Künstler weniger Wert auf die Ausgestaltung des Gesichts gelegt als auf andere Körperteile, die man bei einer Suchmeldung in der Presse nicht gut einsetzen konnte. Sie hatten Rotmark gefragt, ob er nicht noch andere Bilder von ihr habe. Fotos zum Beispiel.

»Ich bin Maler und Bildhauer, kein Fotograf. Aber – wenn Sie wirklich wissen wollen, wie die Laura aussieht, dann sollten sie sich meine Plastik ,Laura' ansehen«, sagte er.

Bader legte die Zeichnung zur Seite. »Sie haben eine Plastik von ihr angefertigt?«

»Ja, natürlich.«

»Wie groß?«

»Lebensgroß.«

Eine Plastik wäre natürlich besser als eine Skizze, bei der man sich aus der Vielzahl der Linien, die der Künstler aufs Papier gezaubert hatte, irgendeine aussuchen musste, die vielleicht der Wirklichkeit entsprach.

»Auch in Beton?«, fragte Krause.

»In Bronze.«

»Oh«, sagte Bader. Soviel wusste selbst er: Bronze war teuer.

»Sie ist in Privatbesitz«, sagte Rotmark. »Direktor Köhler. Der zeigt sie Ihnen sicher gern. Steht bei ihm im Garten.«

»Und jetzt?«, fragte Krause. Sie standen vor der Villa in der Bismarckstraße. Nichts regte sich.

»Die Köhlers sind ausgeflogen«, mutmaßte der Kommissar. »Verbringen den Winter irgendwo in Spanien oder

232

Griechenland. Kein Wunder bei dem Wetter.«

Es hatte über Nacht geschneit. Auf dem Fußweg von der Pforte bis zur Haustür waren keine Fußabdrücke zu sehen. Bringen wir es hinter uns, dachte Bader. »Kommen Sie, wir nehmen den kleinen Dienstweg.«

Zum Glück war der Zaun nicht allzu hoch. Krause ließ dem Kommissar den Vortritt. Er fürchtete, von irgendwo her könnte ein giftiger Köter auf sie losstürzen, aber alles blieb ruhig.

Die Plastik stand hinter dem Haus.

»Eindrucksvoll«, sagte der Assistent anerkennend.

Auch Bader musste zugeben, die lebensgroße junge Frau in Bronze wirkte sehr erotisch. Der Kommissar hätte sich so ein Denkmal nicht in den Garten gestellt. Abgesehen davon, dass er sich das nicht hätte leisten können – er hätte sich nicht getraut. »Wir machen besser ein Foto«, sagte er.

Sein Assistent wischte der Dame den Schnee vom Busen.

»Was ich von ihm halte?« Der Kulturreferent legte seine Stirn in Falten. »Er ist schon ein Schlitzohr, der Rotmark, so viel steht fest.«

»Tatsächlich?«

»Sie waren ja in seiner Wohnung. Haben Sie den Weihnachtsbaum gesehen?«

»Ja, natürlich.« Gesehen, aber nicht wahrgenommen. Es war nichts Besonderes, dass Weihnachtsbäume in den Wohnungen standen. Zu dieser Jahreszeit jedenfalls.

»Und ist Ihnen auch der Schmuck aufgefallen, den Rotmark verwendet hat?«

Der Kommissar erinnerte sich an irgendwelche filigranen Kugeln.

»Filigrane Kugeln«, nickte der Kulturreferent. »Das ist gut! ‚Optimus II' sage ich nur!«

»Das Kunstwerk von Günter Haese?«, fragte der Assistent nach.

»Das Radargerät?«, fragte der Kommissar.

»Ja. Im letzten Jahr hat ein – ein Penner die Skulptur schwer beschädigt. Er hat die Kugeln entwendet und wollte sie als Altmetall verkaufen. Zum Glück hat jemand die Polizei verständigt, und das Diebesgut konnte vollständig sichergestellt werden. Fast vollständig. Fünf kleine Kugeln fehlten.«

»Und Sie meinen, die sind in Rotmarks Weihnachtsbaum gelandet?«

»Ja. – Wir glauben sogar, dass er diesen Mann zu der Tat angestiftet hat.«

»Aber warum?«, fragte der Kommissar. Die Künstler waren offenbar noch seltsamer, als er gedacht hatte.

»Aus Neid vermutlich. Rotmark hatte sich Hoffnung gemacht, dass eines seiner Werke dort aufgestellt würde. Aber die Verantwortlichen hatten sich einhellig für Haese entschieden.«

»Haben Sie Anzeige erstattet?«, fragte der Kommissar.

»Nein.«

»Warum nicht?«

»Nun – zum einen haben wir keinen Beweis, und zum anderen wollen wir keinen Unfrieden unter den Künstlern stiften. Die Skulptur ist wieder heil, die Versicherung hat gezahlt, und das ist die Hauptsache.«

»Na schön.« Offenbar war der Rotmark wirklich unberechenbar. »Kommen wir zurück zu unserem aktuellen Anliegen!« Bader legte das Foto der Frau in Bronze auf den Tisch. »Rotmark neigt also zu spontanen Handlungen. Demontiert Kunstwerke seiner Konkurrenten. Was würde er wohl tun, wenn er gar wegen einer Frau in Streit geriete? Zum Beispiel wegen Laura Kleinworth?« Der Kommissar tippte auf den Computerausdruck.

»Das weiß ich nicht.«

»Sie sieht sehr kindlich aus«, sagte Bader.

»Ja, schon. Aber sie ist mindestens 25. Sie kommt aus Krefeld, glaube ich. Laura Müller heißt sie oder Möller oder so ähnlich. Ob sie da noch gemeldet ist, weiß ich nicht. – Jedenfalls hat es damals einigen Ärger gegeben, als dieser Reporter ihm dieses Mädchen ausgespannt hatte.«

»Wem ausgespannt?«

»Na, dem Rotmark natürlich!«

»Ach.«

»Wissen Sie das nicht?«

»Nein.«

»Das kommt, wenn man Polizei aus Krefeld holt. Unsere eigenen Leute hätten das natürlich gewusst. – Aber das soll jetzt kein Vorwurf sein, verstehen Sie?«

»Nein.«

»Ich weiß sowieso nicht, was die Mordkommission hier soll. Der Mann ist verschwunden, von Mord ist nicht die Rede. In Krefeld mag das ja anders sein, aber hier in Viersen wohnen jedenfalls deutlich mehr Künstler als Mörder. Das können Sie mir glauben!«

»Ja.«

»Jedenfalls – dieser Presseheini der hat sie kennengelernt, auf irgendeiner Vernissage bei dem Rotmark. Und bei dieser Gelegenheit hat er auch all die erotischen Skizzen gesehen, die der Rotmark von ihr gezeichnet hat.«

»Und die Skulptur.«

»Nein, die war da schon weg. Das war ja mit der Anlass, weswegen die Laura sich vom Rotmark getrennt hat. Sie hatte wohl geglaubt, er hätte diese Bronzefigur nur für sie gemacht; dass er sie am Ende verkauft hat, das hat ihr nicht gefallen.«

»Das kann ich verstehen.«

»Ja. Und der Reporter hat dann diese unglaublich erotische Frau für sich haben wollen. Und er hat sie auch gekriegt.«

»Aber?«

»Wie?«

»Aber. Das klingt so, als ob es da noch ein ‚aber‘ gäbe.«

»Ja, gibt es auch. So erotisch, wie der Rotmark sie gesehen hat, ist sie in Wirklichkeit gar nicht. Sie ist hübsch, keine Frage, aber irgendwie gehemmt, schüchtern. Sie hat nicht das gebracht, was der Kleinworth von ihr erwartet hat. Die Heirat war offenbar verfrüht. Eine Fehlentscheidung. Am Ende hat er die Kleine verprügelt, heißt es. Er wusste sich wohl nicht mehr anders zu helfen . . .«

»Ah!«, sagte Bader. Es gab also verschiedene Gründe, warum Rotmark am Tod dieses Journalisten interessiert sein musste.

»Sie wollte wohl wieder weg von ihm, aber ich glaube, sie hat sich nicht getraut. Sie hatte Angst vor dem Pressemann.«

Und dann war sie zu Rotmark gelaufen, und anschließend hatte Rotmark den Kerl umgebracht. Oder etwa nicht?

Der Kulturreferent sagte: »Und dann hat Rotmark sich quasi gerächt, indem er sich diesen Großauftrag verschafft hat und den Arsch hier öffentlich ausgestellt hat.«

»Den Arsch?«

»Na ja, das Hinterteil von dem Kleinworth. Der ‚männliche Torso in Beton‘ hat zwar keinen Kopf, aber wer einmal mit Kleinworth in der Sauna gewesen ist, der weiß, dass die Plastik den Journalisten darstellt. In nicht sehr vorteilhafter Weise, muss ich sagen.«

Der Kommissar nickte. Die meisten Menschen sahen ohne Kopf nicht sehr vorteilhaft aus. Hier war die nachteilige Wirkung dadurch verstärkt, dass das Hinterteil mit der markanten Warze deutlich vergrößert war, während das, was man auf der Vorderseite eines Mannes zu finden pflegte, unnatürlich klein aussah. Und plötzlich wusste Bader, warum der Journalist diesen Text in den Computer getippt hatte. Hilflose Wut, dachte er. Kleinworth hatte den Konflikt mit dem Künstler gesucht und am Ende verloren.

»Wann ist der Journalist verschwunden?«, fragte er.

»Zuletzt gesehen wurde er wohl am 12. November. Da

hatte er dieses Interview mit dem Rotmark.«

Und zwei Wochen später war die Plastik aufgestellt worden! »Ich glaube«, sagte der Kommissar, »der Skulpturenpark in Viersen wird seine jüngste Erwerbung wieder hergeben müssen!«

Ein Presslufthammer dröhnte. Schwaden von Staub zogen durch den Skulpturenpark. Der ‚männliche Torso in Beton' wurde abgebrochen. Rotmark saß auf einer von Erwin Heerichs Bänken und sah bei der Arbeit zu. Gegen die winterliche Kälte hatte er sich mit Mantel, Schal und Fellmütze gewappnet, sowie mit einer Thermosflasche mit Glühwein, aus der er sich von Zeit zu Zeit einen Becher einschenkte. Rotmark fand diese Darbietung überraschend und absurd. Der Kommissar hatte zunächst den Torso röntgen lassen, aber weil dabei kein eindeutiges Ergebnis erzielt worden war, hatte er sich nach Absprache mit seinen Vorgesetzten für eine radikale Vorgehensweise entschieden.

Rotmark hatte sich ein Kissen mitgebracht, denn so sehr er Heerich als Künstler schätzte, seine Sitzmöbel fand er zu hart. Rotmark brauchte nicht lange auszuharren. Die Zerstörung der Skulptur gelang wesentlich rascher als ihre Herstellung. Schon nach einer halben Stunde war klar, dass im Inneren keine Leiche versteckt sein konnte. Die Trümmer des ‚Torso in Beton' wurden in Säcke gefüllt. Rotmark wusste, dass diese direkt zum Bundeskriminalamt gingen. Der Kommissar mochte offenbar nicht ausschließen, dass fein gemahlene Knochen oder klein geschnittene Innereien im Beton eingebaut waren. Dabei hätte er doch nur Rotmark zu fragen brauchen. Das Kunstwerk enthielt keine Leichenteile.

Der Kommissar sah inzwischen sehr unzufrieden aus. Krause hatte ihn doch tatsächlich gefragt, ob er wirklich jemals geglaubt habe, dass der verschwundene Journalist im Beton verborgen sei, oder ob es ihm nicht vielmehr darum ginge, aus lauter Frust die Skulptur zu zerstören. Weil er dem Rotmark nichts nachweisen könne. Bader hatte unwirsch reagiert und dies weit von sich gewiesen, aber insgeheim wusste er sehr wohl, dass Krause Recht hatte.

»Wir sprechen uns noch!«, raunzte er Krause an.

Der Künstler lächelte. Eine Woche noch, dann würde er sich mit Laura in Rom treffen. Wie sie sich freuen würde, dass alles gut gegangen war! Der Journalist hatte sie geprügelt, obwohl sie doch schwanger war, hatte sie vergewaltigt; da hatte sie ihn mit dem Schürhaken erschlagen. Rotmark hatte ihr geholfen, die Leiche zu entsorgen. Die ‚Wächter der Kinder' – welch ein passendes Endlager für den Rohling. Gut, dass die Figuren hohl waren. Gut, dass er die nötigen Werkzeuge besaß, um einen der Wächter unauffällig zu öffnen und zu schließen. Niemand würde etwas bemerken. Der Trick mit dem Handy hatte dafür gesorgt, dass, ehe der Journalist vermisst wurde, alle eventuellen Spuren vom Regen verwischt waren. Und vom Schnee. Und jetzt standen die Wächter stumm und hart da, wie eh und je. Man konnte mit der Hand gegen das Metall klopfen, aber es war zu dick, als dass man den Unterschied hätte feststellen können. Nur wenn man einen großen Hammer nähme und gegen jede der Figuren schlüge, würde man bemerken, dass eine nicht mehr hohl war. Aber das würde niemand tun. Das wäre Vandalismus, und Vandalismus kam zum Glück in Viersen so gut wie nie vor.

Es begann zu schneien. Rotmark nahm noch einen Schluck Glühwein. Eigentlich war alles ganz gut gelaufen. Während über das Aufstellen des ‚Torsos in Beton' nur von der regionalen Presse berichtet worden war, hatte das Röntgen der Skulptur schon ARD und ZDF auf den Plan gerufen. Und über die Zerstörung des Betonklotzes würde weltweit berichtet werden. Ein amerikanischer Reporter hatte sich gar dazu verstiegen, einen Zusammenhang mit der Verfolgung ‚entarteter Kunst' im Dritten Reich herzustellen. Rotmark war ein gemachter Mann. Ob Laura wohl endgültig zu ihm zurückkehren würde?

Rippenbiest

Ein lausiger Dauerregen trommelt auf die verwaisten Außentische vor ‚De Waag', und auf dem Nieuwmarkt treibt ein eisiger Frühlingswind sein launisches Spiel mit aufgespannten Regenschirmen. Das biestige Wetter erleichtert Emmas Job. Nirgendwo Müßiggänger oder Touristen, die den Blick über den weiten Platz schweifen lassen, keine Sonnenstrahlen, die den Stahl verräterisch aufblitzen lassen können.

Zuiterdijk tritt jetzt vor die Tür des China-Imbisses. In ein dünnes Leinenjackett gewickelt wartet er unter im Regen zitternden Lampions, bis sein Chauffeur den Schirm aufgespannt hat. Er hat keinen Leibwächter dabei, wie leichtsinnig! Der Fahrer lotst Zuiterdijk quer über den Platz, Emma folgt, ohne aufzufallen. Kurz vor dem Bentley überlässt der Chauffeur Zuiterdijk den Schirm, hastet zum Wagen, öffnet die Beifahrertür. Eine bessere Gelegenheit wird es für Emma nicht geben. Ein letzter Kontrollblick über den Platz, dann lässt sie ihr Stilett aufschnappen. Zuiterdijk hört sie nicht, als er den Schirm zusammenklappt und ihr dabei seinen breiten Rücken präsentiert. Emma rempelt ihn wie zufällig an und stößt unbemerkt das Messer in seinen Körper. Sie hat den Stich oft genug ausgeführt, um dabei die Klinge präzise zwischen die untersten rechten Rippen zu stechen. Als sie das Stilett herauszieht, zuckt Zuiterdijk leicht zusammen, dann dreht er sich zu ihr um und blafft: »Pas op!«

Emma entschuldigt sich mit einem bedauernden Lächeln, geht langsam in Richtung Geldersekade weiter, wo sie das Messer in die Gracht fallen lässt.

Erik weiß nicht mehr, wo ihm der Kopf steht. Sein Chef macht ihm die Hölle heiß, droht ihm mit einer Versetzung ins finsterste Sauerland, wenn er nicht bald brauchbare Ergebnisse liefert. Wieder einmal starrt er auf die roten Fähnchen, die in der großen Weltkarte an der Wand stecken, versucht einen Hinweis in der blutigen Spur des Killers zu finden. Härtnäckiges Telefonklingeln unterbricht seine Grübeleien. Er kennt den holländischen Kollegen nicht, aber was dieser ihm mitteilt, erhöht den Druck, der auf ihm lastet. Noch während er mit Mijnheer van der Basten telefoniert, holt der Kommissar ein weiteres rotes Fähnchen aus seiner Schreibtischschublade und steckt dieses auf der großen Weltkarte ins Herz der Niederlande.

»Der Typ hieß Jan Zuiterdijk«, berichtet der Holländer, »war 'ne große Nummer im Amsterdamer Rotlichtmilieu. Der Kerl ist an inneren Blutungen krepiert, nach einem Stich in Milz und Lunge. Ist ziemlich wahrscheinlich, dass der Lude gar nichts gespürt hat. Unser Rechtsmediziner sagt, dass die Opfer nach einem solchen Stich noch stundenlang weiterleben können, ohne zu merken, dass sie innerlich verbluten. Und wenn sie es bemerken, dann ist es in der Regel zu spät. Ihr seid doch dran an dem Killer, der die Leute so umnietet, oder?«

Erik bestätigt das. In den letzten fünf Jahren sind es, mit dem Amsterdamer Zuhälter, siebzehn Tote, immer nach der gleichen Methode umgebracht. ‚Sissi-Stich' nennt man diese Art des Tötens in Fachkreisen, weil die österreichische Kaiserin so ermordet wurde. Eine unglaubliche Präzisionsarbeit. So was kann nur ein Profi. Die Opfer: eine illustre Mischung aus Kriminellen, Geldbaronen, Firmenchefs und Politikern. Viele davon mit Dreck am Stecken, viele aus einflussreichen Seilschaften. Das erklärt, warum der Chef so einen Druck macht, hilft ihm aber nicht. Denn bisher wissen sie verdammt wenig. Die Tatwaffe ist immer ein scharfes Stilett, der Tatort immer ein belebter Platz irgendwo in Europa: Köln, Düsseldorf, Rom, Palermo, Berlin, Madrid, jetzt Amsterdam, auch kleinere Städtchen. Ansonsten hinterlässt der Killer so gut wie keine Spuren. Er ist ein Meister seines Fachs.

»Der Chauffeur hat eine Frau im Trenchcoat auf dem Platz gesehen«, erzählt Mijnheer van der Basten noch. »Er kann sie aber, abgesehen von Trenchcoat und Schirm, nicht beschreiben.«

Das bestätigt immerhin eine Vermutung, die sie schon länger haben. Eine Frau, unauffällig und harmlos, die den Opfern nahe kommen kann, ohne dass sie jemand genauer zur Kenntnis nimmt. Aber sie brauchen mehr Informationen als Regenschirm und Trenchcoat, vielleicht endlich mal eine DNA. Harmlos wirken schließlich viele Frauen in Europa.

Keine zehn Minuten später muss Erik im Büro des Chefs antanzen. »Es kann doch nicht sein, dass ihr in der Sache überhaupt nicht vorwärts kommt, Erik! Lass dir was einfallen! Sonst bist du weg vom Fenster.«

Erik ist noch dabei, seinen Ärger hinunterzuschlucken, als sein Handy klingelt. »Tom«, nuschelt er genervt, »ich kann jetzt nicht.«

»Wollt nur wissen, ob du zum Klassentreffen nach Zons kommst, Alter. Lilli hat was organisiert, die Mail hast du doch bekommen, oder?«

Dunkel erinnert sich Erik an die Einladung.

»Kommenden Samstag Abend. Davor hat Lilli noch die Eröffnung des neuen Schlossparks, danach haben wir den dann exklusiv«, macht Tom weiter. »Wie in den alten Zeiten. Weißt du noch, wie wir . . .«

»Ich hab totalen Stress auf der Arbeit«, unterbricht ihn Erik.

»Weißt du, wen Lilli in Istanbul getroffen hat? Emma. Die will auch kommen, sogar schon nachmittags. Reinhard und Conny trudeln abends ein. Und dann kann man nur hoffen, dass Bernie nicht vorbeischneit. Der ist so was von abgekackt in den letzten Jahren, treibt sich immer noch mit den wilden Horden rum. Schlägereien, Alkohol und . . .«

Bernie interessiert Erik nicht, mit Reinhard und Conny hat er schon lange keine gemeinsame Wellenlänge mehr, und die Sache mit Lilli ist lang vorbei. Aber Emma. Wie lange hat er sie nicht gesehen? Zwanzig Jahre? Was sie jetzt treibt? Ob sie immer noch . . . ?

»Ich schau zu, dass ich es einrichten kann«, sagt Erik schnell, bevor er die Off-Taste drückt.

In Zürich ist der Himmel blau, und in den Betonkästen vor dem Flughafen blühen die Tulpen um die Wette. Emma nimmt ein Taxi zum Hauptbahnhof. Sie setzt ihren Weg zu Fuß fort, kauft in der Confiserie Sprüngli ein Kistchen Luxemburgerli, bevor sie, zwei Straßen weiter, hinter der Glastür eines eleganten Bürogebäudes verschwindet. Dort steigt sie in den Aufzug, fährt in den dritten Stock, schließt ein Büro auf, neben dessen Tür ein edles Messingschild mit der Aufschrift ,E & E - Import/Export' hängt.

»Bin wieder da!«, ruft sie.

Etelka unterbricht ihre Arbeit am japanischen Schleif-stein. »Alles klar?«, fragt sie.

»Super Bedingungen. Dauerregen und kalt. Ist er schon tot?«

Etelka nickt. »Sie haben grade angerufen und überwei-sen die zweite Rate sofort.«

Eher unachtsam greift Etelka nach einem Luxem-burgerli und lächelt schief. Baiserkrümel bleiben in ihren Mundwinkeln haften. Zu schnell macht sie sich wieder an das Schärfen der Messer. Da ist was im Busch, merkt Emma, etwas, das sie nicht sofort erzählen will. Emma hasst es, wenn ihre Partnerin so schweizerisch herum-druckst.

»Spuck's aus!«, befiehlt sie.

»Ich weiß jetzt, wie du Fein-Zirges erledigen kannst.«

Etelka schluckt das Luxemburgerli hinunter und strahlt Emma an. Die runzelt misstrauisch die Stirn.

»Sein Terminplan hat sich geändert. Er reist nächste Woche nicht zur Jahreshauptversammlung seines Konzerns nach Chicago, sondern eröffnet als Vorsitzender des Fördervereins am Samstag den neuen Schlosspark in Zons. Ist das nicht großartig, Emma?«

Das sieht Emma anders. Fein-Zirges ist ein Problemfall. Alle Möglichkeiten, die sie bisher zu seiner Liquidierung durchgespielt haben, sind aus den unterschiedlichsten Gründen gescheitert. Dan Miller, der Auftraggeber, wird schon ungeduldig. Aber in Zons? In Lillis Museum?

»Ich gehe nicht zu diesem Klassentreffen«, sagt Emma. »Vergiss es!«

»Die Bedingungen sind optimal«, bearbeitet sie Etelka. „Dank Lillis Einladung gehörst du zum Inner Circle der Feierstunde. Dir bleiben mindestens sechzig Minuten, um ihn genau zu studieren. Und wenn sich dann der Tross durch den Schlosspark wälzt, stichst du zu. Bis er seinen letzten Schnapper macht, bist du schon längst über alle Berge.«

Emma ärgert Etelkas Vorschlag und noch mehr ärgert sie, dass sie ihr gegenüber das Klassentreffen überhaupt erwähnt hat. Es war purer Zufall, dass ihr Lilli am Flughafen von Istanbul über den Weg gelaufen ist. Lilli hat mit ihrem Job als Leiterin des Kreismuseums und mit dem neu gestalteten Schlosspark angegeben und ihr dann von dem geplanten Klassentreffen erzählt. Bernie werde sie nicht einladen, hat sie dabei mehrfach betont. Natürlich hat Emma Interesse geheuchelt, versprochen, dass sie nach Zons komme, wenn es sich irgendwie einrichten lasse, sich dann aber mit dem Hinweis auf ein wichtiges Meeting schnell verabschiedet. Niemals hat sie vorgehabt, wirklich nach Zons zu reisen. Erinnerungen an Kindheit und Jugend sind mit Sentimentalitäten und Schuldgefühlen behaftet. Beides kann sie sich in ihrem Job nicht leisten.

»Siehst du eine bessere Gelegenheit, wie wir Fein-Zirges erledigen können?«, bearbeitet sie Etelka weiter. »Du weißt, dass Dan Miller schon damit gedroht hat, zur Konkurrenz zu gehen?«

Emma holt tief Luft. Konkurrenz, das Totschlagargument. Das Killerbusiness ist hart, und die beiden haben lange gebraucht, um als Frauen-Duo ins Geschäft zu kommen. Sissi-Stiche sind ihre Spezialität, genauer gesagt Emmas. Etelka kümmert sich um die Akquise und die komplette Logistik: falsche Pässe, Perücken, Kostüme, Flugtickets, Fluchtwege, Schlupflöcher und so weiter. Sie sind ein gutes Team. Sehr erfolgreich. Sehr diskret. Werbung nur durch Mund-zu-Mund-Propaganda. Offiziell handeln sie mit Kochmessern der gehobenen Kategorie. Was sie in Wirklichkeit machen, ist nur dem kleinen Kreis ihrer Auftraggeber vertraut. Die plaudern nicht, bestehen aber auf erfolgreicher Abwicklung.

Emma schiebt sich die Sache mit Fein-Zirges im Kopf hin und her, spielt mögliche Alternativen durch, merkt, wie kümmerlich diese sind. So schwer es ihr fällt, sie muss Etelka recht geben. Die Einweihung des Schlossparks ist eine optimale Gelegenheit.

»Das Klassentreffen ist die perfekte Tarnung«, macht Etelka weiter. »Niemand wird dich in Verbindung mit Fein-Zirges bringen. Schau zu, dass du weg bist, bevor die großen Besäufnisse losgehen. Ich buche dir einen Flug nach Alicante. Oder willst du lieber nach Tirana? Ruf jetzt Lilli an, damit sie dich auf die Gästeliste setzt.«

Emma greift zum Hörer. Lilli ist ganz aus dem Häuschen, dass Emma wirklich kommt. Auf keinen Fall dürfe sie in einem Hotel absteigen, beschwört sie Emma, sie müsse bei ihr übernachten. »Ich freu mich so, Emma! Und den Schlosspark, du wirst ihn nicht wieder erkennen.«

Emma murmelt Zustimmung. »Buch beides«, sagt sie dann zu Etelka, »es ist immer gut, eine Alternative zu haben.«

Der Himmel über Köln ist noch blauer als der in Zürich, Kaiserwetter für Lillis Parkeröffnung, Emma wäre Nieselregen lieber. Am Flughafen mietet sie einen Leihwagen, es sind keine fünfzig Minuten bis Zons. Die Sonne steht bereits tief im Westen, als sie den Wagen auf dem Parkplatz der Freilichtbühne abstellt und den Blick an der märchenhaften Stadtmauer entlanggleiten lässt.

»Die Feste Zons, gebaut im 14. Jahrhundert, ist das besterhaltene Beispiel einer befestigten Stadt am Niederrhein.« Klar und deutlich hat Emma die Stimme ihrer Grundschullehrerin, Frau Krespil, im Ohr. Die hat ihnen die Geschichte ihrer Heimatstadt so oft erzählt, dass Emma sie immer noch herunterbeten kann. Die erste Burganlage wurde von den Kölnern nach der Schlacht von Worringen Stein für Stein abgetragen, weil die Material für die Kölner Stadtmauer brauchten. Aber als der Erzbischof, Friedrich III, den Rheinzoll von Neuss nach Zons verlegte, ließ er in Zons eine neue Burg, Friedestrom, bauen.

Emma vermutet, dass sie dass nur noch weiß, weil Frau Krespil eine wirklich Nette gewesen ist. Welche Lehrerin studiert schon freiwillig mit ihrer Klasse ein Märchen ein? Frau Krespil liebte Märchen über alles, und als Mitglied der Zonser Spielschar hat sie dafür gesorgt, dass die Klasse das Stück auf der Märchenbühne aufführen durfte. Rumpelstilzchen in ihrem Fall. Lilli hat natürlich die schöne Müllerstochter und spätere Königin gespielt, Erik befehligte die Truppen des Königs, Bernie gab das Rumpelstilzchen, Tom den geldgierigen König. Für Emma blieb nur eine Nebenrolle, sie war eine der Zofen und half der Königin bei der Suche nach dem Namen. Bis heute kann sie den einzigen Satz, den sie aufsagen musste, auswendig: »Vielleicht heißt das Männlein Rippenbiest, Hammelswade oder Schnürbein?"«

Grundschule, vierte Klasse, ist ewig her, aber die Windmühle am südwestlichen Knick der Stadtmauer sieht noch genau so aus wie damals. Emma denkt daran, wie sie sich als Kind durch die Mauern der Stadt beschützt gefühlt hat und wie klein und überschaubar die Welt für sie war, wenn sie mit Erik und den anderen durch das hohe Gras der Rheinauen gestreift, über einen Baum auf die Burgmauer geklettert oder verbotenerweise im Rhein schwimmen gegangen sind. »Rippenbiest« hat Erik sie genannt, wenn sich nach dem Baden ihre Knochen unter dem Badeanzug abzeichneten, sie hat »Hosenschisser« zu ihm gesagt, weil er nie so weit hinausschwimmen wollte wie sie.

Emma verscheucht die Erinnerungen, nimmt den schmalen Weg entlang der Stadtmauer, konzentriert sich auf ihren Auftrag. Das Gittertor zur Märchenbühne ist verschlossen, auch heute noch gibt es Märchenspiele nur im Sommer. Mit dem Dietrich macht das Öffnen keine Mühe, das Theater im Zwinger findet Emma unverändert. Sie klettert auf die Umkleidekabine der Künstler, zieht die mitgebrachte einklappbare Leiter aus der Plastiktüte und lehnt sie an die Schlossmauer neben dem Eckturm. Als Kinder haben sie eine Leiter im Gelände versteckt, mit der sie heimlich in den Schlossgarten gestiegen sind. Gesichert durch die hohen Mauern, beschützt von den Wipfeln der Rotbuchen und Robinien sind sie hier nachts, in gegnerischen Mannschaften wilde Kämpfe ausfechtend, durchs Gras gerobbt. Ein paar Jahre später haben sie an gleicher Stelle anderes Gras geraucht und wilde Küsse getauscht.

Damals, als das Wünschen noch geholfen hat, schießt es Emma durch den Kopf, als sie geschwind vom Dach klettert. Eigentlich will sie heute Burg Friedestrom durch den Haupteingang verlassen, aber sicher ist sicher. Niemals einen Fluchtweg außer Acht lassen, lautet eine der wichtigsten Regeln in ihrem Geschäft.

Zurück auf dem alten Treidelpfad bläst beim Eisbrecher ein kräftiger Wind vom Rhein her, zerzaust das zarte Frühlingsgras auf den Wiesen. Am Mauerdurchbruch betritt Emma die Stadt, blickt hinüber zum Kreismuseum, Lillis Herrschaftsbereich. Da steht sie in einem hinreißenden Kostüm, farblich abgestimmt auf die frisch gepflanzten wilden Hortensien, und begrüßt die langsam eintrudelnden Gäste. Fein-Zirges ist noch nicht unter ihnen. Emma weiß, dass Typen wie er gerne auf sich warten lassen.

»Rippenbiest, ich fass es nicht!«

Emma fährt herum, hat niemanden kommen gehört. Erik, wer sonst? Ist früher ein Meister im Anschleichen gewesen, scheint es nicht verlernt zu haben.

»Hast immer noch diesen Wildkatzenreflex! Und dürr biste auch noch.«

»Hallo, Erik!«

»Emma, Mensch Emma! Wie lang ist das her?«

Er strahlt sie an. Keine Sentimentalitäten, befiehlt sie sich, und zaubert ein freundliches Lächeln auf ihre Lippen. »Und?«, fragt sie. »Frau, Kinder, Eigenheim, Karriere?«

»Vorgeplänkel war noch nie was für dich, oder?« Erik schüttelt ihr mit warmem Druck die Hand und berichtet, dass er weder verheiratet sei, noch Kinder oder Eigenheim habe und seine Karriere – »Na ja . . .«

»Früher wolltest du Räuberhauptmann werden. Und was machst du heute?«, will Emma auf dem kurzen Weg zum Kreismuseum wissen.

»LKA Düsseldorf.«

»Du bist ein Bulle?« Emma kann die Überraschung in ihrer Stimme nicht verbergen. »Du jagst Psychopathen, Serientäter und so?«

»Eher Profikiller.«

An dieser Stelle verflucht Emma Etelkas Vorschlag, Fein-Zirges in Zons zu erledigen, zum ersten Mal.

»Irgendwann muss man sich entscheiden, Emma. Und ich habe mich für die Guten entschieden.«

Emma lächelt und weiß, dass sie heute besonders vorsichtig sein muss. Sie blickt hinauf zur alten Vorburg. Anstelle von öden Pflastersteinen säumen jetzt frisch gepflanzte Zwerghyazinthen und Buchenkissen den Weg zum Eingang. Lilli schüttelt Hände, verteilt Küsschen und fragt, als Emma und Erik vor ihr stehen, erstaunt: »Ihr zwei zusammen?«

»Zufall«, sagt Emma, und Erik grinst.

»Jetzt kann ich dir überhaupt nicht meine Schätze zeigen, Süße, weil ich hier die Honneurs machen muss«, bedauert Lilli, »aber warte mal!«, ruft sie und zitiert einen Typen mit Schreibblock zu sich.

Glatze und Bauchansatz hat Tom mit fünfzehn noch nicht gehabt, aber Emma erkennt den gierigen Blick des Rumpelstilzchen-Königs wieder.

»Du auch schon hier?«, wundert sie sich.

»Jobbedingt, sozusagen«, erklärt er, »ich schreibe für die Rheinische Post. Der neue Schlossgarten ist schon eine größere Geschichte wert.«

»Vergiss die Tapisserien von Helmut Hahn unten neben der Zinnsammlung nicht«, beendet Lilli ihre Instruktionen, bevor sie Emma mit Tom durch das Museum schickt.

Brav lotst Tom Emma durch die Textilsammlung. Sie folgt gerne, prägt sich jedes wichtige Detail ein, verschafft sich an der breiten Glasfront in dem Raum mit dem Jugendstilzinn einen ersten Überblick über den neuen Schlosspark. Wie klein er ist! Damals ist er ihr viel größer vorgekommen. Tagsüber haben sie nie hier gespielt, da war das nur ein langweiliger Hof mit Rasen, ein paar Bäumen und einer Mauer. Aber nachts warteten dort große Abenteuer.

»Und was machst du so beruflich?«, unterbricht Tom Emmas Gedanken und seine Museumsführung.

Emma sagt ihr Sprüchlein mit dem Messer-Import-Export auf. Wie fast alle, will auch Tom keine Details wissen. »Apropos Kochmesser. Gibt es hier nicht so eine tolle alte Schlossküche?«, fragt sie dann, und Tom führt Emma in den Keller, der ihr noch zum Gesamtüberblick des Gebäudes fehlt. Mit einer Kopfbewegung in Richtung Toiletten verlässt sie ihn, betätigt dort die Klospülung, stellt den Wasserhahn an. Wie erwartet ist Tom weg, als sie in den Flur tritt. Sie klemmt einen Holzkeil in die Notausgangstür, eilt in den noch jungfräulichen Schlosspark und legt den mitgebrachten Kadaver auf den neu gestalteten Weg unter den mickrigen Ginkobaum. Phobien verliert man nicht, da ist sich Emma sicher.

Erik lehnt an der schweren Eichentür des Kreismuseums und hat die Gäste im Foyer genauso im Blick, wie die, die sich auf dem Vorplatz zwischen dem frischen Grünzeugs tummeln. Such dir immer einen Platz, an dem du den besten Überblick hast, alte Gewohnheit aus seiner Zeit als Ermittler. Er merkt, dass es ihm gut tut, mal ein paar Stunden nicht an den Ärger in seinem Job zu denken, es ihn entspannt, ohne Hintergedanken in fremde Gesichter zu blicken. Unter den Gästen entdeckt er ein paar Zonser Lokalgrößen, persönlich kennt er niemanden. Seine Gedanken landen schnell wieder bei Emma, bei dem Herz mit dem »E & E«, das er ihr mit blutigen Fingern in die Linde beim Südturm geritzt hat. Zwischen zwölf und siebzehn sind sie unzertrennlich gewesen. Die erste Nacht im Freien, die erste Zigarette, der erste Kuss, der erste Sex, die erste Liebe, all das hat er mit Emma erlebt. Der große Bruch kam, als Lilli ihn rammdösig gemacht hat, er wie ein aufgeplusterter Hahn mit der schönen, blonden Lilli-Fee durch Zons stolziert ist, keine Augen mehr für das Rippenbiest hatte. Emma ist derweil mit Bernie um die Häuser gezogen, hat all den Scheiß gemacht, den man mit zu viel Alkohol im Blut und zu viel Wut im Bauch machen kann. Und irgendwann war sie einfach weg. Verschwunden, abgetaucht. Erst da hat er gemerkt, wie sehr sie ihm fehlt.

»Na, Alter!«

Tom schlägt ihm auf die Schulter, reißt ihn aus seinen

Erinnerungen. Erik registriert, dass Tom allein von der Führung zurückkommt. Auf der Schlossstraße fährt jetzt ein schwarzer Mercedes der E-Klasse vor. In dem durchtrainierten Typ im dezenten grauen Anzug, der die hintere Wagentür öffnet, erkennt Erik sofort den Personenschützer. Die gibt es nur für die Chefetage, weiß Erik, da hat sich Lilli für ihr Museum einen finanziellen Hochkaräter angelacht. Sie wickelt die Kerle immer noch um den Finger, stellt er fest und ist froh, dass er gegen ihren Augenaufschlag schon lange immun ist. Lilli schwebt dem Luxuswagen entgegen. Der aussteigende Hochkaräter lächelt. Küsschen rechts und links, die Chefetage legt herrschaftlich ihren Arm um Lillis Schultern, schüttelt auf dem Weg zum Eingang des Museums Hände, setzt ein Siegerlächeln auf, als Tom ihn für seinen Artikel fotografiert. Den Hochkaräter weiterhin an ihrer Seite geht Lilli zur Hauptburg voraus, die anderen Gäste folgen. Erik hält nach Emma Ausschau. Die deponiert gerade ihre große Handtasche bei der Kassenfrau.

»Was hältst du von einem Kaffee?«, fragt er.

»Ich möchte mir die Hauptburg angucken«, sagt sie und deutet auf den Menschenzug, der sich über den Schlosshof bewegt. »Lilli sagt, die sei so schön renoviert.«

»Der Saal ist langweilig. Tom sagt, du bist im Messer-Import-Export. Stimmt das wirklich?«

»Wieso nicht?«

»Hab mir immer vorgestellt, du machst mal was ganz Ungewöhnliches. Punk, Greenpeace, Taschendieb oder so was.«

Sie lacht dieses freche Emma-Lachen, das er früher so sehr gemocht hat.

»Weißt du noch, wie wir als Bonnie & Clyde durch die Lande ziehen wollten?«, fragt sie. »Du hast die Fronten gewechselt.«

»Und du erst! Import-Export.«

»Wär ich dir als Killerin lieber?« In ihren Augen blitzt

ein gefährliches Glitzern auf, bevor sie sagt: »Ich geh dann mal rüber.«

Spiel nicht mit dem Feuer, ruft sich Emma zur Raison, als sie über den Schlosshof geht. Von der Hauptburg weht gedämpfter Beifall über den weiten gepflasterten Platz. Rechts von ihr leuchtet der neu gestaltete Schlosspark in der späten Abendsonne. Durch den Garten führt jetzt ein Schotterrasenweg, den Büsche und junge Apfelbäumchen säumen. An den Mauern ranken Clematis und Kletterhortensien. Alles hübsch und frisch. Kein Ort mehr, um nachts wildes Leben zu spielen. Emma denkt an den Kadaver, den sie auf dem Weg deponiert hat, an das Stilett in ihrem Stiefelschaft und an den Ärger, den Dan Miller machen wird, wenn sie Fein-Zirges jetzt nicht erledigt. Sie weiß, was sie zu tun hat.

Erik sieht Emma mit leichten, leisen Indianerschritten über den Platz eilen und denkt an die Killerin, die er zu jagen hat. So könnte sie gehen, denkt er, und so unscheinbar und harmlos wirken wie Emma. Das Glitzern in ihren Augen vorhin hat sein Adrenalin in die Höhe geputscht. Von mir aus Import-Export, aber die alte, wilde Emma, die gibt es immer noch.

Emma schlüpft leise in den Vortragssaal und lässt den Blick über das Publikum schweifen, zählt etwa hundertzwanzig Gäste. Sie hält nach dem Leibwächter Ausschau. Er steht am linken Bühnenrand, hat abwechselnd den Ausgang des Saals und Fein-Zirges im Blick. Der spricht über die Schönheit des neuen Schlossparks und über die Verpflichtung der Industrie der Kultur gegenüber. Am Ende der Rede brandet höflicher Beifall auf, danach strömt das Publikum nach draußen. Die erste Gelegenheit Fein-Zirges zu liquidieren, lässt Emma verstreichen. Das Gedränge am Eingang ist zu groß, als dass sie zum Zustechen weit genug ausholen könnte. Draußen greift der Industrielle, wie schon vorhin, nach Lillis Schultern. Gemeinsam führen sie die Gästeschar an. Wendig schlängelt sich Emma durch das Gewühl, bis sie den muskelbepackten Rücken des Bodyguards vor sich hat. Es beruhigt sie, dass er von hinten sichert, das Standardprogramm durchzieht. Lilli erklärt begeistert die einzelnen Schritte der Neugestaltung. Der Trupp bleibt bei jedem Kräutlein stehen. Emma erschrickt, als plötzlich Erik neben ihr geht. Wieder hat sie ihn nicht kommen hören.

»Sag jetzt nicht, dass dich auch dieses Pflanzengedöns interessiert!«

»Gärten haben so etwas wunderbar Meditatives«, sagt Emma und hakt sich bei Erik ein.

Ihre Berührung elektrisiert ihn. Wie hatte er sie damals nur gegen diese Circe Lilli austauschen können? Plötzlich krampft sich ihre Hand in seinen Arm und sie atmet schwer. »Erik«, presst sie zwischen zwei Atemstößen heraus, »kannst du mir bitte ganz schnell ein Glas Wasser holen.«

Erik blickt besorgt, Emma schwächelt, das ist ganz fremd für ihn, er hat Angst, dass sie ihm umkippt.

»Es ist nur der Kreislauf, Wasser hilft eigentlich immer«, flüstert sie und löst ihre Hand von seinem Arm.

Erik nickt und läuft davon. Als er wenig später mit dem Wasserglas vom Kreismuseum zurückkommt, hört er Lilli schreien, sieht, wie sie und andere panisch in die Beete rechts und links des Weges springen. Er kann nicht erkennen, was den Besichtungstrupp in eine solche Aufregung versetzt, und sprintet los. Im Laufen beobachtet er, wie der Personenschützer Fein-Zirges aus der Menge zieht und hört, wie andere Frauen anfangen zu kreischen. Dann findet sein Blick Emma. Sie atmet weiterhin schwer, jetzt aber mit einem hochroten Gesicht wie nach einer extremen Anstrengung.

»Danke«, sagt sie, als er ihr das Wasser reicht und sich weiter umblickt, um zu verstehen, was passiert ist. Sie greift nach seinem Arm, nimmt einen Schluck Wasser, lächelt dankbar und sagt: »Du kennst doch Lilli und ihre Phobien. Eine tote Taube mitten auf dem Weg – da hat sich jemand einen schlechten Scherz erlaubt.«

Natürlich, das Fiasko bei Aschenputtel, Erik erinnert sich. Zur Premiere lag eine blutige Taube auf die Bühne. Lilli mit ihrer panischen Angst vor Tauben hat wild gekreischt und konnte ihren Aschenputtel-Text nicht mehr aufsagen.

Der Hausmeister eilt herbei, entfernt den Grund des Aufruhrs. Langsam beruhigen sich alle. Der Bodyguard lotst Fein-Zirges zu den anderen zurück. Erik registriert, wie der Hochkaräter die Jacke auszieht und sich verärgert am Rücken kratzt, so als wäre ihm ein Floh ins Hemd gehopst. Schnell hat er sich wieder im Griff. Dann drückt er Lilli, bietet ihr seinen Arm für den weiteren Rundgang, der zum Glück bald zu Ende ist. Bei einem Gläschen Sekt im Foyer des Museums herrscht bereits Aufbruchstimmung. Immer mehr Gäste verabschieden sich, auch der Bodyguard schleust den Hochkaräter zurück zum Auto. Beim Einsteigen kratzt er sich noch einmal am Rücken. Aus der Ferne glaubt Erik einen kleinen Blutfleck auf dem weißen Hemd zu entdecken.

Blitzartig drängen sich die Sissi-Stich-Opfer-Fotos vor sein geistiges Auge. »Manchmal sieht man von außen gar nichts, gelegentlich findet sich auf der Kleidung der Toten eine winzige Menge Blut«, hört er die Stimme des Gerichtsmediziners. Du wirst paranoid, ärgert er sich. Scheiß Job!

»Alles klar?«, fragt Emma und lächelt ihm zu, als sie sich bei der Kassenfrau ihre Tasche zurückgeben lässt.

Erik fragt sich, warum Frauen immer so überdimensionierte Handtaschen mit sich herumschleppen. Er schaut Emma nach, als sie das Foyer in Richtung Toiletten verlässt. Ihm fällt auf, dass sie plötzlich hinkt.

Emma verriegelt die Toilettentür, verzieht das Gesicht, als sie das Stilett aus dem Stiefel zieht, setzt sich dann auf die Kloschüssel und dreht langsam den Stiefel vom rechten Fuß. Blut tropft auf den Boden, sie hat die Waffe zu schnell zurückgesteckt und sich dabei verletzt. Es ist ein tiefer Schnitt, den sie mit einem Druckpflaster aus ihrer Notapotheke verarztet. Dann tauscht sie die Stiefel gegen bequeme Sneakers aus ihrer Handtasche und wischt das Blut am Boden weg. Emma beschließt, Zons sofort zu verlassen. Es war keine gute Idee, Fein-Zirges hier zu erledigen.

Als sie aus der Toilette tritt, pudert Lilli sich am Waschbecken die Nase.

»Und?«, fragt sie, »wie findest du ihn?«

»Wen?«

»Dominik Fein-Zirges. Hast du nichts bemerkt? Wir halten es offiziell geheim, weil er noch verheiratet ist. Er will gleich noch mal auf ein Glas Kölsch vorbeikommen. Ich hab ihm so viel von meinen Jugendfreunden erzählt, dass er euch wenigstens kurz kennenlernen will.«

Sofort, sie muss sofort aus Zons verschwinden, weiß Emma.

»Jetzt sag schon!« Lilli hakt Emma auf dem Weg zurück ins Foyer unter und erwartet eine Antwort.

»Was Männer angeht, haben wir nie den gleichen Geschmack gehabt, Lilli . . .«

»Sag das nicht . . .«

»Ach . . .«

»Erik war ja sooo süß, da hab ich nicht widerstehen können! Aber du hast auch nichts ausgelassen in deiner wilden Zeit«, setzt Lilli hinterher. »Jugendsünden, vergeben und vergessen, oder Emma?«

Sie lächelt so, dass Emma nicht anders kann, als zurückzulächeln. Lilli hat man immer alles vergeben müssen. Sie hat nie für ihre Fehler bezahlen wollen. Doch dieses Mal hab ich dir den Kerl ausgespannt, denkt Emma, auch wenn ich nicht mal gewusst hab, dass es deiner ist. Schnell wischt sie die späte Genugtuung weg. Sie braucht einen klaren Kopf, um unbemerkt aus Zons zu verschwinden.

»Lilli«, ruft Tom vom Foyer aus den beiden zu, »gib mir noch ein paar Background-Infos für meinen Artikel! Was sollte denn die Nummer mit der Taube? Muss ja einer von uns gewesen sein, oder? Irgendeine Ahnung, wer sich die Sauerei ausgedacht hat?«

Sein Blick giert nach einer Schweinerei, über die er berichten kann, aber Lilli zuckt nur unwillig mit den Schultern und murmelt: »Lass mal, ich will mir damit nicht den Abend verderben.«

Aber so schnell lässt Tom nicht locker. »Ich hab natürlich sofort an Bernie gedacht«, macht er weiter. »Der mag doch so widerliche Spielchen.«

»Wieso sollte er so was machen?«, fragt Lilli.

»Vielleicht ist er sauer, weil du ihn nicht zu unserem Treffen eingeladen hast?«

»Hab ich doch! Er gehört dazu, wie jeder von uns.«

Lilli schaut Tom mit einer Mischung aus Unschuld und Erstaunen an. Einer der Blicke, mit dem sie die Jungs immer rumgekriegt hat. Tom verliert sich in Lillis blauen Augen, lächelt betört und hält den Mund.

Bernie kommt, denkt Emma und fragt sich, was für ein Spiel Lilli spielen willen. Immer hat sie gerne die Puppen tanzen lassen, alle wie Marionetten benutzt. Aber nach all den Jahren ist es Emma egal, was Lilli ausgeheckt hat, es ist ihr egal, was Bernie vorhat, weil sie nämlich jetzt die Biege machen wird. »Ich muss noch schnell was dem Wagen holen«, sagt sie zu den beiden. »Bin gleich wieder zurück.«

Sie nimmt den Weg über den Schlossgarten, das Südtor ist seit der Feierstunde offen. Trotz der bequemen Schuhe schmerzt die Wunde bei jedem Schritt. Sie schickt Etelka eine SMS, damit diese ihr schnell einen Termin bei ihrem Kölner Arzt macht. Wenn der den Schnitt sofort näht, erwischt sie sogar noch die Maschine nach Alicante.

Erik ist nach draußen gegangen, bleibt noch ein bisschen vor der Tür des Kreismuseums stehen. Die Gäste sind alle gegangen, die Zons-Touristen fort, die Cafés geschlossen, die Souvenir-Shops verriegelt, die Straßen gekehrt. Niemand mehr ist unterwegs. Den Schlossplatz hüllt bereits die Dämmerung ein, das diffuse Licht lässt die alten Häuschen verschwimmen, der Platz strahlt eine zeitlose Ruhe aus. Als Kind war er davon überzeugt, dass man nirgendwo geborgener sein kann, als in den Mauern dieser Stadt.

Das Grollen von Motoren zerstört die Stille. Erik sieht zwei Harley Davidson langsam die Schlossstraße entlangrollen. Er erkennt das Emblem auf der Jacke der Motorradfahrer sofort. Zwei Jungs aus Bernies wilder Horde. Eine Harley hält vor dem Mauerdurchbruch am Schlossplatz, die andere biegt auf die Rheinstraße ab. Erik vermutet, dass sich dieser Biker am Zollturm postieren wird. Die Festung Zons ist nur an vier Stellen zugänglich und hat sich in der Geschichte oft als von außen uneinnehmbar erwiesen. Sofort fallen Erik die sechshunderteinundsiebzig Kanonenkugeln ein. Die haben die Hessen im dreißigjährigen Krieg auf die Stadtmauern abgefeuert, trotzdem haben sie die Stadt nicht einnehmen können. Frau Krespil lässt grüßen! Die hat ihnen in der Grundschule die Geschichte Zons gründlich eingebläut. Wie stolz war er darauf gewesen, in dieser besonderen Stadt zu leben! Aber irgendwann ist ihm Zons zu eng geworden, genau wie Emma.

Was hat Bernie vor?, schießt es ihm durch den Kopf. Er läuft ein Stück die Schlossstraße hinunter, und als er dort den nächsten Biker stehen sieht, weiß er es. Bernie will die Stadt nicht einnehmen, er will verhindern, dass sie jemand verlässt. Auch am Südtor wird er einen seiner Jungs postiert haben.

Alles wiederholt sich, denkt Erik. Nie sofort, nie am gleichen Ort, nie mit den gleichen Personen. Er hat Emma verraten, als er den Lockrufen von Lilli erlag, Emma hat

Bernie verraten. Hat die eigene Haut gerettet und ihn bei den Bullen verpfiffen, bevor sie untergetaucht ist. Drei Jahre hat er gekriegt, ist danach nicht mehr auf die Beine gekommen. Zwanzig Jahre sind seither vergangen, und jetzt läutet Bernie die Stunde der Rache ein. Wer hat ihm erzählt, dass Emma da ist? Lilli, die testen will, wie weit ihre Macht über die alte Clique noch reicht? Tom, der Bernie den wilden Kerl spielen lässt, damit er einen dicken Aufmacher landen kann?

Scheiße aber auch, er muss Emma finden, bevor das Spektakel losgeht. Er hetzt zurück zum Kreismuseum, von dort in den Schlossgarten, sieht, wie Emma den Schotterrasenweg entlang zum Südtor hinkt, hört von dort eine Armada Motorräder aufheulen.

Emma weiß sofort, dass das Bernie und seine Jungs sind. Der Weg durch das Südtor ist versperrt, Rückzug also. Bevor die Biker sie sehen können, verlässt sie den hellen Schotterweg, schlägt sich ins dämmrige Dickicht der Sträucher am alten Wassergraben. Hinter einer Hecke versteckt, sieht sie, wie Bernie mit seiner wilden Horde durch das Südtor in den neuen Schlossgarten brettert. Kies spritzt auf, Buchenkissen fallen auseinander, Apfelbäumchen zittern im Fahrtwind. Lilli, vor der breiten Glasfront stehend, kreischt hysterisch. So hat sie sich Bernies Auftritt bestimmt nicht vorgestellt. Sie hat irgendwie nie kapiert, dass man mit Bernie nichts absprechen kann, weiß Emma, die das Ganze gespannt beobachtet.

Bernie steigt von seinem Stahlross, stampft o-beinig auf Lilli zu und knurrt: »Wo steckt sie?«

»Weißt du, was das hier gekostet hat?«, fährt Lilli ihn an, »hast du eine Ahnung, wie viel Arbeit in diesem neuen Garten steckt? Kannst du dich nicht einmal zivilisiert benehmen?«

Bernie spuckt vor ihr aus und wiederholt drohend: »Wo steckt sie?«

»Die Apfelbäumchen, die Kräuter, die Kletterhortensien«, schreit Lilli weiter. »Monatelang hat man hier gegraben und gepflanzt, das alles hat ein Schweinegeld gekostet, und du braust hier durch, so mir nichts, dir nichts, als wär das ein Sandkasten.«

Bernie geht noch einen weiteren Schritt auf Lilli zu. Selbst auf die Entfernung sieht Emma, wie gefährlich seine Augen glitzern.

»Sag mir, wo sie steckt!«

»Wie blöd bist du denn? Du musst an ihr vorbeigefahren sein! Sie ist in Richtung Südtor gelaufen, weil sie noch was aus dem Auto holen wollte.«

Bernie gibt seinen Jungs den Befehl, mit ihren Motorradlampen kreuz und quer den Garten auszuleuchten. Das gibt den frischen Pflänzchen, die bis jetzt überlebt haben, den Rest.

Emma weiß, dass sie am Eckturm sein muss, bevor Bernie die Männer zu Fuß durch das Gelände schickt. Sie rollt sich den alten Wassergraben hinunter, robbt an der Mauer zur Hauptburg entlang, hangelt sich wieder nach oben, als sie plötzlich ein kräftiger Arm nach oben zieht. Sie will zu einem gezielten Handkantenschlag ausholen, als Erik ihr zuflüstert: »Bernie hat alle Ausgänge der Stadt mit seinen Männern besetzt.«

»Am Eckturm wartet eine Leiter«, gibt Emma genau so leise zurück.

Sie nutzen die zunehmende Dunkelheit und die Schatten der Hauptburg aus, schleichen am Archiv entlang zum Eckturm, klettern über die Leiter zur Märchenbühne, eilen zum Parkplatz, finden ihn von Bernies Männern bewacht, zählen mindestens vier.

»Am Mauerdurchbruch steht nur einer«, weiß Erik, und die beiden laufen den Treidelpfad in die andere Richtung, bis ihnen Bernies Mann den Weg versperrt.

»Wir nehmen ihm die Maschine ab«, flüstert Emma, »kannst du ihn ablenken, während ich den Motor starte?«

Es ist wie früher, denkt Erik, zu zweit sind sie immer unschlagbar gewesen. Sie kannten die besten Verstecke, die schnellsten Fluchtwege, die cleversten Fallen. Auch wenn Lilli alle anderen auf ihrer Seite hatte, so lange er und Emma eine Mannschaft bildeten, hatten die keine Chance.

»Jetzt«, befielt Emma leise und hechtet auf das Motorrad zu. Der wilde Kerl ist so überrascht, dass sie sich auf den Sattel schwingen kann, ohne dass er reagiert. Als er das tun will, fährt Erik seine Rechte aus und verpasst ihm einen ordentlichen Kinnhaken.

Emma startet die Kiste, er klemmt sich hinter sie. »Lass das Licht aus«, rät er ihr, »und fahr zum Rhein.«

Emma lenkt die schwere Maschine sicher über den holprigen Treidelpfad, gibt Gas, als sie Beton unter den Reifen spürt. Erik schlingt seine Arme um ihre schmale Taille, drückt seine Brust an ihren knochigen Rücken. Der Fahrtwind ist mild, auch in der Nacht ist der Frühling spürbar. Weiterfahren, einfach weiterfahren, wünscht sich Erik und spürt noch einmal diese Mischung aus Freiheit und Geborgenheit, die er nur mit Emma erlebt hat.

Mit den Füßen den holprigen Weg zum Fluss ausbalancierend, stellt Emma die Maschine an der Stelle ab, an der sie früher immer gebadet haben. Sie schreckt dabei ein paar schlafende Tauben auf, die mit nervösem »Rucki di guhh« davonflattern.

»Du hast Blut im Schuh«, stellt Erik fest, als ihn Emmas Fuß beim Absteigen streift.

»Da siehst du's«, sagt sie, »ich bin eben nicht die rechte Braut.«

»Emma«, flüstert er, »du warst immer die Richtige, die einzig Richtige, nur ich . . .«

In diesem Augenblick klingelt sein Handy.

Emma zögert einen Augenblick zu lange, um Erik wie zufällig das Handy aus der Hand zu schlagen. Im fahlen

Schein des Mondes, der über dem Fluss steht, sieht sie, wie sein Gesichtsausdruck in Windeseile von verärgert zu überrascht und dann zu fassungslos wechselt.

Fein-Zirges, vermutet sie – sie teilen ihm mit, dass Fein-Zirges tot ist und wie er gestorben ist. Sie weiß, dass sein Hirn alle Eindrücke der letzten Stunden herunterrattert und neu sortiert. Er ist schlau genug, dann die richtigen Schlüsse zu ziehen. Noch während er um Fassung ringt, streift sie die Schuhe ab, zieht das T-Shirt über den Kopf, lässt die Hose herunter.

»Messer-Import-Export, das ist echt clever, Emma!«, presst er heraus.

Sie muss sich beeilen, die Chance ist winzig, dass ihr jetzt noch die Flucht gelingt.

»Du bist immer noch ein Hosenschisser«, sagt sie zum Abschied und küsst Erik auf den Mund. Dann läuft sie schnell ins Wasser und schwimmt los.

Erik merkt nicht, wie lange er auf den Fluss starrt. Sehen kann er Emma in der Dunkelheit nicht und bald hört er auch ihr kräftiges Prusten nicht mehr, wenn sie zum Luftholen kurz aus dem Wasser auftaucht. Sein Kopf weiß es, aber sein Herz kann nicht glauben, dass Emma die Killerin ist, nach der er so lange gesucht hat. Noch einmal sieht er sich und das Rippenbiest lachend aus dem Rhein steigen, feuchte Küsse tauschend, die Welt offen und die sicheren Mauern von Zons hinter sich wissend.

Dann ruft er die Kollegen an.

Nessa Altura

2000 schrieb Nessa Altura ihre erste Kurzgeschichte. Seither hat sie viele Storys für Anthologien, zwei Kurzprosabände und den Roman »Die 13. Klasse« (mit Filmsplittern) veröffentlicht. Sie lebt in Süddeutschland. Bibliografie, Presse, Preise und mehr unter: www.nessaaltura.de.

Unter anderem gewann Nessa Altura den Friedrich-Glauser-Kurzkrimipreis und den Kurzgeschichtenpreis der Historica, der Vereinigung »Quo Vadis« der deutschsprachigen Verfasser historischer Romane. Seit 2009 betreibt sie ein literarisches Blog mit Beobachtungen und Glossen zum Literaturmarkt:

www.autorenexpress.de

Ina Coelen

1958 geboren. Studierte Visuelle Kommunikation und arbeitete für verschiedene Werbeagenturen und in einem Verlag. 1984 machte sie sich selbstständig. Sie ist Mutter und Stiefmutter von fünf inzwischen erwachsenen Kindern.

Sie macht Illustrationen, schreibt Texte und arbeitet als Herausgeberin. Inzwischen hat sie über ein Dutzend Krimi-Anthologien herausgegeben, mehrere Dutzend Kurzkrimis veröffentlicht und mehrere Romane geschrieben. 2009 erschien ihr Niederrheinkrimi »Kaltgemacht« (Leporello Verlag).

Sie lebt in Krefeld, organisiert seit 2001 die Krefelder Krimi-Tage, ist Mitglied der »Mörderischen Schwestern« und im »Syndikat«.

www.coelen-krimi.de

Brigitte Glaser

Geboren 1955 in Offenburg. Nach dem Abitur studiert sie in Freiburg Sozialpädagogik, geht dann nach Köln, arbeitet dort als Sozial- und Medienpädagogin. Ab 2001 schreibt sie für die Wochenendbeilage des Kölner Stadtanzeiger Kurzkrimis: In mehr als vierzig Stadtvierteln ermitteln die Detektivinnen Orlando & List, bevor die erfolgreiche Serie »Tatort Veedel« 2008 endet. 2003 erscheint mit »Leichenschmaus« der erste Katharina-Schweitzer-Roman im Emons-Verlag. Seither hat sie insgesamt fünf Katharina-Schweitzer-Romane, diverse Kurzgeschichten und einen Jugendkrimi veröffentlicht. Brigitte Glaser lebt heute als freie Autorin in Köln. Ihr Kölner Hinterhof ist von der Größe her mit dem Schlosspark Zons nicht zu vergleichen. Allerdings hat er ähnlich kühle Mauern, und bei großer Hitze hält man sich wirklich gerne darin auf.

Sabine Deitmer

wuchs in Düsseldorf auf. Sie studierte in Bonn und Konstanz Anglistik, Romanistik und Literaturwissenschaft. Ihre Magisterarbeit schrieb sie über die Darstellungsstrategie des Detektivromans. 1988 leitete sie mit ihren schwarz-humorigen Stories in »Bye-bye Bruno« den Trend der lustvoll mordenden Frauen ein. Die Heldin ihrer Kriminalromane ist Beate Stein, grünäugige Emanze in Staatsdiensten. Eine Kriminalkommissarin, die sich nicht scheut, das Gesetz zu brechen, wenn es der Gerechtigkeit dient. Deitmers Werke sind in mehrere Sprachen übersetzt, verfilmt und für den Hörfunk bearbeitet.

Preise/Auszeichnungen: 1995 Deutscher Krimipreis für »Dominante Damen«, 2005 Frauenkrimipreis der Stadt Wiesbaden für »Scharfe Stiche«, 2008 »Ehrenglauser« für besondere Verdienste um die deutschsprachige Kriminalliteratur

Horst Eckert

Geboren 1959, lebt in Düsseldorf. Er gilt als »der wichtigste Vertreter des hartgesottenen Kriminalromans in Deutschland« (Ulrich Noller, WDR), »der seine Leser mit einer Sprache fesselt, wie sie hier zu Lande kaum ein anderer Krimiautor beherrscht: stimmig, rasant, illusionslos« (Martin Schöne, ZDF).

Eckert studierte Politikwissenschaft in Erlangen und Berlin. 15 Jahre lang arbeitete er als Fernsehjournalist (u. a. für »Tagesschau«, »RTL-Nachtjournal«).

1995 erschien sein Krimidebüt »Annas Erbe«. Seine Romane wurden ins Französische, Niederländische und Tschechische übersetzt sowie mehrfach preisgekrönt (Marlowe für »Aufgeputscht«, Friedrich-Glauser-Preis für »Die Zwillingsfalle«). Der Deutschlandfunk bezeichnete sie als »im besten Sinne komplexe Polizeithriller, die man nicht nur als spannenden Kriminalstoff lesen kann, sondern auch als einen Kommentar zur Zeit«. Sein zehnter Roman »Sprengkraft« erschien im Sommer 2009 bei Grafit. »Ein furios komponiertes Stück Gegenwartsliteratur«, so Monika Willer, Westfalenpost.

Homepage: www.horsteckert.de

Jürgen Ehlers

Geboren 1948. Arbeitet im Geologischen Landesamt Hamburg. Er hat bisher über 70 Kurzkrimis geschrieben. Seine Kurzgeschichte »Weltspartag in Hamminkeln« – der zweite von inzwischen fünf Hamminkeln-Kurzkrimis – wurde 2006 mit dem Friedrich-Glauser-Preis für den besten deutschen Kurzkrimi ausgezeichnet. Romane: »Mitgegangen« (2005), »Neben dem Gleis« (2006) und »Die Nacht von Barmbeck« (2008).

Rebecca Gablé

Jahrgang 1964. Studierte Literaturwissenschaft und Mediävistik in Düsseldorf, wo sie anschließend als Dozentin für mittelalterliche englische Literatur tätig war. Heute arbeitet sie als freie Autorin. Ihr erster Kriminalroman »Jagdfieber« wurde 1996 für den Friedrich-Glauser-Preis nominiert. Ihre Mittelalterromane wurden Bestseller und in viele Sprachen übersetzt. Rebecca Gablé lebt mit ihrem Mann in Mönchengladbach. Sie ist Mitglied im »Syndikat«, dem sie drei Jahre als Sprecherin vorstand, und des Autorenkreises historischer Roman »Quo Vadis«.

www.gable.de

Carsten Seb. Henn

Der mehrfach ausgezeichnete Kölner Autor Carsten Sebastian Henn (*1973) gilt als »Deutschlands König des kulinarischen Krimis« (WDR). Seine Reihe um den Ahrtaler Koch und Meisterdetektiv Julius Eichendorff hat bereits über 150.000 Exemplare verkauft, und erscheint auch in Hörbuchform, gelesen vom Entertainer und Kabarettisten Jürgen von der Lippe. Sein Piemont-Roman »Tod & Trüffel« stand mehrere Wochen auf der Spiegel-Bestsellerliste.

Aber nicht nur durch seine literarischen Werke, sondern auch durch seine Sachbücher zum Thema Wein hat Carsten Sebastian Henn sich deutschlandweit einen Namen gemacht. Er ist zudem ständiger Mitarbeiter des internationalen Weinmagazins »Vinum« und Redaktionsmitglied des »Gault Millau WeinGuide«. 2009 gründete er die »Deutsche Wein-Entdeckungs-Gesellschaft« und produziert seitdem mit Deutschlands Spitzenwinzern extrem limitierte Weine, die es so noch nie gegeben hat.

Arnold Küsters

Jahrgang 1954. Lebt mit seiner Familie in Mönchengladbach. Geboren in Breyell, der gefühlte Garten Nettetals, wie er sagt.

Studierte Anglistik, Pädagogik und Psychologie. Arbeitet als Journalist für den WDR und die ARD, berät zudem Unternehmen in Konmunikationsfragen. Mitglied in der Autorenvereinigung Syndikat, merhrere Jury-Tätigkeiten, Träger des Krefelder Kurzkrimi-Preises 2009. Initiator der Jubiläums-Criminale 2011. Einer von Sieben in der Rockband STIXX.

Als Kind hat er seinen Vater und seinen Großvater gerne in den Gemüsegarten begleitet, der nicht weit von ihrer Metzgerei lag. Dort gab es viel zu entdecken: reife Erdbeeren, den erdigen Geruch frisch geernteter Kartoffeln, Blumen, Würmer und Nacktschnecken. Parks fand Arnold Küsters immer schon anziehend. Vor allem jene, die auf ehemaligen Friedhöfen entstanden sind. Er liebt Azaleen und Rhododendren. Und er liebt Buchen. Die schönsten Exemplare wachsen bei ihm um die Ecke, im Dohrer Busch, meint er. Arnold Küsters verbringt bei Gelegenheit viel Zeit im Garten, mit Rasenmähen, jäten und manchmal auch mit faulenzen. Sein vierter Roman »Schweineblut« erscheint im Sommer 2010 bei Piper. www.arnold-kuesters.de.

Judith Merchant

Studierte in Bonn und Münster Germanistik mit wechselnden Begleitfächern. In einer Schreibkrise ihrer Doktorarbeit entstanden erste Kurzgeschichten. Die erste erschien 2008, die zweite, »Monopoly«, wurde für den Kärntner Krimipreis nominiert und gewann den Friedrich-Glauser-Preis 2009. Für »Der Himmel über Krefeld« erhielt Merchant den Krefelder Kurzkrimi-Preis. Sie arbeitet als Dozentin für die Universität Bonn sowie in der Erwachsenenbildung und ist Mitglied bei den »Mörderischen Schwestern« und im »Syndikat«. Der zweite Kriminalroman ist in Arbeit, der erste erscheint, optimistisch geschätzt, noch dieses Jahr.

Jutta Profijt

wurde 1967 in Ratingen geboren. Nach dem Abitur ging sie ins Ausland, arbeitete als Exportmanagerin im Anlagenbau und war zehn Jahre selbstständige Unternehmerin. 2003 veröffentlichte sie ihren ersten Kriminalroman, seitdem folgten sechs weitere in Deutsch sowie zwei in französischer Sprache. Heute lebt sie als freie Autorin in der niederrheinischen Provinz. In ihrem riesigen Garten baut sie Obst und Gemüse an – und seit Neuestem auch Räuchersalbei.

Weitere Informationen: www.juttaprofijt.de.

Ulrike Rudolph

Geboren 1955 in Duisburg, aufgewachsen im Rheinland und an der Nordsee.

Nach Abschluss des Studiums (Germanistik, Amerikanistik) in Hamburg hatte sie mehrere »ordentliche« Berufe, zuletzt als angestellte Lektorin. Seit 1989 arbeitet sie als freiberufliche Lektorin und Redakteurin für Sachbuchverlage, ist Chefredakteurin eines Newsletters und schreibt Krimis.

Es gibt drei veröffentlichte englische Kriminalromane (Lernkrimis für Erwachsene) von ihr und zahlreiche Krimigeschichten in Anthologien. Ein vierter Englischkrimi erscheint im Frühjahr 2010. Ein deutscher Thriller erscheint 2011, ein zweiter ist in Arbeit.

2008 war sie Jurymitglied des Syndikats für den Kurzkrimi-Glauser und Stipendiatin des »Tatort Töwerland« auf Juist, außerdem ist sie Mitglied bei den »Mörderischen Schwestern«.

www.urudolph.de

Niklaus Schmid

Geboren 1942 in Duzisburg. Mit achtzehn tourte er mit Zirkus Althoff durch Frankreich und Schweden, mit dreißig reiste er vier Jahre durch Indien, Afrika und Südamerika. Seit 1978 lebt Niklaus Schmid als freier Schriftsteller in Duisburg und auf der Baleareninsel Formentera. Er schreibt Reisebücher und Hörspiele, Kriminalromane und viele Storys. Für seine Kurzgeschichte »Müntefering singt« wurde Niklaus Schmid 2005 mit dem Kulturpreis Hochsauerlandkreis ausgezeichnet.

Handlungsort seiner Romane mit dem Duisburger Privatdetektiv Elmar Mogge – »Der Hundeknochen«, »Bienenfresser« sowie »Stelzvogel und Salzleiche« (Grafit Verlag) – sind Formentera und Ibiza, aber auch das Revier an Rhein und Ruhr. Einige Passagen spielen im Landschaftspark Nord, dem ehemaligen Hüttenwerk in Meiderich, mehrere Kurzgeschichten von Niklaus Schmid sind dort komplett angesiedelt.

Auf die Frage, warum es ihn immer wieder in seine alte Heimatstadt Duisburg zieht, lässt er seine Hauptfigur Elmar Mogge antworten: »Nur Sonnenschein, Pinienduft und der Geruch nach Thymian und Rosmarin – auf die Dauer ist das ja nicht auszuhalten.«

Herzlich Willkommen im Bunten Garten

dem Grünen Herz im Zentrum von Mönchenglabach

Unternehmen Sie ausgedehnte Spaziergänge. Genießen Sie in aller Ruhe die einzigartige Vielfalt an Blumen, Pflanzen, Bäumen und auch Tieren.

Und machen Sie sich auf die Suche nach den geheimnisvollen Orten der Criminale 2011...

4. - 8. Mai 2011
Die Criminale am Niederrhein

www.die-criminale.de

TIERISCHE KRIMINALGESCHICHTEN

Herausgegeben von Ina Coelen & Arnold Küsters

Ausgefressen

ISBN 978-3-936783-37-7 · 288 Seiten · € 9,90

*Des Deutschen liebstes Haustier ist das halbe Hähnchen –
heißt es. Ein harmloser Kalauer, verglichen mit dem Inhalt
dieser Anthologie. In »Ausgefressen« geht es um tierisch
mörderische Geschichten.*
*Der Leser trifft auf den »Killerkakadu von Krefeld« und
erlebt den »Schafsmord in Hamminkeln«. Wer kann schon
einer Katze widerstehen? Was hat ein Testament mit
Spinnen zu tun? Oder warum Fliegen töten können?
Finden Sie es heraus. Die lieben Haustierchen
warten schon auf Sie.*
*Einige der bekanntesten deutschsprachigen Krimi-
autorinnen und -autoren haben hinter Katzenklo und
Hundekörbchen recherchiert – oder ihren Goldfisch
beschattet. Herausgeber der ungewöhnlichen Haustier-
Anthologie sind die niederrheinischen Autoren
Ina Coelen und Arnold Küsters.*
*Die Krefelderin hat eine ganz besondere Beziehung
zu Katzen. Arnold Küsters bekam von seinem Golden
Retriever Robin die Pfote auf die Brust gesetzt.
Ihm blieb keine Wahl.*

Tierisch gute Kriminalgeschichten u. a. von
**Jürgen Ehlers, Kathrin Heinrichs, H. P. Karr,
Paul Lascaux, Ulla Lessmann, Hartwig Liedtke,
Susanne Mischke, Niklaus Schmid,
Klaus Stickelbroeck.**

LEPORELLO
K R I M I

Ina Coelen

Kaltgemacht

ISBN 978-3-936783-36-0 · 240 Seiten · € 9,90

Thomas Dahlberg, Kandidat für das Amt des Oberbürgermeisters, ist plötzlich spurlos verschwunden. Leidet der Fabrikantenerbe unter dem Burnout-Syndrom und hat sich nur von dem Rummel um ihn zurückgezogen, wie seine Frau behauptet? Oder handelt es sich um eine Entführung, wie sein ältester Sohn vermutet? Dahlberg hat sich durch ein Großprojekt nicht nur bei gegnerischen Parteien Feinde gemacht. Jo Brocker, Privatdetektiv und Kneipier, wünscht insgeheim, dieser Fall wäre keiner. Doch Carlotta van Eick, Fotografin und Journalistin, die kurzfristig bei Brocker einzieht, vermutet sogar Mord. Jo sieht sich gezwungen, einzugreifen, als seine Untermieterin anfängt, in der Vergangenheit zu graben und beweisen will, dass der Selbstmord von Dahlbergs erster Frau kein solcher war. Schließlich kommt das ungleiche Ermittlerteam noch weiteren Morden auf die Spur . . .

Dorle Gelbhaar

Anders und die Duisburger Mafia

TATORT NIEDERRHEIN

ISBN 978-3-936783-33-9 · 272 Seiten · € 9,90

Im Jahre 2007 werden in Duisburg sechs Männer italienischer Herkunft erschossen. Getötet mit Kopfschüssen, wie bei einer Hinrichtung. Verantwortlich für das Verbrechen ist die 'Ndrangheta, die Mafia Kalabriens. Andreas Op de Hipt, Duisburger Hauptkommissar, hat in der Soko mitgearbeitet, die mit diesem Fall befasst war. Ein Jahr später hat er es erneut mit einem Mord zu tun, bei dem das Opfer durch einen Kopfschuss regelrecht hingerichtet wurde. Dies ist der erste Fall, den der schrullig-tiefsinnige Op de Hipt und der stets um Anerkennung kämpfende Kommissar Helge Breidenbroich gemeinsam lösen. Die Ermittler vom Niederrhein kommen einem ganzen Wust krimineller Vorgänge auf die Spur, die nicht nur die Duisburger gefährden. Jetzt nimmt Op de Hipt Kontakt auf zu seinem Kollegen Jürgen Anders in Berlin . . .

Susanne Kliem

Theaterblut

TATORT DÜSSELDORF

ISBN 978-3-936783-30-8 · 320 Seiten · € 9,90

Blut, überall Blut. Im Düsseldorfer Schauspielhaus wird Margaret Lindner, Star des Ensembles, ermordet aufgefunden. Einen Tatort wie diesen hat selbst Tom Zagrosek, erfahrener Kriminalhauptkommissar im KK 11, noch nicht gesehen. Doch die Leiche weist keine Schnitt- oder Stichwunden auf ...

Mit seiner neuen Kollegin, der jungen, ergeizigen, sehr hanseatischen Wiebke Blessing, beginnt Zagrosek im Theatermilieu zu ermitteln. Schon bald schwant ihnen: Das städtische Kulturleben ist nicht so harmonisch, wie es scheint. Hinter der Fassade von Provinz-Glamour und Kulturbeflissenheit verbergen sich Interessen, Intrigen und verzweifelte (Lebens-)Lügen.

MORD AU CHOCOLAT

Herausgegeben von Ina Coelen & Brigitte Glaser

Bitterböse

Schokoladenkrimis vom Tatort Niederrhein

– MIT REZEPTEN FÜR GENIESSER –

ISBN 978-3-936783-34-6 · 288 Seiten · € 9,90

Schokolade! Das ist Genuss und Gefahr, Verführung und Verdammnis, Lust und Laster, Glücksspender und Suchtmittel. Genau wie gute Krimis! Lässt Schokolade unseren Blutzuckerspiegel steigen, so kitzeln Krimis unsere Nerven, wenn sie uns in die finstere Welt des Verbrechens, in die Abgründe menschlicher Seelen führen.

Schokoladenkrimis (und Rezepte) von Jürgen Ehlers, Carsten Sebastian Henn, Ulla Lessmann, Thomas Kastura, Arnold Küsters, Michael Rossié, Barbara Wendelken und anderen.

Jepe Wörz

Vitus-Zeichen

ISBN 978-3-936783-31-5 · 272 Seiten · € 9,90

Ein Mord am hellichten Tag mitten in der Gladbacher City – und die einzigen Hinweise finden sich in seltsamen Botschaften des Täters. Doch was besagen sie? Welchen mysteriösen Plan verfolgt der Täter?

Das ist nicht »mysteriös«, sondern nur »Mist«, findet Hauptkommissar Wenzel, der offenbar nur noch von Fantasten und Zeichendeutern umgeben ist. Ungebetene Hilfe erhält er von einem Dauerstudenten, der zu wilden Theorien neigt und seiner zänkischen Kölner Exfreundin, die die Mönchengladbacher Polizei für komplette Idioten hält – das kann ja heiter werden!

Doch der Killer hat weitere Morde angekündigt, und Wenzel muss über seinen Schatten springen, um die Zeichen richtig zu deuten und die vielen Rätsel zu knacken.

LEPORELLO
K R I M I